초보자를 위한

질적 연구 방법

고 미 영

청목출판사

머리말

질적 연구는 현 시대의 흐름 속에서 다양한 분야에서 주목받고 있다. 서점에 가면 질적 연구에 대한 책들이 즐비하게 늘어선 광경을 쉽게 볼 수 있다. 박사 과정 학생들을 위하여 질적 연구 방법론을 처음 가르치게 된 나는 여러 책들을 이리 저리 살펴보지만 책의 무게와 두께에 짓눌려 감히 어느 한 책을 교재로 선택하기가 어렵다. 학생들 사이에 질적 연구가 어렵다는 인식이 널리 퍼진 이유에 대해서는 잘 알지 못하지만 나 자신도 질적 연구가 쉽다고 생각해 본 적이 없으므로 그들의 의견에 동의할 수밖에 없다.

나는 질적 연구에 입문하는 초보자들을 위해 아주 쉽게 풀어서 쓴 질적 연구 방법에 대한 책을 구상하게 되었다. 그러나 책을 쓰다 보니 내용이 점점 어려워지는 것을 느끼면서 한 동안 이 책을 어떻게 해야 할까 고민에 빠졌다. 내가 박사 과정에서 공부하던 해 처음 출판된 Denzin과 Lincoln의 『*Handbook of Qualitative Research*』의 세 번째 증보판을 대하니 무거워서 들 수 없을 정도로 내용이 덧붙여져 있었다. 게다가 이전에 배웠던 방식들은 이미 낡은 이론이 되었고 새로운 연구 방식들이 그 책의 페이지를 가득 채우고 있었다. 나는 새로 덧붙여진 내용을 소화하기가 어려워 난감하기 짝이 없었다.

이러한 사태를 나름대로 해결하게 된 것은 내가 처음 질적 연구를 접했던 때의 초심으로 돌아가면서였다. 내가 처음 질적 연구를 배우러 교육학과를 드나들었을 때 질적 연구는 주요한 연구 방식이 아니었다. 나를 지도해 주셨던 교수님들도 나와 다른 학문 분야에 계신 분들이었다. 그래도 나는 그분들의 덕분에 질적 연구가 해 볼만 하고 흥미 있는 연구 방법이라고 생각하게 되었다.

나도 학생들에게 질적 연구를 그렇게 소개하고 싶다는 생각이다. 또한 이 책의 내용을 내 의도대로 꾸려갈 수 있게 해준 사람들은 이런 저런 경유로 논문 심사나 지도에 참여했던 학생들이다. 그들의 논문을 처음 대했을 때에는 길이 멀어 보였지만 나름대로 난관을 헤치고 무사히 과정을 마친 후 지금은 모두 훌륭한 질적 연구자로 자리를 잡고 있다.

나는 그들에게 도움을 요청하기로 하고 내가 소개하고 싶은 방법론으로 쓴 그들의 논문을 이 책에서 사례로 소개할 수 있도록 허락을 얻었다. 그들도 질적 연구의 첫걸음을 떼었던 시절이 있었기에 현재 연구자로서의 활동이 가능하지 않은가. 따라서 사실 이 책은 그들과 함께 쓴 책이고 그들이 한 연구의 사례들로 이 책의 많은 페이지가 채워졌다. 이것에 대해 감사를 느끼고 또한 책임을 느끼기도 한다. 학생들은 어떤 질적 연구 방법을 사용하면 좋을지에 관해 어려움을 겪는다. 나 역시 이 문제를 가지고 씨름하게 된다. 이 책에서 소개하는 사례들을 통해 또한 내가 알고 있는 지식을 통해 이 질문에 대한 답을 주고 싶다.

이 책은 질적 연구의 기초 방법들을 다루고 있다. 초보자들에게 꼭 알려주고 싶은 1세대 질적 연구자들의 연구 방법론을 주로 소개하였다. 아직까지는 해석학적 연구 방법론들이 학술 논문이나 학위 논문으로 가장 많이 쓰이고 있다. 질적 연구의 새로운 이론과 방법들은 이 해석학적 패러다임을 익힌 후에 서서히 더 배워 나가면 될 것이라고 생각한다. 이 책을 읽고 초보 질적 연구자들이 질적 연구를 앞으로 해 보고 싶은 연구로 받아들일 수 있다면 충분히 목적을 달성했다고 본다.

얼마 전 학회에서 만난 지방 대학의 학생들이 생각난다. 그 학생들은 질적 연구를 지도하는 교수도 없는 상황에서 단지 책을 통해 질적 연구를 배우고 있다고 했다. 그래서 부족한 내 사례연구 책이 이해하기 쉬워서 도움이 된다고 말해주었다. 이 책도 그렇게 읽혀졌으면 좋겠다는 바람을 가져본다. 어려운 연구이지만 쉽게 이해될 수 있도록 써보려 했는데 그것이 생각처럼 잘 되지는 않았다.

이 책에 사례를 제공해 준 김지혜, 유명이, 김진숙, 하경희, 이경아, 박정임 선생님께 감사의 말을 전하고 싶다. 김지혜 선생님은 앞부분을 꼼꼼히 읽어 주고 이해되지 않는 부분들을 고쳐주는 수고를 더해 주어 더욱 감사를 드린다. 지금 뉴욕에서 유학 중인 이정은은 이 책의 첫 번째 저자라고 해도 될 만큼 원고를 시작하도록 도와주어 고마움을 표하고 싶다.

출판을 해주신 청목출판사 유성열 사장님과 최명성 이사님께도 감사드린다. 한해가 가는 마지막 길목에서 원고를 끝낼 수 있게 되어 참으로 감사하고 앞으로 만날 독자들을 새해와 함께 설레는 마음으로 기다리게 된다. 사실 이 책의 대부분은 뉴욕에서 보낸 긴 여름휴가 동안에 완성되었다. 혈액암으로 투병을 한 언니에게 조혈모세포 이식을 해준 특별한 경험을 떠 올리면서 생명과 만남에 감사할 수 있게 해준 언니의 건강을 기원하면서 언니 고혜영에게 이 책을 바치고 싶다.

성주산에서

고미영

본서는 서울신학대학교 100주년 기념 학술사업비 지원으로 집필되었음을 밝힙니다.

차 례

머리말/3

제1부 질적 연구의 개관

제1장
질적 연구는 무엇인가? …13
질적 연구 개관 | 질적 연구의 유용성 | 질적 연구의 동향

제2장
질적 연구와 양적 연구 …28
질적 연구와 양적 연구 비교 | 질적 연구와 양적 연구 설계

제3장
질적 연구에서의 샘플링 …38
샘플링이란? | 목적 합치형 샘플링(purposive sampling) | 쿼터 샘플링 | 스노볼 샘플링(snowball sampling)

제4장
질적 연구에서의 참여자 모집 …46
참여자 모집이란? | 참여자 모집의 실제

제5장
질적 연구의 신뢰성 …58
질적 연구자 | 질적 연구의 타당도 | 질적 연구의 신뢰도

제 6 장
질적 연구의 자료 수집과 진행 …79
인터뷰 | 참여관찰 | 연구 과정 | 연구 계획안

제 7 장
질적 연구에서의 연구 윤리 …96
연구 윤리의 필요성 | 연구 윤리의 내용

제 2 부 질적 연구의 유형

제 8 장
민족지학 연구(Ethnography) …108
민족지학 연구의 개관 | 연구 방법

제 9 장
기본적 해석적 연구 …133
기본적 해석적 연구의 개관 | 연구 방법

제10장
현상학적 연구(Phenomenology) …156
현상학적 연구의 개관 | 연구 방법

제11장
근거이론 연구(Grounded Theory) …182
근거이론 연구의 개관 | 연구 방법

제12장
사례 연구(Case Study) …212
사례 연구의 개관 | 연구 방법

제13장
내러티브 연구(Narrative Study) …243
내러티브 연구의 개관 | 연구 방법

제14장
참여 실행 연구(Participatory Action Research) …267
참여 실행 연구의 개관 | 연구 방법

제15장
질적 연구의 쟁점 …295
질적 연구의 패러다임 | 질적 연구의 쟁점들

• **참고문헌 / 313**
• **찾아보기 / 325**

제 1 부

질적 연구의 개관

제 1 장 질적 연구는 무엇인가?

제 2 장 질적 연구와 양적 연구

제 3 장 질적 연구에서의 샘플링

제 4 장 질적 연구에서의 참여자 모집

제 5 장 질적 연구의 신뢰성

제 6 장 질적 연구의 자료 수집과 진행

제 7 장 질적 연구에서의 연구 윤리

제1장 질적 연구는 무엇인가?

질적 연구 개관 | 질적 연구의 유용성 | 질적 연구의 동향

질적 연구 개관

질적 연구(qualitative research)라는 용어는 워낙 방대한 영역과 방법을 포함하고 있어 한마디로 정의하기 어렵다. 대체로 질적 연구라 하면 양적 연구(quantitative research)와 대조되는 연구 방식을 일컫는다. 양적 연구는 주로 바깥 세계에 존재하는 보편적이고 일반화시킬 수 있는 법칙과 명제를 규명하고자 하는 연구라 할 수 있다. 그러나 질적 연구는 "사람들이 살아가고 있는 세계에 대하여 어떤 의미를 부여하고 상황을 정의하며 그에 따라 행위하는지를 그들의 관점에서 이해하고자 하는 것이다"(김영천, 2012: 116). 따라서 질적 연구는 나름대로의 독특한 연구 목적과 연구 방식을 가지고 있다. 이를 다른 말로 표현하면 질적 연구는 "연구의 이슈나 사용된 방법, 분석 전략, 진행된 과정의 과학적인 합리화 절차가 질적인 성격을 띠고 있음"을 의미한다(Heyink &

Tymstra, 1993: 292). 이때 '질'(quality)이란 뜻은 사물의 성격, 속성을 의미한다.

질적 연구는 전통적으로 문화 인류학이나 사회학 계통에서 시작되었지만, 최근에는 사회복지 분야를 비롯한 간호학, 교육학, 경영학 등 다양한 학문 영역으로 널리 분포되어 사용되고 있는 연구 방법론이다. 질적 연구라는 용어는 사실 매우 다양하며 각각 다른 방법과 다른 전제 혹은 용도가 있는 많은 방법론을 통틀어 일컫는 말이다. 큰 연구의 흐름에서 볼 때 질적 연구의 목적은 인간과 인간 세상에 대한 관심사를 탐구하고자 하는 것이다. 구체적으로 질적 연구는 인간 행동과 행동의 동기에 대한 깊이 있는 이해를 추구한다(Denzin & Lincoln, 2005). 질적 연구는 인간의 의사결정이 "왜" 그리고 "어떻게" 이루어졌는지를 곰곰이 살핀다. 이는 인간이 "언제", "어디서", "무엇을" 했는지에만 초점을 맞추어 온 기존 연구와는 차별성을 띠는 것이다. 특히 의미의 지평에서 일어나는 인간 행동은 객관적 기술이나 과학주의적 접근으로는 그 의미를 충분히 그려내기 어렵다(조용기, 2001: 259). 따라서 질적 연구는 실증적인 연구로 파악하기 힘든 인간의 "실질적인 생활 영역의 현실"을 들여다보기 위해 다양한 연구 과정을 적용한다(Blumer, 1969: 33). 특히 질적 연구의 대상이 되는 표본 집단은 대부분 그 크기가 작으며, 그 안에서 깊고 집중적인 탐구가 이루어진다. 대형 표본 집단을 질적 연구에서 쓰지 않는 건 아니지만 비용과 소요 시간 등이 과다하여 그다지 선호되지 않는 편이다.

질적 연구를 넓게 정의하는 경우에 인간 사회를 벗어나 사물의 본질을 추구하는 경우가 있다. 이때 질적 연구자의 질문은 "얼마나 많은 양이 있는가보다는 무엇이 존재하고 있는가에" 초점이 맞추어진다(Walker, 1985: 3). 따라서 질적 연구는 무엇보다도 명료화나 해석, 어느 정도의 설명을 목적으로 삼는다. 특히 복잡다단한 인간 경험에 대해 묘사할 필요가 있을 때 그 진가를 발휘하는 경우가 많다. 단순히 수적이고 양적으로 통계상의 수치를 나타내는 것이 아니라, 맥락과 상황 속에서의 인간이 무엇을 깨닫고 추구하는지에 대한 이해를 시도한다. 한 인간의 태도, 가치관, 의견, 감정이나 관계를 연구하는 데 있어 질적 연구 방법론보다 더 좋은 방법론은 없을 것이다. 왜냐하면 인간 이해는 객관적인 이해로는 가능하지도 바람직하지도 않기 때문이다. 개별적 행위자로서의 인간은 다른 어떤 인간과도 다른 그만의 고유의 특성과 생각, 행동을 가지고 있다. 특히 그 한 사람이 자기 경험을 어떻게 이해하고 그 경험에 대한 의미를 만들어 내는지에 대해 질적 연구자는 지대한 관심을 가지고 있다. 질적 연구는 표면상으로는 잘 드러나지 않는 한 인간의 모순적 경험, 혹은 소수만이 하는 경험이라도 이를 통계상 오류나 소수 의견, 혹은 변두리(margin)의 예외 현상으로 취급해 무시하거나 제거하지 않는다.

질적 연구자는 그 목표를 "계산"에 두기보다는 "이해"에 둔다. 한 마디로 말해 질적 연구는 "기계적" 연구가 아닌 "인간적" 연구라고 할 수 있다. 특히 질적 연구와 양적 연구를 구분하는 가장 본질적인 기준은 행위자들을 알아볼 수 있는지 아닌지에 있다(Nooy, 1977). 이 말은 연구 대상자를 자신의 고유한 역사를 지닌 한 개인으로 관심을 가지고 연구하는가를 말한다. "사람들은 각자 개인적인 가치관이나 신념의 틀을 오랜 시간 걸쳐서 발전시켜 간다. 그 안에서 주관적이고 선택적으로 사건들의 의미와 중요성을 성립해 가는데 질적 연구자들은 이러한 것을 배우고자 한다"(Jones, 1985: 49).

질적 연구를 통해 연구자가 인간 행동과 행동 동기를 이해하고자 할 때, 주목해야 할 것은 인간의 환경은 언제나 변화한다는 사실이다. 질적 연구에서는 환경을 배경 혹은 맥락이라는 말로 사용한다. 환경 속에서 살아가는 인간 역시 계속해서 변화를 겪는 역동성을 지닐 수밖에 없다. 그리고 환경이 동일하다고 하더라도 이 환경을 이해하고 자각하는 인간의 "현실에 대한 지각"(perception of reality)은 계속하여 달라진다. 따라서 질적 연구자는 역동성을 띠는 현실 속의 인간 행동과 동기를 연구하게 된다(이종규, 2006: 101).

질적 연구는 인간 이해의 한계성을 지니고 있으나 그것을 긍정적이며 적극적으로 이해하고자 한다(조용기, 2001: 253). 질적 연구에서는 변화하는 환경이나 행동을 벗어나려 하기보다는 더 가까이 다가가려 한다. 따라서 환경이나 상황으로부터 객관적인 거리 유지를 하지 않고 환경과 연구 상황을 깊숙이 관련시켜 이해하고자 한다(*ibid.*). 자료 수집자의 입장에서 보면 한번 자료를 수집하는 것으로 끝나는 것이 아니라 계속 현장으로 되돌아가 자료를 수집한다. 그 이유는 연구할 대상의 의식 세계에 대한 관심과 농도 깊은 참여를 추구하기 때문이다. 초창기 질적 연구자들은 자신의 세계와 다른 전혀 알지 못하는 원시 사회에 들어가 그곳에서 오랜 시간을 함께 머물면서 그들의 문화와 생활양식 등을 이해하고자 했던 문화 인류학자들이다. 이제는 연구자들이 이렇게 낯선 미지의 사회로 뛰어들어가지는 않지만 알지 못하는 의식의 세계, 의미의 세계를 찾아서 그 세계를 이해하기 위해 탐구를 한다. 질적 연구자는 자료를 분석할 때 수집된 자료만을 가지고 분석하지 않는다. 분석하다가 다시 자료를 보충하기 위하여 현장으로 되돌아가게 된다. 이를 순환성이라는 용어로 표현하는데 질적 연구에서 자료의 수집과 분석은 순환성을 가진다. 연구자는 자료를 수집하는 초기 단계에 자료의 분석을 함께 시도하거나 자료를 분석하다가 다시 자료를 수집하러 현장으로 되돌아가는 형태로 연구를 진행한다.

대부분 질적 연구는 서술적 형태의 표현형식을 사용하여 결과물을 제출한다. 지금까지 결과물은 거의 다 글쓰기 양식을 통해 표현된 서술형 보고서이다. 다만 최근에는 다양한 형태의 인문학적 사회학적 표현형식이 질적 연구에서 활용되고 있다. 여기에는 논문이나 보고서 외에도 시, 전기, 자서전, 이야기, 소설적 표현, 희곡, 여행기, 에세이 등의 자유로운 표현 형식과 그림, 영화, 사진 등이 포함된다.

질적 연구를 연구답게 해주는 요소 중 하나는 연구자들이 스스로 도구로서의 역할을 하면서 반성과 성찰을 통해 연구를 더욱 공정하고 투명하게 하도록 노력하는 것이다. 반성은 연구를 진행하면서 인간적인 혹은 사회구조적인 제약들과 속성들이 연구를 어떻게 이끌어 갔는지를 냉철히 살펴보는 것이다. 분명히 연구자의 선입견과 이론적 지향, 연구 주제에 대한 무지나 편견들이 연구에 제약과 장애로 존재한다. 이것을 인정하면서 문제를 회피하거나 감추기보다는 정면 돌파를 시도하는 것이 반성과 성찰이다. 질적 연구는 연구자, 연구 참여자, 현장 사이의 상호교류의 총합이며 구성이다(Lincoln & Guba, 1985). 이런 결과물은 연구자의 성격과 취향, 철학적 지향 등의 영향을 받는다. 따라서 연구자는 자신의 주관성과 입장을 밝히고 이것들이 연구에 어떻게 영향을 주었는지를 스스로 반성하여 이를 보고하는 것이 질적 연구의 신뢰도를 더 높이는 길이다.

현재는 다원화되어 가는 사회로 사람들의 삶은 더욱 복잡하고 새로운 환경과 과제에 직면하고 있다. 지금까지 나타나지 않았던 새로운 사회 현상들이나 인간의 문제를 다루기 위해서는 연역적인 실증주의적 이론과 연구 방법으로는 역부족이다. 따라서 귀납적이며 실제 자료와 현장으로부터 적절한 이론을 발전시키는 질적 연구 방법론이 점점 더 필요해지고 있다. 이제는 거대 담론이나 보편화된 이론보다는 지역과 환경, 맥락의 특수한 조건을 반영하는 지엽적이고 특화된 이론이 더 선호된다. 이에 질적 연구의 중요성과 역할이 점점 더 커질 것으로 기대된다.

질적 연구의 유용성

질적 연구를 비과학적이며 비이성적인 연구로 오해하는 경우가 종종 발생한다. 경험주의적인 연구가 아니라는 면에서 그러한 오해를 불러일으키는 경우가 있지만 질적 연구도 엄연히 과학적 연구라 불리는 부류에 해당된다. 여러 학문 분야에서 말하는 과학적 연구(scientific research)가 가지는 특성을 살펴본다면 질적 연구 나름대로 과학적 연구가 가지고 있는 특성을 지니고 있다. 이때 과학적 연구라 함은, 다음의 다섯 가지 특성을 지니고 있는 연구를 말한다.

* 특정 문제에 대해 특정 답을 유도하려는 연구
* 특정 문제를 해결하기 위해 한정된 수의 연구자들에 의해 이루어지는 체계적 연구
* 자료를 수집하는 연구
* 기존에 이미 발견된 것을 재발견하지 않는 연구
* 현 연구 범위를 넘어서 다른 곳에도 적용할 수 있는 가능성을 가진 연구[1)]

질적 연구는 위의 다섯 가지 특성을 가지고는 있지만, 일반적인 과학적 연구와는 약간의 차별성을 띠기도 한다. 무엇보다 질적 연구는 앞서 언급했듯이 인간 행동과 행동 동기를 이해하고자 하기 때문에, 주로 인간의 가치관, 의견, 태도, 그리고 사회적 맥락에 관심을 기울인다는 특성을 지닌다. 인간 이해에서 맥락과 상황에 관심을 가지므로 반드시 그들의 행동 맥락으로 다가가고자 한다. 특히 인간의 의식세계를 대상으로 그들만의 특수성과 구체성을 밝혀 보려고 시도한다. 그것은 객관적인 성격이 아닌 내부자 관점에서 그들의 독특한 의식세계의 역학을 관찰하거나 탐구하는 것이다. 이러한 특성 때문에 질적 연구는 사회경제적 지위, 젠더, 종교, 인종과 민족, 사회에 관한 연구에 특히 유용하

---

1) Qualitative Research Methods Overview, Family Health International. www.fhl360.org/nr/rdoniyres

게 쓰인다.

이와 더불어 질적 연구는 인간의 행동을 쪼개어서 몇 개의 부분만을 들여다보고 그 의미를 해석해내는 데에 그치기보다는 보다 근원적인 행위 맥락을 의도적으로 부각시키고 명료히 하고자 한다. 인간의 모든 행위는 의미나 의도를 매개로 하는 상호작용이므로 상징적이다. 질적 연구에서는 매개의 역할을 읽어내는데 우수하며 의미의 맥락 안에서 그것을 이해하려 하기 때문에 맥락을 강조한다. 따라서 변수들이 각각 분리된 것이 아니라 유기적이며 전체적으로 연결된 것으로 본다. 이에 따라 수치로 나타날 수 없는 변수들-인간의 창의성, 의도성-고등 정신에 속한 영역을 이해하기에 가장 적절하다.

질적 연구의 수행

그렇다면 질적 연구는 실제로 어떠한 방식으로 설계되고 수행되는지에 대해 개괄적으로 살펴보기로 하자. 질적 연구를 너무 어렵게 생각해서 이상하고 낯선 것으로 생각하지 않기를 바란다. 왜냐하면 결국 연구는 모두 인간의 사고와 논리 방식을 따른 인간적인 경험의 산물이기 때문이다. 우리가 상상할 수 있고 사고하고 추리할 수 있는 것들을 자연스럽게 연구라는 방식과 절차에 적용하는 것이라 보면 될 것이다. 질적 연구는 분명히 연구 문제를 고르거나 연구 방법을 선택하는 데에 있어서 나름대로의 방식을 가지고 있다. 또한 질적 연구자가 사용할 수 있는 방법론의 선택 목록은 상당히 길다고 볼 수 있다. 어느 면에서 질적 연구 방법론은 지금도 새롭게 만들어지고 있다. 우선 어떤 연구 방법을 선택할지를 결정함에 있어, 질적 연구자는 민족학적 연구(classical ethnography)로부터 근거 이론적 방법(grounded theory practice), 현상학(phenomenology), 해석학(interpretive approach), 내러티브(narrative study) 등의 다양한 방법을 사용할 수 있다는 것을 알아야 한다. 각각의 방법에 대해서는 각 장에 걸쳐 개별적으로 설명할 것이다.

질적 연구는 자료의 수집으로부터 모든 연구를 마치기까지의 과정이 서로 상호 의존적으로 연결된 연구다. 질적 연구는 주로 연역적(deductive)이라기보다는 귀납적(inductive)인 성격을 띤다. 연역적이라 함은 논리적으로 필연적인 것을 도출해내는 것이다. 연역법에 따를 때, 연구자는 주어진 전제나 가설에서부터 시작해, 결론을 이끌어내고자 한다. 즉 미리 설정된 전제에 따라 연구를 설계하고, 여러 개념을 규정하며 자료를 수집하는 등의 방법으로 이 전제를 검증해 나가는 방식을 택하는 것이다. 연역적 연구자의 목적은 이러한 일련의 방식을 취해 일반적이고 보편적인 원리가 될 결론을 이끌어내는 것이다.

반면 귀납적 성격을 띠는 연구는 다르다. 귀납법이라고 함은 연역법과는 달리, 개별로써 존재하는 구체적이고 특수한 사실이나 사건들을 종합하는 데에서 시작한다. 귀납적 연구자는 이렇게 하나하나의 사실들을 모으고 이를 종합해서 이로부터 일반적인 원리를 이끌어내는 방식을 택한다. 귀납법은 이렇게 개별적이고 특수한 것들로부터 시작하여 때로는 예상치 못한 새로운 것을 발견하고자 하는 것이다.

물론 귀납법을 사용하더라도 연구자가 나름대로의 전제나 가설, 아니면 결과에 대한 예측과 일정한 기대를 가지고 시작할 수도 있다. 하지만 가설을 확정하고 연구에 돌입하는 연역적 연구와는 달리 귀납적 연구에서는 작업 전제, 혹은 작업 가설(working hypothesis)만이 존재한다. 작업 가설이라 함은 임시적으로 설정된 가설이고, 차후 연구 과정을 거쳐 가며 수정되거나 심지어 허구임으로 판명될 수도 있는 가설이다. 그런데 특이한 것은 이러한 작업 가설이 설령 더 이상 쓸 수 없는 것으로 판명되어 버려진다 하더라도, 귀납적 연구는 실패로 돌아가지 않는다는 사실이다. 왜냐하면 귀납적 연구, 특히 질적 연구에서는 자료의 통합을 통해 결론을 도출할 때 기존의 것과는 다른 결론, 그리고 전혀 예상치 못한 결론이 나오는 것을 긍정적으로 받아들이기 때문이다.

연역법에서 검증되지 못한 가설은 실패한 가설이고 가설의 수정을 필요로 하지만, 귀납법에서는 작업 가설과 완전히 다른 결론이 나온다고 하더라도 전혀 문제될 것이 없다. 오히려 작업 가설이 연구자와 그 사회가 가졌던 기존의 선입견, 편견에 가까웠다면, 이로부터 벗어나 새롭고 신선한 연구 결과가 도출된다면, 이는 결코 실패라고 명명할 수 없는, 연구자에게 새로운 발견이요 귀납적 방법을 사용한 질적 연구로서의 성공이라고 할 수 있다.

주로 귀납적 방법을 사용하는 연구이기에 더욱더 질적 연구에서는 자료의 수집이 중요하다. 귀납적 방법론에서는 우선 개별적이고 구체적인 자료를 토대로 하여 연구를 진행시켜 나가기 때문에, 보편적이지 않고 개인적인 자료라고 하더라도, 그 하나하나의 자료로서의 가치를 인정하고 소중히 다루고자 노력한다. 물론 충분한 자료 수집이 이루어지지 않은 상태에서, 연구자에게 정확하고 폭넓은 이해란 제한적일 수밖에 없다. 이때 질적 연구를 위해 수집된 자료의 특징은 다양한 형태를 띤다는 것이다.

질적 연구를 위한 자료의 형태는 매우 광범위한데, 예를 들자면 인터뷰 기록, 집단 토의 기록, 관찰 기록과 현장 기록, 녹음 자료, 비디오 자료와 더불어 갖가지 문헌과 사진 자료들까지도 모두 질적 연구의 자료로써 포함시킬 수 있다. 질적 연구의 자료는 특정 환경 속에 있는 인간 연구자에 의해서 수집된 '이해'를 위한 도구들이다. 따라서 어떠한 형태의 기록이나 일지라도 질적 연구 자료로써 일정한 고유 가치를 부여받을 수 있다. 질적 연구자는 이러한 다양한 자료들을 바탕으로 참여 관찰, 비참여 관찰, 현장 일기, 반성 일기, 구조화된 인터뷰, 비구조화 인터뷰, 문서 분석 등의 여러 가지 방식을 취하여 연구를 진행해 나가게 된다(Marshall & Rossman, 1998).

다시 한 번 강조하지만, 이렇게 다양한 방법이 사용되는 이유는 질적 연구가 단순히 객관적이거나 수량적인 것을 제시하는 데 목적을 두는 것이 아니라 인간에 대해서 이해하고 지각하는 것을 목표로 하기 때문이다. 인터뷰, 일기, 관찰 등 위에 나열된 수많은 방법을 동원하여 질적 연구자는 인간과 그의 행동, 환경 및 상황 전반에 대한 폭넓은 이해를 추구한다. 질적 연구자는 이렇게 광범위한 방법을 각 연구의 특성과 필요에 맞게, 그리고 변화하는 상황에 맞추어 유연하게 사용할 수 있어야 하기 때문에, 한 가지 연구 방법에만 얽매이거나 특정 방법만을 고수하는 것은 좋지 않다. 이 각각의 방법에 대해서는 뒤에서 더욱 자세히 설명하게 될 것이다.

질적 연구의 동향

질적 연구는 비교적 최근에 들어서야 진가를 인정받기 시작했다 해도 과언이 아닐 것이다. 1970년대 후반, 몇몇 저명한 학술지들이 질적 연구에 관한 글을 소개하기 시작하였다(Loseke & Cahil, 2007). 이 시기에 질적 연구의 기반을 닦은 이론들이 대거 영입되었다. 대표적으로 상징적 상호작용 이론, 현상학, 기호학, 근거 이론, 페미니즘, 비평 이론 등이 있다. 질적 연구와 질적 연구 방법론만을 다루는 전문적 학술지들이 발간되기 시작한 것도 이즈음이다. 1980년대 중반 이후부터 표현의 위기 시대를 거치면서 1990년대에 들어서는, 전통적으로는 사회학, 문화 인류학 그리고 철학 방면에서만 주로 사용되어 왔던 질적 연구가 이를 넘어서 학제간 연구 등 더 넓은 범위에까지 확대되었고, 학술지들도 이러한 추세에 발맞추어 확대되었다(Denzin & Lincoln 2005).

하지만 질적 연구가 가장 급격히 주목받게 된 것은 21세기 포스트모더니즘 시대에 들어서이다. 포스트모더니즘은 거대 담론의 종식과 다양한 형태의 내러티브, 즉 구술적 경향으로의 선회를 시도한 철학의 한 사조이다. 전통적인 질적 연구가 좀더 구조화된 개념과 자료의 통제, 자료 분석, 인식론에 대해서 관심을 기울였다면, 21세기, 특히 최근에 들어서 질적 연구는 그 초점이 서서히 내러티브로 바뀌고 있다. 포스트모더니즘의 확장과 더불어 방법론 역시 다양하게 변화하며 질적 연구는 설명적이며, 포스트모던적인, 그리고 비판적인 방법으로 진화되고 있다. 이를 통해 질적 연구 자체가 더욱 많은 연구자들의 관심을 받게 되었고, 21세기에 들어선 이후로는 꾸준하게 일 년에 적어도 하나 이상의 질적 연구 학술지가 창안되고 있다고 한다.

21세기에 들어서는 질적 연구 자체에 대한 관심과 더불어, 질적 연구의 실제적 활용 가능성과 범주에 대한 견해 역시 이전과는 달라지고 있다. 전통적 견해에 따른 질적 연구의 활용 범위는 매우 좁았다. 질적 연구는 특정 사례에 대한 한정된 정보만을 제공해 줄 수 있고, 더 일반적인 결론을 내리는 데에는 부적합하다고 여겨졌다. 질적 연구를 통해 얻어진 결과는 양적 연구의 결과와는 달리 단지 전문적인 제안, 혹은 한정된 정보에 근거한 추측 이상으로는 간주되지 못했던 것이다. 이렇게 대부분의 연구자들은 질적 방법론(qualitative methods)이 아닌 양적 방법론(quantitative methods)만을 일반적이고 보편적인 결론을 얻는 데에 더 적합한 것으로 간주했다.

하지만 이러한 전통적인 기존 견해는 옥스퍼드 대학의 교수인 벤트 플림버그(Bent Flyvbjerg)를 선두로 한 연구자들에 의해서 반박되었다. 플림버그는 질적 방법론이 개별적인 사례 연구를 넘어설 수 있다고 주장하여 질적 방법론에 대한 인식을 한 단계 높여 새로운 차원으로 도약시켰다. 그는 질적 방법론이 단순히 특정 사례 연구로서 기능하는데 그치지 않고, 더 나아가 가설을 검증하고 일반화하여 결론을 내는 데까지 쓰일 수 있다고 주장하였다(Bent Flyvbjerg, 2006).

또한 현대 사조는 특수성을 가치 있게 여기는 경향을 보여준다. 실천 현장에서는 이론과 연구가 더 이상 추상적이며 비현실적인 현상에만 국한되어서는 안 된다는 비판이 일어났다. 실천 현장은 명확한 원인과 결과를 구분하기 어려운 복잡하게 얽혀 있는 불확실하며 가변적인 현실 속에 놓여 있다. 따라서 여러 사건과 현상에 대해 가장 현장에 밀착된 적절한 연구 방법과 절차를 제공할 수 있는 질적 연구에 대한 요구가 더욱 증대하고 있다. 또한 현장 관계자들은 그들의 현 상황을 조정하거나 조작화를 거친 연구에서 의미를 발견하지 못했다. 있는 그대로의 상태, 즉 현장을 그대로 연구해 주기를 바라고 또한 그 현장에 적용할 수 있는 현 상황에 국한된 연구를 필요로 한다. 따라서 질적 연구는 현실에서 나타나는 현상을 기준으로 연구 방법과 절차를 선택하고 협상하는 유연성을 발휘하여 현장의 욕구를 반영해 낼 수 있는 연구 대안으로 떠올랐다. 이것이 미리 엄격히 짜인 연구 방법을 쓰는 양적 연구보다 한결 현장의 맥락을 반영하고 실용성 있는 결과를 도출할 수 있는 질적 연구를 선호하게 하는 요인이다. 질적 연구는 어떠한 상황이나 대상에게도 개방적이며 다양한 절차나 방식을 동원하여 연구할 수 있다는 장점이 실천가들의 욕구와 맞아떨어진다.

1970년대 시작되어 1980년대 중반까지는 질적 연구의 초석을 닦은 시기였다. 이 시기는 다양한 연구 방식과 이론을 받아들여서 질적 연구의 형식화를 시도한 시기였다. 이후 표현의 위기 시대인 1980년대 중반 이후 연구 결과의 기록과 소유 문제를 다루면서 텍스트에 대한 고민을 시작했다. 텍스트는 누구의 것인가? 인터뷰를 한 사람의 것인가 아니면 대답해 준 사람의 것인가? 혹은 이 둘의 공동 저작인가에 대한 고민을 하는 시기였다. 또한 글로 쓰인 텍스트가 얼마나 진실하게 현실을 담아내고 있는가에 대한 고민이 있었다. 이러한 과정을 거치면서 질적 연구는 현실을 다양한 버전으로 구성해 가는 끝없는 과정이라고 결론짓게 되었다(Flick, 2009: 38). 말하는 자와 듣는 자 사이에 일어나는 상호작용, 또한 그것이 글로 옮겨지면서 해석되거나 새로 첨삭된 과정 등으로 현실은 끊임없이 새로운 버전으로 진화하게 되며 어느 누구의 현실이 다른 자의 현실보다 더 우세하거나 정당하다고 주장할 수 없는 상황이 되었다. 이제 내러티브는 보편타당한 담론이 아니라 시간과 지역, 특수한 상황에 국한되어 유용한 것으로 해석된다고 믿는 시대가 도래하면서 질적 연구는 그야말로 다양한 버전으로 발전해 간다.

현재는 실험적 글쓰기 작업이 시도되는 시기로 앞으로 오게 될 질적 연구의 향방은 가늠하기 어렵다. 지금까지 질적 연구는 꾸준히 방법론과 절차를 다양하게 발전시켜 왔고 비판적인 성찰과 수용을 통해 유연하게 시대의 흐름과 변화에 적응해 왔다. 질적 연구는 특별히 어느 한 방법을 절대시하거나 형식화하여 그대로 모방해야 한다고 강요하는 연구가 아니다. 질적 연구는 이러한 개방성을 통해 앞으로도 새로운 방향을 모색하며 발전되어 갈 것이라고 본다.

제 2 장 질적 연구와 양적 연구

질적 연구와 양적 연구 비교 | 질적 연구와 양적 연구 설계

질적 연구와 양적 연구 비교

질적 연구와 양적 연구를 본격적으로 비교하기 이전에, 다음 표를 참고해 보도록 한다. 다음 표는 질적 연구와 양적 연구의 가장 주요한 차이점들을 일목요연하게 정리해 놓은 것이다.

(표 2.1)

	양적 연구	질적 연구
일반적 사항	*현상에 대한 가정을 확증하려 한다. *질문에 답하기 위해 사용하는 도구들이 좀 더 고정되어 있다. *주로 고정되고 기획된 일정한 틀에 의거하여 자료조사, 설문, 관찰을 진행한다.	*현상 그 자체에 대해 탐구한다. *질문에 답하기 위해 사용하는 도구들이 좀 더 유연하다. *주로 깊이 있는 인터뷰, 초점집단(focus group), 참여자 관찰 등의 방법을 사용한다.
목적	*변수들의 양화(quantify)하는 것 *인과관계를 예측하는 것 *모집단(population)의 성격을 규명하는 것	*변수 자체를 묘사하는 것 *관계를 묘사하고 설명하는 것 *개별적 경험을 묘사하는 것 *집단 행동을 기술하고 설명하는 것

질문 형태	닫힌 질문	열린 질문
자료 형태	수적 자료(수의 값과 수적 반응을 통해 얻어진 자료)	언어적 자료(오디오 녹화 자료, 비디오 녹화 자료, 그리고 현장 일기 등을 통해 얻어진 자료)
연구 설계의 유연성	*연구의 계획부터 마감까지 안정성을 지닌다. *참여자의 반응은 질문자가 다음 질문을 만드는 데 있어 전혀 고려 요소가 되지 않는다. (이미 만들어져 있는 질문들 사용) *통계적 추측과 환경에 대한 가정에 의거해 연구가 설계된다.	*연구의 특정 요소들은 연구 도중 설계가 바뀔 수도 있다. (예를 들어, 인터뷰 질문의 단어 선택 등을 임의로 변화할 수 있다.) *참여자의 반응에 따라 질문자가 하는 다음 질문 내용이 바뀌게 된다. *연구 도중 연구자가 획득한 정보에 의해서 자료 수집과 연구 질문들이 수정될 수 있다.

위의 표를 통해서도 알 수 있지만, 질적 연구와 양적 연구는 서로 다른 많은 차이점을 지니고 있다. 양적 연구가 주로 가설의 검증, 그리고 변수(variable)의 수량과 크기 등을 알아내는 수적 자료에 의존하는 반면, 질적 연구는 변수 그 자체에 관심이 있다. 변수 그 자체에 관심이 있다는 것은 질적 연구가 주목하는 것이 변수의 외형이나 수량이 아니라 변수의 성질, 그리고 변수의 핵심적 본질에 있다는 뜻이다. 질적 연구는 앞서 인간 행동과 행동 동기를 이해하고자 하는 연구라고 미리 밝혔듯이, 성질(character)과 본질(essence) 그 자체에 대한 이해를 목적으로 하는 연구이다. 이것을 다른 말로 표현하자면 의미에 대한 이해를 추구하는 것이라고 볼 수 있다. 의미는 인간이 자신이 겪어본 경험에 대해 그 본질을 알아볼 수 있도록 표현한 것이기 때문이다.

사과 열 개가 존재할 때, 양적 연구에서 주목하는 것은 통계를 낼 수 있는 자료와 이를 통해 체계적이거나 보편적인 이론을 창출해 내는 것일 수 있다. 예를 들어 사과의 시세, 사과의 지름을 통해 알 수 있는 평균 크기, 평균 당도의 측정 등이 양적 연구의 관심사가 될 수 있다. 반면 질적 연구는 사과가 열 개 있더라도, 열 개를 각각 사과 1, 사과 2처럼 수량화시킨 변수(variable)로 간주하기 이전에, 변수인 사과 자체에 관심을 기울인다. 질적 연구자는 사과의 핵심 본질을 알고자 할 것이다. 따라서 유능한 질적 연구자라면, 그는 아마도 우선 사과 하나를 손에 들고, 한 입 베어 물 것이다. 질적 연구자가 알고자 하는 것은 사과의 본질, 사과의 맛(taste)이다. 이렇게 질적 연구의 초점이 되는 것은 변수를 통한 가설과 이론의 설정이라기보다는 변수에 대한 "이해"이며 "경험"이다.

이어서 질적 연구와 양적 연구가 가장 큰 차이를 나타내는 몇 가지 기본적인 항목을 또 다른 표를 통하여 열거하자면 다음과 같다.

(표 2.2)

질적 연구와 양적 연구가 차이를 나타내는 주요 항목들
1. 두 연구의 주요 분석 대상
2. 두 연구에서 사용되는 질문의 종류
3. 두 연구에서 자료 수집을 위해 사용되는 도구의 종류
4. 두 연구의 자료의 형태
5. 두 연구의 연구 설계 및 진행에 있어서 연구자에게 주어지는 자유의 정도
6. 유연성의 차이

위 두 가지 표를 통해서 질적 연구와 양적 연구의 차이점이 개략적으로 설명되지만, 여러 차이점 중 한마디로 정리하여 말할

수 있는 양적 연구 방법론과 질적 연구 방법론의 가장 큰 차이는 무엇일까. 무엇보다도 양적 연구 방법론과 질적 연구 방법론의 핵심적 차이 중 하나는 유연성의 차이이다.

그렇다면 "유연성"(flexibility)의 차이란 구체적으로 어떠한 차이를 말하는 것일까. 예를 들어 길거리에서 지나다니는 사람 만 명을 향하여 설문 조사를 한다고 가정해 보자. 이는 양적 연구의 일환이라고 할 수 있다. 만약 설문지에 1번부터 10번까지 질문이 미리 만들어져 있다면, 설문지에 미리 작성된 질문들은 이미 확정되어 있으며, 연구자가 이를 도중에 바꾸거나 설문 조사 내용에 따라 연구 방법 자체를 수정하는 일은 있을 수 없다. 설령 묻다가 아무리 대답이 안 나오는 질문이 있다 할지라도 끝까지 한 사람도 빼놓지 않고 충실히 묻는 것이 설문지를 들고 질문하는 사람의 의무일 것이다. 그러나 만일 그가 질적 연구자였다면 이 질문은 잘못된 것이므로 더 이상 물을 필요가 없다는 것을 알고 그만두고 만다. 양적 연구자들이 설문지를 모은 이후에는 다시 일일이 단 한 번의 재 설문을 실시하는 일조차도 쉽지 않을 것이다.

이렇게 양적 연구는 주로 유연성보다는 미리 만들어지고 고정된 틀에 대한 일관성을 지켜서 그 틀 안에서 이루어진다. 설문 조사나 선거 후 실시되는 출구 조사 등이 양적 연구 방법을 사용한 가장 쉽고도 기본적인 예시이다. 만일 투표를 마치고 나오는 유권자들에게 같은 질문이 아니라 각각 다른 질문을 던진다고 상상해 보라. 어떤 결과를 낳을 것인가? 도무지 선거 결과에 대한 예측이라고 내놓을 만한 자료를 얻을 수 없을 것이다. 이를 통해서 보았을 때 양적 연구자는 주로 참여자 전체에게 같은 질문을 같은 순서에 따라 똑같이 던짐으로써만 그가 남들에게 믿을만한 정보, 즉 선거의 결과를 얻어낼 것이다. 참여자가 보일 수 있는 반응은 제한되어 있으며 연구자의 질문은 고정되어 있거나 "닫혀 있다." 이것은 양적 연구의 신뢰성을 높이는 데 매우 중요한 요소가 된다. 양적 연구에서는 신뢰할 만한 예측 결과를 얻어내는 것이 중요한 목표 중의 하나이다.

이와 더불어 위의 예시를 통해서 양적 연구의 또 다른 대표적 특징인 모집단의 성격에 대해서도 알 수 있다. 우선 만 명이라는 숫자에서 볼 수 있듯이, 양적 연구에서는 대부분 큰 모집단(위의 예의 경우 길거리 설문 참여자들)을 설정한다. 그 이유는 모집단의 수에 따라서 확률적인 정확도가 결정되는데, 모집단이 클수록 더욱 확률적인 정확성을 높일 수 있기 때문이다. 선거 결과에 대한 예측은 분명히 열 명보다는 백 명이, 백 명보다는 만 명이, 만 명보다는 십만 명이 참여하는 조사가 더 확률적으로 정확하고, 전체의 대표성을 띠는 데 있어 유리하다. 반면 양적 연구가 아닌 질적 연구에서는 한 명으로 이루어진 모집단을 설정하는 경우도 있을 수 있다(이종규, 2006: 92).

다시 본론으로 돌아와, 양적 연구와 질적 연구의 유연성을 비교해 보자. 단적으로 말해 양적 연구는 질적 연구에 비해 적은 유연성을 띤다. 이러한 특징은 양적 연구만의 장점을 낳기도 한다. 양적 연구에서는 주로 질문이 정해져 있고 같은 순서로 반복되기 때문에, 대규모 집단을 통해서 참여자들의 대답이 어떻게 분포하는지를 비교, 대조하기가 매우 수월하다는 장점이 있다.

하지만 이러한 양적 연구를 효과적으로 설계하기 위해서는 연구자가 이미 참여자들에 대해 어느 정도의 이해가 있다는 것을 전제로 하여야 한다. 즉, 연구자는 어떠한 질문이 가장 핵심적인지, 어떻게 묻는 것이 가장 효과적인지, 그리고 어떠한 식으로 사람들이 반응할지에 대해 알고 있어야 가장 좋은 질문들을 만들 수 있다. 즉 참여자들과 결과에 대한 예견이 질문을 창안하는 과정에서 미리 어느 정도 예측될 수 있어야 한다는 것이다. 모집단에 대한 사전 이해가 없이 연구를 설계하는 것은 원하는 연구 결과를 얻지 못할 뿐만 아니라 연구자에게 자료 수집 자체를 처음부터 다시 실시해야만 하는 예상치 못한 변수를 줄 수도 있기 때문에, 양적 연구에 있어 모집단의 성격에 대한 사전 이해는 필수 과제이다.

질적 연구와 양적 연구의 설계

양적 연구와는 다르게, 대부분의 질적 연구들은 연구의 설계와 진행에 있어 양적 연구에 비해서 좀 더 유연한 입장을 견지한다. 다시 말해, 연구자와 참여자 사이에는 더욱더 서로에게 자유를 행사할 여지가 있다는 것이다. 연구자는 연구 전반에 걸쳐 참여자와의 관계 속에서 적응하고, 행동하며, 반응한다. 각 참여자는 고유한 성격과 특성을 지니기 때문에 연구자는 다양한 관계를 경험하고 또한 형성한다. 양적 연구와 다르게 질적 연구를 위한 질문들은 닫힌 질문보다는 열린 질문들이 많다. 연구자들은 특히 각기 다른 참여자를 만나 면접을 진행할 때, 항상 같은 식의 질문을 같은 방식으로 하지 않는다. 오히려 유능한 연구자일수록 참여자에게 맞는, 그리고 정황에 근거한 좋은 "열린" 질문들을 그에게 맞는 용어를 써서 만들어 낼 수 있다. 열린 질문이란, 연구자가 질문을 던졌을 때, 참가자가 단순히 "예" 아니면 "아니요"로 된 두 개의 선택 사이에서 답을 고르는 것이 아니라, 복잡하고도 풍부한 자신만의 언어로 대답할 수 있는 질문을 말한다.

이렇게 참여자를 대상으로 열린 질문을 하거나 연구자가 하나하나 질문을 짚어보고 다시 만들어갈 때 나타날 수 있는 가장 큰 효과는 연구자가 참여자의 자발적인 참여를 이끌어 낼 수 있고 그를 더 잘 이해할 수 있다는 점이다. 질적 연구에서 참여자는 질문을 받으면 자신이 원하는 대로 대답을 할 수 있고 자신의 언어를 자유롭게 구사하며 이야기해 나갈 기회가 주어진다. 이때 참여자는 수동적으로 참여하는 것에 그치지 않고 자발적이고 능동적으로 연구에 참여하여 자신을 연구자에게 이해시킬 수 있게 된다. 질적 연구의 참여자들은 몇몇 양적 연구에서 그렇게 하듯이, 미리 만들어져서 주어진, 그리고 어쩌면 강요된 설문에 응하는 것이 전부인 수동적이고 제한적인 역할이 주어지는 것이 아니라, 훨씬 능동적이고 열린 역할이 부여된다.

열린 질문들은 닫힌 질문과는 다른 성격을 띤 여러 가지 응답을 낳는데, 특히 다음과 같은 응답을 이끌어내기에 좋다.

* 연구자뿐만 아니라 참여자 자신에게도 의미가 있는 대답
* 참여자가 속해 있는 문화적인 특징이 충분히 배어 있는 대답

* 연구자가 예상하거나 미리 예측하지 못했던 대답
* 의미심장하거나 많은 정보를 내포하고 있는 대답
* 해석 가능성이 풍부하고 설명적인 대답

이렇게 다양하고 자유롭게 대답이 나올 수 있게 하기 위해서, 질적 연구에서는 연구자와 참여자의 호흡이 매우 중요하다. 유능한 질적 연구자가 참여자의 대답에 적절하고 유연하게 대응하고 깊이 있게 연구 주제를 질문해 가면, 다른 연구를 통해서는 좀처럼 찾기 힘든 "왜"라든지 "어떻게"라는 질문에 대한 답을 찾을 수 있게 된다. 이때 연구자는 참여자의 대답과 이야기에 항상 주의를 기울여 경청해야 한다. 그리고 경청을 토대로 하여 참여자 개개인의 개별적인 성격과 특징, 스타일에 맞추어 더욱더 참여자의 주의 집중을 사고 관심을 이끌어 내는 것이 중요하다. 참여자의 질문에 대해서, 짧거나 불충분할 경우, "면밀히 살펴보기"(probing)의 성격을 띤 추가 질문을 통해 다시금 질문을 다듬는 것도 좋은 방법이다.

연구자와 참여자의 호흡이 중요한 만큼, 질적 연구 방법론에서는 종종 연구자와 참여자 간의 관계가 덜 사무적이고 덜 공식적이다. 연구자가 던진 질문에 참여자가 대답하고 반응하는 것에 따라서 연구자 역시 이에 대한 재반응을 계속해서 설정해 나가게 된다. 양적 연구에 비해 질적 연구에서는 참여자의 대답에 대해서 더 세부적인 사항으로 들어간다든지, 아니면 참여자의 대답으로 인해 새로이 알게 된 사실을 추가하여 새로운 질문을 만든다든지 등의 여러 가지 가능성들이 열려 있는 것이다. 그리고 이로써 질적 연구의 연구자와 참여자는 특별한 관계를 형성하게 된다. 이는 양적 연구에서 주로 객관적 방법으로 자료를 수집하는 것과는 다르다.

물론 이때 중요하게 짚고 넘어가야 할 것은, 유연성의 차이가 있다고 해서 결코 질적 연구를 양적 연구보다 더 뛰어난 연구 방법으로 간주해서는 안 된다는 것이다. 유연성이 더 크다고 해서 그것이 무조건 더 좋은 연구 방법인 것은 아니다. 유연성에 따라 양적 연구와 질적 연구 모두 나름의 장점과 단점을 가진다. 연구 방법이 더 고정되어 있거나 더 유연하다고 하는 것은 방법의 차이일 뿐이고, 또한 양적 연구와 질적 연구 모두 연구 설계 시 어느 정도의 유연성과 고정성을 모두 지니고 있다. 따라서 연구자는 양적 연구와 질적 연구 사이의 유연성 차이를 다만 이해하는 방법의 차이, 이해하려는 대상의 차이로 보아야 할 것이다.

간혹 이전에는 양적 연구에 익숙하였던 연구자가 새롭게 질적 연구 방법론을 접하여 사용하고자 할 때, (양적 연구와 질적 연구의 차이점에 주목하면서) 혹시 이전의 경험이 질적 연구에 영향을 미치지는 않는지 궁금해 하는 경우가 있다. 단적으로 말해 양적 연구와 질적 연구는 본질적으로 서로에 대해 양립 불가능한 배타성을 띠지는 않는다. 하지만 양적 연구자와 질적 연구자가 서로 다른 영역과 현상에 비중을 두고 있다는 것은 분명하다. 왜냐하면 양적 연구와 질적 연구는 다른 관심사를 조명하고 서로 다른 별개의 연구 방법과 기술들을 사용하기 때문이다.

이 책에서 다루는 중심적 내용은 질적 연구에 대한 소개이며, 이 책은 질적 연구자에게 실제적인 훈련 또는 도움을 주고자 하는 의도를 바탕으로 구성되었다. 따라서 양적 연구에 대해서는 큰 부분을 할애하지 않았지만, 다만 양적 연구와 질적 연구의 차이점에 대해서는 이 장에서 명확한 설명을 제시하였다. 사실상 질적 연구자에게 양적 연구에 참여했던 경험이 있는지 없는지가 질적 연구를 하는 데에 있어 큰 변수가 아니며, 과거에 양적 연구에 참여한 경험이 질적 연구를 진행함에 있어서 큰 불이익으로 작용하지 않는다. 다시 말해 질적 연구를 위해 양적 연구 경험이 필요한 것도 아니지만, 또 다른 한편으로는 기존에 양적 연구에 익숙해져 있다고 해서 이러한 경험이 질적 연구에 장애가 되는 것도 아니라는 뜻이다.

다만 중요한 사실 한 가지가 있다. 질적 연구 방법론을 사용하려는 사람에게 반드시 선행되어야 하는 것은 질적 연구와 양적 연구의 차이점을 정확히 알아두는 것이다. 두 연구의 성격과 종류에 관해 미리 명확한 이해를 가지지 못한 채 질적 연구에 참여하여 필요한 질적 자료를 수집하고 조직하려 하는 것은 위험한 일이다. 이는 질적 연구자에게 자료 수집 방안을 처음부터 잘못 설정할 수 있는 위험 부담을 안겨주며, 더 나아가 연구 진행시 질적 연구의 기술들과 양적 연구의 기술들을 잘못하여 혼합하거나 절충하여 사용할 수 있게 하는 원인이 되기 때문이다. 따라서 연구자의 경험이 어느 쪽에 있든, 연구자는 자신이 현재 진행하고자 하는 연구의 성격을 명확히 설정하고 규명하며, 그에 따라 질적 연구와 양적 연구의 차이점을 잘 고려하여 연구의 방향을 맞춰 나가야 할 것이다.

제 3 장 질적 연구에서의 샘플링

샘플링이란? | 목적 합치형 샘플링(purposive sampling) | 쿼터 샘플링 | 스노볼 샘플링(snowball sampling)

샘플링이란?

혹여나 그것이 가능하다고 하더라도, 한 공동체 안에서 구성원을 이루고 있는 모두를 상대로 하여 자료를 수집하는 것은 유효한 결과를 얻어내기 위해 필요한 방법이 아닐 뿐더러 최선의 방법도 아닐 것이다. 특히 질적 연구에서, 특정한 연구를 위해서는 연구 대상이 되는 주어진 공동체 혹은 모집단(population) 안에서 일정한 구성원만으로 선택된 부분 집합, 다시 말해 샘플(sample)이라고 부를 수 있는 일정한 크기의 표본 집단만이 필요하다. 표본 집단인 샘플의 크기를 결정하기 위해서는, 연구의 목적(objectives), 연구의 성격(characteristics), 그리고 연구 대상이 되는 공동체 또는 모집단의 성격(characteristics of a population)이 먼저 규명되어야 한다. 연구 대상이 되는 공동체의 성격에는 그 집단의 크기, 인종적 다양성, 연령대와 성별 등이 모두 포함된다. 이러한 것들이 규명된 이후, 연구자는 비로소 필요에 따라 표본 집단의 크기, 즉 몇 명의 사람들을 선택할 것인지를 결정할 수 있을 것이다.

이 장에서는 질적 연구에서 사용되는 샘플을 정하는 방법, 즉 샘플링(sampling) 방법에 대해서 알아보게 될 것이다. 우선 그 중에서도 가장 빈번하게 사용되는 샘플링 방법 세 가지를 들자면 다음과 같다.

* 목적 합치형 샘플링(purposive sampling)
* 쿼터 샘플링(quota sampling)
* 스노볼 샘플링(snowball sampling)

이외에도 여러 샘플링 방법이 있는데, 각각의 샘플링 방법은 필요에 따라서 연구자의 연구 설계에 포함된다. 우선 여기서는 앞서 나열된 세 가지 샘플링 방법의 주요 성격과 사용 이유에 대해서 살펴보도록 하겠다.

목적 합치형 샘플링(purposive sampling)

목적 합치형 샘플링은 다른 저서에서 의도적 샘플링으로 많이 번역되어 사용된다. 특히 위의 세 가지 샘플링 방법 중에서도 가장 흔히 사용되는 샘플링 방법이다. 여기에서는 목적 합치형 샘플링이라고 번역했는데 그 이유는 샘플을 말 그대로 목적에 맞도록 추출하기 때문이다. 목적에 합치한다는 것을 쉬운 단어로 풀이하면, 목적에 일치하는, 혹은 목적에 부합한다는 것과 같다고 할 수 있을 것이다. 이같은 맥락으로 볼 때, 질적 연구에서 목적 합치형 샘플링을 행한다는 것은 연구자가 연구를 위해 설정한 주 연구 질문이 있을 때, 그 질문에 해당하는 집단(목적에 부합하는 집단)을 미리 사전적으로 분류하여 그들만을 대상으로 연구를 실시한다는 의미이다.

목적 합치형 샘플링 방법을 사용하는 연구자는 분명한 목적 지향성을 띠고 샘플링을 실시해야 한다. 예를 들어, 서울에 사는 HIV 바이러스를 보유한 여성을 연구하고자 할 때, 연구자는 목적 합치형 샘플링을 사용하는 것이 좋다. 왜냐하면 이 연구에는 특정한 목적에 합치하는 대상, 즉 서울이라는 공간적 경계 안에 거주하고, 여성이라는 특정한 성별을 지녔으며, HIV라는 특정 바이러스에 감염된 대상이 분명히 구별되어 존재하기 때문이다. 물론 연구의 대상이 서울에 사는 HIV 보유 여성이라고 해서 연구자가 서울 내에 거주하는 모든 HIV 보유 여성들을 다 자료 조사의 샘플로 설정할 필요는 없다. 해당되는 대상 중 얼마나 많은 여성을 대상으로 집단의 크기를 설정할지는 연구자에게 주어진 자원, 그리고 연구 질문에 달려 있다. 이때 연구자에게 주어진 자원이라 함은 연구를 위해 지원되는 연구 지원금, 연구자가 지닌 시간·인력, 공간적 여력 등을 모두 포함한 개념이다. 연구 질문은 연구자의 관심사에 따라 다양하겠지만 질적 연구는 인간의 경험과 의미를 심도 있게 추구하기 때문에 많은 수를 대상으로 하는 것이 어렵다.

이 외에도 샘플의 크기를 결정하는 데 중요한 영향을 미치는 것으로 이론적 포화(theoretical saturation)라는 개념이 있다. 이론적 포화의 개념은 처음 근거 이론을 제창한 Glaser와 Strauss(1967)에 의해 시작된 것으로 질적 연구의 특성을 잘 드러내는 개념이다. 이론적 포화 상태에 이르렀다는 것은 자료를 수집함에 있어, 추가적인 자료를 모으더라도 그것이 연구 결과에 더 이상 추가의 발견을 더해 주거나 새로운 부가적 영향을 미치지 않게 되는 한계점에 도달했다는 것을 뜻한다. 따라서 샘플의 크기가 너무 작으면 이론적 포화에 훨씬 미치지 못한, 즉 결과를 위한 대상 연구가 부족한 상태에 처할 수 있고, 반면 샘플의 크기가 너무 크면 이론적 포화를 넘어서 쓸데없는 자료의 낭비를 초래하게 된다. 다른 샘플링에서도 마찬가지이지만, 목적 합치형 샘플링을 사용하는 연구자는 샘플의 크기를 신중하게 설계해야 할 것이다. 이러한 특징 때문에, 특히 자료의 조사 과정과 자료의 분석 및 검토 과정을 동시에 진행시킬 수 있는 연구에서 목적 합치형 샘플링 연구는 제 빛을 발할 수 있다.

쿼터 샘플링

쿼터 샘플링은 때로는 목적 합치형 샘플링의 일부로 간주되기도 한다. 쿼터 샘플링을 사용할 때, 질적 연구자는 연구를 설계하고 진행시키는 과정 속에 몇 명의 사람을 샘플 집단에 포함시킬지를 병행하여 결정해 나간다. 쿼터 샘플링에서는 연구 시작전 미리 크기가 정해져 있는 샘플이 있다기보다는, 연구의 진행에 따라 샘플의 크기를 정한다. 쿼터 샘플링을 사용하는 연구자는, 연구가 진행됨에 따라 어떠한 특성을 지닌 참여자들을 샘플에 포함시키는 것이 좋을지를 결정해 나가야 한다.

쿼터 샘플링이 목적 합치형 샘플링의 일부이지만, 어떠한 특이점을 지니고 있는지 더 알아보도록 하겠다. 이를 위해서 이미 목적 합치형 샘플링에서 보았던 HIV 보유 여성 연구의 예시로 돌아가 보자. 앞선 연구 예시에서 연구 대상이 되는 참여자들의 특성을 살펴보면, 연령, 거주하고 있는 지역, 성별, 재산이나 지위에 따른 사회적 계층, 종사 직종, 기혼 및 미혼 여부, 특정 피임기구의 비사용 또는 사용 여부, HIV 바이러스의 진행 정도 등 다양한 특성이 있을 것이다. 그런데 이 연구에서 목적 합치형 샘플링이 아닌 쿼터 샘플링을 사용한다면, 연구자는 서울에 사는 HIV 보유 여성 중에서도 특히 어떠한 특성을 지니고 있는 참여자들을 선택하여 연구에 포함시키면 가장 연구의 목적에 도움이 될 수 있을지에 대해서 다시 한 번 고려해 볼 수 있다.

이때 연구자는 자신이 선택한 분류 기준을 설정하면서 선택과 집중권을 행사하게 되는데, 이를 통해 연구자는 특정 연구 주제에 대해서 가장 최대량의 정보를 줄 수 있고, 가장 경험상 우위에 있고, 주제에 근접해 있는 참여자들을 연구에 포함시킬 가능성을 늘릴 수 있다. 그리고 실제로 연구를 진행시키는 과정에 있어, 질적 연구자는 자신이 연구하고자 하는 대상 집단 속으로 들어가 분류 기준에 해당되는 사람들을 찾아나서게 되는 것이다. 이렇게 참여자를 모집하는 것은 연구를 위해 필요한 충분한 인원을 확보할 수 있을 때까지 연구의 진행과 더불어 계속하여 이루어진다. 이때 질적 연구자가 연구 참여자를 모집하는 기술에 대해서는 다음 장에 자세히 다루게 될 것이다.

언뜻 보면 목적 합치형 샘플링과 쿼터 샘플링은 많은 부분 일치하는 점을 지니고 있다. 목적 합치형 샘플링과 쿼터 샘플링은 둘 다 특정 분류 기준에 따라서 샘플 집단의 참여자들을 모색한다. 그렇기는 하지만, 쿼터 샘플링은 어떤 면에서는 목적 합치형 샘플링보다 더 상세하고 까다롭게 대상 샘플에 대한 모집 기준을 가지고 있다. 쿼터 샘플링에서는 샘플 집단의 크기나 샘플 내 부분 집단 설정, 특히 부분 집단을 설정하는 데 있어 부분 집단 별로 집단 전체의 크기에 대비하여 부분 집단들의 크기 비율을 정확히 맞추는 점 등에 있어서 목적 합치형 샘플링보다 조금 더 정교하다. 예를 들어, 연구자 입장에서 피임 기구가 HIV 감염에 있어 중요한 변수라고 생각할 경우, 연구자는 주어진 도시(서울) 내에 HIV 감염 여성을 모집할 때, 그 안에서 다시 피임 기구를 사용하는 여성, 그리고 피임 기구를 사용하지 않는 여성을 1:1의 비율로 조정하여 부분 집단을 설정할 것이다.

물론 쿼터 샘플링이 더 세부적 성격을 고려한다고 해서, 쿼터 샘플링이 목적 합치형 샘플링보다 뛰어난 것은 아니다. 오히려 쿼터 샘플링은 앞서 언급했듯이 목적 합치형 샘플링에 포함되어 간주될 때가 많다. 그리고 연구의 성격상 집단이 크거나, 연구가 세밀하기보다는 더 스케일이 거대하고 대략적인 성격을 지닐 때는 쿼터 샘플링이 알맞지 않으므로, 목적 합치형 샘플링이 더 자주 사용된다.

스노볼 샘플링(snowball sampling)

마지막으로 살펴볼 스노볼 샘플링 역시 크게 봐서는 목적 합치형 샘플링의 일부로 간주되기도 한다. 하지만 앞서 설명되었던 목적 합치형 샘플링, 그리고 쿼터 샘플링과는 달리, 스노볼 샘플링은 참여자 모집의 과정이 다른 샘플링과 차이가 나는 색다른 방법으로 진행된다. 스노볼 샘플링이 무엇인지 알려면 어원 그대로 눈으로 만든 눈덩이(snowball), 다시 말해 눈을 굴려 만든 공을 연상하면 된다. 눈이 온 날 아침, 아이들이 눈싸움을 하기 위해서, 혹은 눈사람을 만들기 위해서 집밖에 뛰어나가 눈을 뭉치는 과정을 연상해 보자. 아이들은 우선 장갑 낀 손으로 작은 뭉치의 눈을 꾹꾹 눌러 작은 눈덩이 공을 만들고, 여기에 점점 눈을 더 붙이거나 작은 눈덩이를 눈 위에 굴려서 더 큰 공 모양으로 눈을 뭉쳐간다. 아이들이 만드는 눈덩이는 처음에는 작았지만 점점 불어나감에 따라, 결국에는 많은 눈이 뭉쳐진 거대한 눈덩이가 완성된다.

이와 똑같은 방법으로, 스노볼 샘플링에서는 연구 참여자를 모집함에 있어서, 처음에는 적은 수의 인원으로 시작한다. 하지만 연구가 진행됨에 따라서 연구자는 연구에 참여하는 적은 수의 기존 인원을 통하여, 더 많은 연구 참여자를 찾아내고 연구에 끌어들일 수 있다. 결국 이미 찾은 참여자를 이용하여 그들과 관련되어 있거나 관계하는 사람을 찾아 참여자의 증대를 꾀하는 것이다. 즉, 연구를 진행하면서 연구에 관계된 사람의 주변 아는 사람이나 관련자 중 연구자에게 적합한 정보를 줄 수 있는 사람들을 차례로 점차 끌어들이는 것이 바로 스노볼 샘플링이다. 이러한 스노볼 샘플링에서는 연구자와 참여자의 인맥, 다시 말해 인적 네트워크가 연구 성공의 관건이 되는 것이다. 위의 예를 다시 살펴보면 HIV를 가진 여성은 자신이 참여하는 지지 집단이나 병원에서 HIV를 지닌 여성을 보통 일반사람들보다 많이 알 확률이 높다. 따라서 초기 참여자를 중심으로 해서 연구에 참여하고 공헌할 수 있는 사람들을 잘 조직하고 찾아내는 것이 스노볼 샘플링의 핵심이라고 할 수 있다.

특히 이 샘플링 방법은 “숨어 있는 인구”(hidden population)를 연구에 포함시켜야 할 필요가 있을 때 효과적으로 사용된다. 예를 들어 주변에 자신의 상황에 대해 공개적으로 드러내기를 꺼리는 학교 폭력 피해자들을 중심으로 연구를 진행시키고자 할 때, 학교 내에서 왕따 당하는 학생들을 아는 학생들을 통하여 점차 참여자를 연결해 나가는 방법을 쓰는 것이 이에 해당된다. 이러한 “숨어 있는 인구”에 해당되는 참여자 그룹은 위의 두 샘플링 기술로는 좀처럼 접근하기 힘든 참여자들을 연구에 끌어들이는데 상당한 효과가 있지만, 인적 네트워크의 차이가 연구 진척에 상당한 영향을 미치기 때문에 신중히 선택할 필요가 있다.

제 4 장 질적 연구에서의 참여자 모집

참여자 모집이란? | 참여자 모집의 실제

참여자 모집이란?

질적 연구에서 연구를 위한 참여자 모집은 말 그대로 연구에 참가할 사람들을 모집하고 끌어 모으는 것, 그리고 더 나아가 관여된 참가자들의 신원 등을 정리하여 등록 시키는 작업까지를 포함하는 개념이다. 질적 연구에서 참여자를 모집하는 것은 하나의 개별적 프로젝트를 진행하는 것과 같이, 구체적인 계획을 가지고 진행되어야 한다. 특별히 참여자 모집 계획 속에 포함되어야 할 주요 사항은 다음과 같다.

* 모집해야 할 참여자의 수
* 지원자들 및 참가자들을 모집할 때 그들을 선별할 기준(screening potential participants)
* 참여자 모집을 위한 장소 섭외

* 참여자 모집 시 사용할 방법

이러한 전반적인 사항 외에, 이 장에서는 참여자 모집 시 연구자가 부딪칠 수 있는 여러 상황과 그에 대한 대처 방안에 대해서 좀 더 구체적으로 살펴보고자 한다. 이상적으로는, 지역별로 주요 조사자들을 세워서 그들이 질적 연구팀을 구성하고 있는 인원과 함께 참여자를 모집하는 것이 가장 바람직하다. 특히 이때 연구 참여자를 모집하고 계획하는 과정에서 연구 대상지가 되는 각 지역별로 그 지역의 지방 자치 단체장들 또는 지역 문지기들(gatekeepers: 그 지역에 접근하는 문을 쥐고 있는 사람들, 즉 특정 공동체의 구성원들 중 공식적이거나 비공식적인 권한과 직위를 가지고 있어서 외부인들이 처음 접촉하게 될 때 그 공동체에 들어올 수 있는지를 가늠하고 결정하는 사람들)의 적극적인 협력을 구할 수 있다면 가장 좋다.

또한 참여자 모집을 위한 계획에는 모집 전략을 세우는 것도 포함된다. 모집 전략을 세울 때에는 우선 연구의 성격, 자료 수집을 위한 활동의 종류, 연구자가 필요로 하는 자료의 종류와 분량, 연구하는 집단의 성격과 주요 특색 등을 먼저 고려하는 것이 필요하다. 물론 그렇다고 해서 한번 설정된 참여자 모집 계획이 처음부터 끝까지 변치 말아야만 하는 확정성을 필요로 하는 것은 아니다. 계획은 언제든지 연구자에 의해서 수정될 수 있다. 참여자 모집 중 의외의 난관을 만나게 되거나, 연구에 있어서 새로운 화제·논제 혹은 연구 질문이 등장하게 되거나, 또는 연구하려는 집단 내에서 중요한 의미를 띄게 되는 부분 집단(subpopulation)

들이 새로이 생기게 될 때, 언제나 계획은 고쳐질 수 있고, 또 이런 경우 고쳐져야만 한다.

이렇게 참여자 모집 계획은 항상 수정 가능성과 유연성을 지녀야 한다. 참여자 모집 계획이 유연성을 띄지 않는다면, 즉 연구자가 기존의 계획만을 고수하여 참여자 모집을 계획에만 의거해서 진행해 나갈 경우, 연구에 필요한 인원을 충분히 확보하지 못하거나 연구에 불필요한 인원만을 쓸데없이 충당하게 되는 사태를 초래할 수도 있다. 따라서 위에서 다룬 경우의 수 이외에도, 만일 연구자가 모집한 인원이 특정한 이유로 인해서 필요한 자료를 수집하는데 충분히 도움이 되지 못하거나 혹은 더 이상 그들의 참여가 필요치 않게 되었을 경우가 발생하면 참여자 모집에는 언제든지 임의로 수정이 가해질 수 있다. 연구자는 근본적으로 참여자 모집의 목적이 연구를 위한 것이라는 사실을 잊지 말아야 할 것이다.

참여자 모집의 실제

이제 참여자 모집을 실제로 진행하는 방법, 그리고 진행 중 겪게 될 수 있는 난관을 극복하는 법에 대해서 좀 더 자세히 알아보도록 하겠다.

참여자 모집 시 참여를 독려하는 방법

질적 연구 시 연구자들은 참여자 모집을 위한 지침(guidelines)과 함께 기초적이고 간단하게 연구를 소개할 수 있는 안내서나 설명을 미리 준비해 놓은 상태에서 잠재적 참가자들을 만나야 한다. 특히 모집의 지침을 설정할 때, 준비해야 할 질문들은 연구에 참여할 사람들이 소속된 지역 사회의 사회적이고 문화적인 환경 및 맥락을 섬세히 고려한 것이어야 한다. 또한 지침에는 잠재적 참여자들에 대한 연구자의 존중과 배려가 충분하게 나타나 있어야 한다. 연구자는 참가자가 될 의사를 가진 모든 사람들에게 연구 결과 및 성패는 상당 부분 연구 참여자들의 활동, 즉 인터뷰나 집단 토의 등에서 얻어진 자료를 활용하여 결정된다는 사실을 충분히 설명해 주어야 한다. 참여자들이 적절한 도움을 주지 않을 경우, 그리고 참여자들이 연구의 목적에 대해 충분히 미리 이해하지 못했을 경우 연구 결과는 결코 만족스럽지 못할 것이기 때문이다. 연구자는 참여 지망자들 모두에게 연구 과정에서 그들에게 어떠한 역할이 요구될지에 대해서 충분히 설명을 제공하고, 그들이 질문한다면 명확하게 답해 주어야 할 것이다.

이와 더불어 설명되어야 할 것은 참여자들의 권리이다. 연구에 참여하게 되는 모든 사람들의 사생활은 연구 기간 전반에 걸쳐, 그리고 연구가 끝난 이후에도 철저하게 지켜져야 하며, 이 사실을 연구자는 분명히 언급해 주어야 한다. 또한 지침에 따라 모집을 진행하는 모든 과정에서 강제성이나 압력이 행사되어서는 절대 안 된다. 연구자는 참여 지망자가 강제적, 또는 고압적이라고 오해할 만한, 또는 해석할 만한 어떠한 행동도 해서는 안 된다. 가장 중요한 것은 참여자의 자발적인 참여 의지이다. 이는 모든 질적 연구에 있어서, 또 질적 연구를 넘어선 다른 제반의 연구에서도 존중되고 강조되어야 할 사항이다. 대부분의 참여 지망자들은 질적 연구를 통해 본인들이 색다르고 유익한 경험을 할 수 있음을 알고 있고 다른 사람들에게도 유익을 끼칠 수 있으리라고 생각하면서 연구에 지원하거나 참여하게 될 것이다. 따라서 참여 모집자는 특별히 강압적인 설득이나 오해를 살만한 행동을 할 필요가 없고 순리에 따라 참여 지망자의 희망과 기대를 수용하는 것이 바람직하다.

지역 리더들과의 마찰이 생길 경우

연구자들은 연구의 대상이 되는 지역의 리더들, 특히 자체 단체장이나 지역 공동체의 권위자들 및 지역 전문가들을 항상 존중해야 한다. 그 지역에 대하여 지도자나 권위자들이 제공하는 의견이나 정보, 혹은 그들의 안내나 지도가 있을 경우, 연구자는 될 수 있는 한 마찰을 일으키지 않고 이를 기꺼이 수용하고 따르는 것이 좋다. 지역 리더들은 연구자보다 훨씬 풍부한 그 지역에서의 경험을 가지고 있으며, 지역 공동체와 지속적으로 끈끈한 관계를 쌓아온 사람들이다. 이와 더불어, 연구가 끝난 이후에도 그들은 계속해서 지역 공동체 안에 남아 그들의 삶과 관계를 지속해 나갈 사람들이라는 사실 또한 잊어서는 안 된다. 연구 과정에서 불상사가 생기거나 지역 연구 현장에서 생긴 사고와 오해들이 있을 경우, 참여자들은 많은 경우 그들이 속한 공동체의 지역 리더들에게 그 책임을 묻게 된다. 연구자는 이러한 가능성을 염두에 두고 신중함을 기해야 한다.

연구에 어떤 형태로든 도움을 제공해 주거나 아니면 그렇게 하지 않았다고 하더라도, 지역의 리더들이 연구로 인해 타격을 입거나 원치 않는 불이익을 받는 것은 결코 바람직하지 않다.

부모나 보호자의 보호 하에 있는 사람을 모집할 수 있는가?

이 영역에 대해서는 뒤에서 다뤄질 내용인 '도덕적 가이드라인' 부분에서 다시 언급하게 되겠지만, 우선 위의 질문에 대한 대답은 단도직입적으로는 '그렇다'이다. 연구자들은 아직 부모나 보호자의 관할에 있는 미성년자 역시 연구 참여자로서 포함시킬 수 있다. 하지만 대부분 이러한 경우에 연구자들은 연구 참여 당사자는 물론 부모나 보호자로부터 미성년자의 연구 참여에 대해 알리고, 이에 대해서 사전 허락을 받아야 한다.

물론 이에 대한 예외의 경우도 있을 수 있다. 미성년자가 임신한 경우, 그리고 가출 청소년을 대상으로 하는 연구에서는 부모나 보호자의 허락 없이도 연구를 진행할 수 있다. 부모나 보호자가 현재 임신 사실을 모르는 경우 혹은 그 자리에 없는 경우 (쉼터나 보호소) 보호자의 허락이나 승인 없이 직접 대상자들을 모집할 수 있다. 하지만 이러한 경우에도 모집에 앞서 해당되는 윤리 검증 위원회(ethics review boards)의 지침들을 항상 참고해야 하는 사실에는 변함이 없다. 사실, 미성년자를 상대로 하는 모든 연구에서는 특별히 더욱더 윤리적으로 문제가 될 만한 사항들을 꼼꼼히 살피고 이에 따른 세부적인 검토를 거치는 것이 좋다. 미성년자는 사회 내에서도 약자로서 보호와 관심을 받는 대상이며, 또한 특성상 성인보다 해나 상처를 입기 쉬운 나이의 집단이기 때문이다. 따라서 미성년자를 연구 참여자로 모집하는 것은 민감한 문제이기 때문에 주의를 기울여야 하고, 미성년자를 보호하고 더 확실히 책임지기 위한 추가 방안들을 설정한 이후 연구를 진행해야 한다.

항상 참여자의 허가를 받아야 하는가?

그렇다. 한마디로 꼭 짚어 말했을 때, 거의 대부분의 경우 항상 허가를 받아야 한다. 한국보다 이 규정이 더 엄격히 지켜지는 미국과 유럽의 경우, 이 문제에 대한 결정 권한은 대학 등 기관에서 운영하는 윤리 위원회이다. 윤리 위원회란, 모든 연구가 시작되기 전에 그 연구를 검토하고 심의하여 연구 진행을 승인하는 자체적으로 운영되는 기구 또는 조직이다. 대부분 대학이나 연구 기관에서는 윤리 위원회 제도를 자체적으로 운영하고 윤리 위원회의 규정에 입각하여, 윤리적인 심사를 거친 후에야 어떤 하나의 연구가 새롭게 시작될 수 있는 것이다. 모든 연구는 이러한 윤리 위원회를 통해 각 자료 수집 과정마다 어떻게 참여자 허가를 받아야 하는지에 관해 미리 심사를 거쳐야 하고, 통과될 경우에만 진행이 가능하다.

윤리 위원회의 운영 관례를 보면, 참여자를 모집할 때 어떠한 샘플링 방법을 사용하려 하고, 또 어떤 모집 과정을 사용하려고 하는지를 미리 정해서 위원회에 알려야 한다. 공식적으로 참여자 모집을 허락받지 않고 참여자를 모집하거나 연구를 진행하는 것은 윤리적으로 결코 정당화될 수 없다. 드물게 질적 연구의 방법에 있어 참여자 관찰이 이루어지는 경우 몇몇 예외적 경우를 제외하고서, 참여자의 모집과 참여 허가는 항상 필요하다. 윤리 위원회에서는 이 밖에도 참여자의 허가가 구두의 형식으로 진행될지, 혹은 기록된 자료의 형식을 띠어야 할지에 대해서도 발언권을 가진다. 참여자의 허가가 어떤 형태를 띠어야 할지는 보통 각 연구의 개별적인 특징에 따라서 사례별로, 즉 case-by-case로 정해진다.

그런데 우리나라의 경우, 모든 대학에서 항상 윤리 위원회들이 설립되어 존재하며 연구를 승인하는 것은 아니다. 물론 규모가 큰 대학이나 연구기관의 경우, 윤리 위원회가 아주 활발하게 활동하는 곳도 있다. 그런데 중요한 것은 윤리 위원회의 존재 여부와 상관없이 우리나라에서도 참여자의 허가 없이 질적 연구를 진행할 수는 없다는 사실이다. 앞서 말했듯이 질적 연구에 참여하려는 의사를 가진 모든 잠재적 참가자들에게는 반드시 연구 참여에 앞서 프로젝트에 관해 충분하고 명확한 설명이 이루어져야 한다. 이와 더불어 그들의 승인과 허락을 받은 경우에만 그 연구가 명백하게 윤리성을 띤 연구로서 바르게 진행될 수 있다.

내가 선택한 참여자 모집 전략이 통하지 않을 때는 어떻게 해야 하는가?

연구팀이 이미 자료 수집에 돌입하여 조사가 이루어지고 있는 가운데, 참여자 모집을 책임지고 있던 지역 조사 담당자나 현장 연구 담당자들이 참여자 모집에 고충을 호소하는 경우도 있을 수 있다. 연구란 항상 연구자의 생각대로만 진행되는 것은 아니다. 연구를 위해 참여할 사람을 모으는 것만 해도 쉬운 일은 아니다. 때문에 큰 효과가 있을 것으로 예상되었던 참여자 모집 전략이라고 하더라도 예상과는 다르게 미비한 결과를 가져올 수 있다. 이렇게 전략을 잘못 선택하거나 계획이 어긋나서 참여자를 모으는데 어려움이 있을 경우 연구자는 어떻게 해야 할까?

질적 연구는 성격상 연구의 각 과정 과정을 "곱씹는"(iterative) 진행과정을 가진 연구라고 할 수 있다. 질적 연구는 그 유연성과 진행에 있어서의 변동 가능성을 항상 열어두고 있는 연구이다. 따라서 연구자가 참여자 모집 전략에 결함이 있다고 판정을 내리고 새로운 방법을 시도해야 할 것 같은 필요성을 느낀다면, 충분히 그렇게 해도 된다. 다만 이렇게 참여자 모집 전략을 바꿀 때 한 가지 염두에 두어야 할 것은 새로운 방법을 쓰더라도 다시금 잠재적 참여자들에게는 충분한 설명이 주어져야 하고, 또 참여자 허락을 반드시 받아야 한다는 점이다. 이렇게 윤리적으로 지킬 것을 확실히 지키기만 한다면, 참여자 모집을 위해서 계속해서 다양한 시도를 통해 전략을 다시 짜거나 더 효과적인 방법을 찾아서 모집 방법을 바꾸는 것은 문제가 되지 않는다.

질적 연구에서 새로운 참가자 모집법을 시도해 보아야 할 것이라고 판단되는 경우는 주로 다음과 같다:

* 기존의 계획을 충실히 따랐음에도 불구하고 모집률이 저조하여 모집된 인원이 수적으로 부족한 경우
* 기존의 계획을 따라 수적으로는 모집 인원이 확충되었으나, 확충된 인원이 연구의 목적에 합치하지 않아서 다른 부류에 해당하는 인원을 새롭게 모집해야 할 경우

연구자가 이러한 상황에 부딪치게 되었을 경우, 새로운 모집 전략을 세우는 것이 바람직하다.

물론 연구자는 새로운 모집 계획을 세우기에 앞서, 검토할 수 있는 모든 가능한 대안들을 생각하며 충분히 신중해야 한다. 이를 위해 연구팀은 한 차례, 또는 여러 차례의 회의와 미팅을 가지면서 이미 기존에 채택되었던 전략에 대해 토의를 통한 평가와 반성을 거치는 것이 좋다. 특히 아예 새로운 방안으로 모집을 돌리기보다는, 기존의 계획에 조금의 수정만 가하거나 대안을 첨가하여 참가자 모집을 활성화할 수 있다면 재정적으로나 시간 여건상, 그것이 가장 좋다. 하지만 토의의 결과 이것이 불가능하고 새로운 방법을 시도해야 한다는 결론에 도달했을 경우, 가능한 방안들을 놓고 연구팀은 신중하게 고려를 거쳐 선택을 내려야 한다.

이 과정에서 도움이 될 수 있는 것은 백지에 "T-시트"(T-Sheet)를 작성해 보는 것이다. T-시트란 백지상태의 종이에 알파벳 글

자 T를 크게 그린 후, 알파벳 T의 양쪽 날개 밑에 두 개의 리스트를 정리하여 만든 평가지를 뜻한다. 이때 두 개의 리스트 중 하나의 리스트에는 기존의 모집 방법이 통하지 않았던 이유들을 나열하면 좋을 것이고, 또 다른 리스트에는 새로 시도하고자 하는 모집 방법이 효과적일 것 같은 이유들을 쭉 나열하면 될 것이다. 이렇게 정리하면 연구자는 훨씬 일목요연하게 기존의 모집 방법과 새로 택하려는 모집 방법, 이 두 방법을 비교해 볼 수 있을 것이다. 거듭 강조하지만, 변화를 주기에 앞서 이렇게 평가와 진단을 정확히 내리는 것은 또 다른 실패를 불러 오지 않도록 하는 예방 차원에서 매우 중요하다.

모집 전략의 변화가 있을 때, 연구가 만약 스폰서에게 후원을 받아서 이루어지는 것이라면 스폰서나 후원 기관에게 변동 사항에 대해서 알리는 과정을 거쳐야 할 것이다. 그리고 연구의 시작 과정을 승인하였던 윤리 위원회가 따로 있을 경우에는 윤리 위원회에서 이에 대한 수정 심의를 거치는 경우도 종종 찾아볼 수 있다. 특히 단순히 모집 인원이 수적으로 부족해서 이에 대한 충당을 위해 모집법에 변화를 주는 것이 아니라 위에서 언급한 두 번째 경우, 즉 기존의 계획을 따라 수적으로는 모집 인원이 확충되었으나, 확충된 인원이 연구의 목적에 합치하지 않아서 다른 부류에 해당하는 인원을 새롭게 모집해야 할 경우에 의해 모집 법이 변할 때, 윤리 위원회나 해당 후원 기관에 이를 알리는 것이 더 중요하게 된다.

모든 연구에 해당되는 것은 아니지만, 대부분의 경우 자료 수집을 위해 연구자가 사용할 수 있는 시간은 언제나 제한적이다.

여러 가지 제약 속에서 연구자는 최소의 시간에 최대의 자료 수집을 효과적으로 진행할 방법을 찾아야 한다. 따라서 참여자 모집에 있어서도, 연구자는 항상 시간이 무제한으로 있지 않다는 사실을 염두에 두고 작업을 수행해야 하며, 참여자 모집 담당자들과 긴밀한 연락을 주고받으면서 최대한 효율적으로 이를 진행해 나가야 한다.

제5장 질적 연구의 신뢰성

질적 연구자 | 질적 연구의 타당도 | 질적 연구의 신뢰도

질적 연구에서는 신뢰도와 타당도를 개념적으로 엄격히 분리시켜 생각하기 어렵다(Heyink & Tymstra, 1993). 양적 연구에서는 도구에 대한 검증을 통해 신뢰도나 타당도를 측정한다. 가령 양적 연구자는 같은 도구로 여러 번 측정한 후에 신뢰도를 측정하고 타당도는 다른 도구를 사용하여 결과의 합법성을 증시하고자 한다. 그러나 질적 연구에서 가장 중요한 도구는 연구자 자신이다. 따라서 도구를 사용하여 신뢰도나 타당도를 측정하는 방법을 사용할 수 없다. 질적 연구에서는 결국 양적 연구와는 전혀 다른 개념의 신뢰도와 타당도를 말할 수밖에 없다. 양적 연구의 개념에 대등한 개념들을 질적 연구에서 사용해야 하는지에 대해 의문을 제기하는 질적 연구자들도 있다(Seale, 1999; Stenbacka, 2001). 과연 질적 연구에서는 어떤 개념으로 양적 연구의 신뢰도와 타당도에 대한 정의를 대체하거나 연구의 질을 보장할 수 있

을까?

실증주의적 견해로 보면 질적 연구는 당연히 신뢰할만한 연구가 되기 어렵다. 주관성을 배제하고자 하는 실증주의적 연구에서 보면 질적 연구는 허점투성이로 보일 것이다. 예를 들어 인터뷰 진행자는 편견을 가지고 질문하거나 불필요한 개입을 통해 자료를 오염시킬 수 있다. 또한 한 번 끝난 대화는 성격상 같은 대화를 반복할 수 없기 때문에 재연이 어렵다. 많은 변수들에 대해 전혀 통제할 의사가 없거나 통제가 불가능하다고 보는 질적 연구는 근본적으로 신뢰도를 측정하기 어렵다고 할 것이다.

그렇다고 해서 질적 연구가 아무렇게나 마구 할 수 있는 연구인가? 그렇지 않다면 어떤 과정을 통해 질적 연구에서는 신뢰받을 만한 연구를 할 수 있는가? 질적 연구자는 신뢰성을 인정받기 위해 유연한 자세를 취하여 독자들을 설득해 가야 한다. 예를 들면 연구자가 자신의 연구 과정을 상세히 밝히고 설명하여 어떻게 의사 결정을 했는지, 무슨 과정을 진행했는지, 어떻게 결과를 얻어냈는지를 독자들에게 진실하게 알린다(Kirk & Miller, 1986). 질적인 인터뷰를 반복한다고 해서 원래 처음에 찾아낸 결과와 똑같은 결과를 얻어내는 것이 아니다. 다른 새로운 정보를 얻게 되거나 처음 내용을 좀 더 깊이 있게 알게 되는 경우가 더 많을 것이다. 이런 이유로 질적 연구에서 신뢰도는 다른 의미를 띠게 된다. 질적 연구자는 동일한 주제의 인터뷰를 다시 했을 때 이전과 똑같은 대답을 기대하지 않는다. 다시 말하면 응답자들이 세부적 묘사들을 똑같이 반복하여 서술해 주기를 기대할 수 없다. 다만 새로 얻는 정보가 이전에 알던 정보와 서로 모순되지 않으면서 무언가 덧붙여지고 더 상세히 설명된다면 이것은 잘 된 응답이다. 여기에서 문제가 되는 것은 일관성이 존재하는가이다. 질적 연구에서 신뢰도는 다른 무엇보다 내부적인 일관성이 더 중요하다(Kidder, 1981). 게다가 만일 발견된 현상이나 얻은 결과가 여러 번 감지된다면 이것은 신뢰도를 상당히 높여 주는 표시가 될 수 있다. 그렇게 되면 현상을 바탕으로 찾아낸 개념이 우연히 나타났다고 볼 수는 없는 것이다. 자주 목격되는 것은 일종의 타당도에 대한 검사로서도 작용할 것이다.

질적 인터뷰에서 평가자들 사이의 신뢰도에는 두 가지 특징적 요소를 고려할 수 있다. 첫째, 질적 인터뷰를 통해 자료를 수집할 때에는 설문 조사와 같은 일률적인 표준화된 방식이 없다. 같은 질문을 한다 해도 인터뷰 진행자의 숙련도와 상황에 따라 다른 대답을 얻게 된다. 좋은 인터뷰 진행자는 유용한 자료를 더 잘 수집할 수 있을 것이다. 또한 대화는 일회성의 성격을 띠는 것으로 표준화가 어렵다. 각 인터뷰 진행자의 편견이 개입되는 것을 막을 길이 없다는 점이다. 이 문제는 다른 인터뷰 진행자가 얻은 자료들 사이에 서로 일관성이 있는지를 살펴봄으로써 해결해야 한다. 둘째는 자료를 어떻게 분석하는가의 문제를 들 수 있다. 같은 응답에 대하여 서로 다른 분석적 견해를 보였을 때 어떻게 그 간격을 좁혀 갈지가 문제가 된다. 이것 역시 개인의 능력에 달린 것이기는 하지만 분석 과정을 공식화하여 평가자 간에 합의를 높일수록 신뢰도가 더 높아질 수 있다.

타당도에 관해서는 몇몇 고전적인 범주들이 질적 연구에서도 사용될 수 있다. 예를 들면 대안적 설명을 찾아낼 수 있는 지침이 있다(Cook & Campbell, 1979). 수렴성 타당도는 양적 연구와 같이 전혀 다른 방식으로 찾아낸 결과와 자신의 연구 결과를 비교함으로써 연구의 타당성을 점검해 보는 방법이다. 수렴성 타당도는 결과에 대한 논의에서 다른 연구 결과를 제시하여 이번 결과와 어떤 차이점이 있는지 혹은 어떤 비슷한 점이 있는지를 알아보면서 시도할 수 있다.

질적 연구에서 타당도는 질적 연구의 귀납적 성격과 관련시켜 논의할 수 있다. 질적 연구는 대체로 자료를 근거로 하여 이론적인 관점들을 발전시켜 나간다. 새로운 정보를 가진 자료나 범주화된 자료들에서 이론적 개념들과의 일관성이 있는지 점검해 본다. 그 후에 가설이나 이론을 형성하는 개념들이 자료에 의해 확인되면 이것은 타당도를 높여 주는 것으로 볼 수 있다. 즉 이것은 검증의 과정으로 볼 수 있다. 다른 한편으로는 부정적인 사례의 점검을 해 볼 수 있다. 부정적인 사례는 만들어진 임시적인 가설이나 이론과 일치하지 않거나 모순된 사례들이다. 이러한 사례를 찾아봄으로써 가설을 새롭게 시험하는 기회를 가지게 될 것이다. 이 과정은 더 이상 부정적인 사례가 나오지 않게 될 때까지 계속 진행한다. 이 과정을 보통 반증이라고 부르는데 반증을 통해 타당도는 더욱 강화된다. 그러나 언제든지 새로운 상황이나 부정적 사례가 나타나서 지금까지 인정받아온 이론이나 가설을 완전히 뒤집어엎을 가능성이 있다는 것을 염두에 두어야 한다. 질적 연구의 부정적인 사례 분석은 양적 연구의 통계적 분석과 맞먹는다. "현상에 대한 설명이 그 안에 사는 사람들이 현실에 대하여 가지는 개념이나 그들이 매일 삶에서 성취하는 것들과 일치한다면 타당도는 성립되는 것이다"(Jones, 1983: 152). 연구 상황에서 연구자는 연구 대상자에게서 결과에 대해 보고하고 그의 의견을 청취할 수 있다. 따라서 대화를 통해 타당도에 대한 검증이 이루어지는 경우도 있다.

질적 연구자

앞에서 질적 연구는 열려 있고 유연한 설계를 사용하는 특성을 가진다고 설명하였다. 이러한 설계를 가능하게 하는 것은 바로 연구자 자신이 연구의 가장 중요한 도구라는 사실에 기인한다. 연구자는 자료를 수집하고 분석하면서 그 안에 자신을 투영하고 또한 연구를 자신의 능력과 취향에 따라 진행해 간다. 이 말은 연구자가 자신만의 특수 안경을 끼고 그의 이해의 지평을 넓혀가기 위해 연구의 현장으로 들어간다는 것이다. 연구자의 관심사와 이론적 배경에 따라 어떤 연구를 하게 될지가 주로 결정된다. 여러 많은 철학과 이론들, 또는 연구 문제 중에서 연구자가 접하게 된 것들이 연구될 것이다. 이때 지식의 상대성이 문제로 대두될 수 있다. 어느 한 이론이 다른 이론보다 더 우수하다는 기준을 제시하기 무척 어렵다. 때문에 연구자는 자신의 경험에 따라서 가장 적합하다고 믿는 이론이나 문제들을 고르게 될 것이므로 질적 연구는 객관적으로 연구 결과의 정당성을 입증하기가 어렵다는 문제가 생긴다. 결국 연구자의 역량과 경험에 따라 얼마나 현상을 잘 파악하고 핵심을 드러내었는지가 결정될 것이다. 연구와 관련된 모든 결정의 중심에 연구자가 있고 연구의 성패 역시 고스란히 연구자의 몫이다.

연구자는 인간이므로 그의 인간적인 요소들이 연구 상황 속에 끼어 들어온다. 무엇보다 연구자의 인간적 요소를 부인할 수 없으므로 이를 인간 존재의 한계성으로 받아들이면서 없애려고 하기보다는 오히려 적극적으로 또한 비판적으로 연구에서 사용할 수 있다. 사실 모든 연구에서 연구자는 중립을 지킬 수 없다. 그의 인간적인 한계나 성향, 이론적 편향 등의 요소들이 연구에 영향을 줄 수밖에 없다. 그래서 Pring(2000)은 인간이 도달할 수 있는 이해는 우리가 대상으로 삼는 인간의 제약을 벗어날 수 없다고 선언하였다(Pring, 2000). 최근 포스트모더니즘 사조에 들어와서는 이러한 인간의 한계를 직시하면서 연구의 허구성과 오점 등을 오히려 연구의 주제로 삼기도 한다.

그러나 질적 연구에서는 이미 연구자의 영향력을 부인하지 않고 이러한 영향력을 보고하고 투명하게 드러내 독자들이 판단하도록 하는 전략을 사용해 왔다. 질적 연구의 주요 목적은 연구자의 눈을 통해 어떤 현상을 파악하고 이해하는 것이라고 명시하고 있다. 좋은 질적 연구자는 자신이 부딪힌 문제를 해결하려는 탐정과 같이 상황 속에서 최대한 연구 과정을 구성해 간다. 질적 연구자는 가능한 모든 수단을 동원하여 현상에 대한 이해도를 높이려고 노력할 수 있다. 연구 현장에서 연구자는 연구 대상자와의 관계를 설정하고 적절하고 즉각적인 반응과 조정을 시도한다. 따라서 질적 연구자가 현장에서 민첩하게 대응하면 할수록 현장과 밀착된 연구가 가능하다. 따라서 연구자는 현장 적응력과 연구 상황을 조절해 가는 능력이 필요하다.

질적 연구는 현장과 밀착된 연구이다. 따라서 연구자의 현장 적응 능력이 얼마나 양질의 자료를 많이 얻어낼 수 있을지를 좌우한다. 우수한 연구자는 현장에서 최대한 얻어낼 수 있는 것을 많이 얻어내는 연구자일 것이다. 이것이 미리 만들어진 설문을 사용하는 양적 연구자와 다른 점이 될 수 있다. 양적 설계는 한 번 만들어지면 다시 조절한다는 것이 거의 불가능하다. 질적 연구자는 자신의 이해를 높이기 위해서 미리 생각하지 못했던 질문과 다양한 접근 방식들을 현장에서 즉각적으로 생각해 내고 또한 사용할 수 있다. 연구자가 발휘하는 유연성과 민감성은 연구 결과에 지대한 영향을 미칠 것이다. 연구자는 언제나 신중히 상대방의 상황을 고려하면서 반응해야 하고 민감하게 연구의 상황을 조정해 가는 현장 감각을 발달시킬 수 있어야 한다. 이것은 연구를 직접 수행하는 경험을 많이 쌓을수록 얻을 수 있는 연구 수행 능력이라고 말할 수 있다.

그러나 다른 한편으로 연구자가 가진 선입견과 편견 혹은 연구자의 주관적 관점을 질적 연구에서는 어떠한 관점으로 바라보아야 하나? 이 문제는 양날의 칼처럼 양면성을 띤다. 첫째 인식되지 않고 개입되는 선입견과 편견은 오히려 신뢰도에 위협이 될 수 있다. 연구자의 편견들은 연구를 시작하는 단계에서부터 연구에 깊숙이 관여하게 된다. 그러나 연구자가 이것을 인정하지 않거나 인식하지 못한다면 연구를 방해하는 요소로 작용할 수 있다. 특히 이미 답을 알고 있다고 생각하는 연구자는 연구를 조작할 수 있는 위험을 안고 있다. 이러한 경우에는 바람직한 방향으로 연구자의 편견을 드러낼 방안을 생각해야 한다. 연구자 특성에 설명하고 연구자의 이론적 배경과 현재 현상에 대해 생각하고 있는 점들을 먼저 서술하는 과정을 거치는 것이다. 좋다. 이런 주관적 관점을 가지는 것이 잘못은 아니다. 다만 이런 연구자의 선입견과 관점들이 연구 상황에 개입할 수 있음을 독자들에게 알리는 것이 좋다. 또한 신뢰도와 타당도를 신중히 고려할 필요가 여기에 있다. 질적 연구자가 타당도와 신뢰도가 단지 양적인 개념이라 생각하고 무시하거나 이에 대한 논의를 회피해서는 안될 것이다. 다른 한편 질적 연구에서 연구자의 편견과 주관성은 양적 연구와 달리 장애물로 취급되지 않는다. 오히려 연구자의 편견이나 주관적 견해가 무엇인지를 명확히 확인하고 이것이 자료 수집과 자료의 분석에서 어떻게 작용하는지를 보여줄 때 연구는 더 바람직한 방향으로 나아갈 수 있다. 질적 연구에서는 주관적 관점들은 연구자 개인의 특성을 드러내는 좋은 자질로 간주될 수도 있다.

Peshkin(1988; 18)은 이런 주관성은 "연구자들이 다른 사람과 구별되는 기여를 할 수 있는 근거가 된다. 이런 개인적인 자질은 자료와 더불어 그만이 내놓을 수 있는 독특한 유형의 결과를 만들어 내는데 기여하기 때문에 오히려 덕이라고 볼 수 있다"고 주장하였다.

질적 연구자는 주로 숫자나 통계가 아니라 서술을 통해 독자를 설득해 나아간다. 따라서 연구자의 글쓰기 능력은 어느 무엇보다 더 중요한 자질이다. 글을 잘 쓰기 위해서는 개인적으로 문학적 자질이 있으면 좋고 인문학적 소양을 많이 닦는 것이 필요하다.

그러나 일단 연구 상황에서는 다양하고 풍부한 자료를 모으고 이러한 자료들을 다룰 능력이 필요하다. 질적 연구자에게는 독자들을 설득해 나아갈 수 있는 논리적 사고와 추리력 등이 필요하다. 질적 연구자가 사용하는 단어나 문구 하나 하나도 신중하게 선별하고 풍부해야 한다. 연구의 대상자들이 사용하는 말을 잘 이해하고 전달하는 언어 능력 뿐만 아니라 동료 연구자나 다른 분야의 학자들과 의사소통할 수 있는 능력이 필요하다. 이를 위해서는 다양한 용어나 문구를 적절히 구사하는 것도 필요하다. 보고서를 작성할 때 연구자는 자기가 연구하는 맥락에 대해, 참여자들이 어떻게 그 맥락에 관여하고 있는지에 대해 혹은 그들이 이해하고 있는 것에 대해 전달해야 한다. 연구자들은 관심이 가는 행동이나 유형들에 대해 말과 그림을 사용하여 풍부한 서술을 하기도 한다. 문화적인 다양성에 대한 이해나 감수성을 가지고 이런 모든 인간적 현상을 이해하도록 접근할 수 있어야 한다.

연구자는 최종적으로 문서에서 인용한 단문이나 현장 기록, 참여자 인터뷰의 내용, 비디오나 그림, 사진들을 자료로 사용하여 이를 종합한 결과물을 제출하게 될 것이다. 인용문이나 발췌된 자료들의 수준과 양을 적절히 조절해야 하며 연구의 질을 최대한 높이기 위해 어떤 자료를 보고서에 넣을지 결정해야 한다. 질적 자료는 워낙 방대한 양이 수집되기 때문에 연구자의 선별 능력과 조직 능력, 분석력 등은 좋은 보고서를 만드는데 필요하다. 어떻게 연구의 신뢰성을 높여 주고 독자들을 설득할 수 있는 인용문들을 결과물에 적절히 포함시킬 수 있을까? 여기에는 연구자가 충실하게 기록하는 습관을 가지는 것을 우선으로 꼽을 수 있을 것이다. 연구 중에 일어나는 모든 일과 거쳐 가는 모든 과정에 대한 정확한 기록은 질적 연구의 수준을 높이고 신뢰성 있는 연구를 하는데 상당히 기여할 수 있다. 연구자는 연구를 하면서 하게 되는 생각들의 모음으로부터 참여자들이 준 정보, 관찰 기록, 동료들의 피드백과 기타 연구에 관련된 모든 기록들을 기록으로 남긴다. 아무리 작은 조각의 정보나 기록이라도 잃어버리지 않도록 정리하는 방식을 가지고 있어야 한다. 기록이 중요한 것은 연구가 끝난 후 감사를 위한 자료가 되며 연구자들이 새로운 방식을 시도하였을 때 다른 사람들에게 이해시킬 수 있는 근거 자료가 되기 때문이다.

질적 연구자가 알고 있거나 연구에서 사용하게 되는 이론에 대해서는 지금까지 논란의 여지가 있었다. 시카고 학파에 속했던 초기 질적 연구자들은 이론을 철저히 배제하고 순수하게 현장에서 얻는 것으로만 연구의 결과물을 얻어야 한다고 주장했다. 질적 연구는 이론이 없거나 기존 이론이 충분히 현상을 설명하지 못할 때 그 공백을 메꾸기 위해 하는 연구라는 생각이 많았다. 모든 질적인 성격은 귀납적인 과정을 거치는 것을 특징으로 보는 학자도 있다(Merriam, 2002: 5). 질적 연구의 귀납적 성격 때문에 처음부터 아무런 이론 없이 연구를 시작해야 한다고 생각하는 부류의 사람들이 있다. 그러나 오늘날 이러한 주장은 많이 수정되고 있다. 우선 어떤 연구자도 이론으로부터 자유로울 수 없다. 연구자가 되기 이전부터 알고 있는 이론으로부터 현재 영향을 받는 이론까지 이론적 개념을 지니고 있다. 또한 무엇이 지금까지 알려져 있고 어떤 공백이 있는지를 알기 위해서는 관심을 가지는 분야의 이론과 관련된 정보들을 최대한 많이 알 필요가 있다. 이론들은 연구자가 어떤 방향으로 가야 할지에 대해 알려준다. 어떤 문제를 연구할지를 고민하는 단계에서부터 연구자는 그 문제에 관한 모든 맥락을 파악할 필요가 있다. 새로운 이론을 발견하거나 더 나은 이론으로 수정하는 것은 지금까지의 이론들이 쌓아 놓은 결과를 기반으로 그것을 넘어서는 것이다. 질적 연구자는 이런 이론들을 익숙하게 알고 자신이 발전시킨 이론들과 대조하여 보고하는 것이 필요하다.

질적 연구의 타당도

내적 타당도

일반적으로 내적 타당도라 함은 연구 결과가 실제 현상이나 현실과 일치하는가를 살펴보는 것이다. 연구자가 관찰하거나 측정한 것이 실제로 봐야 할 것을 보았고 재야 할 것을 재었는지 질문을 하는 것이다. 그러나 이러한 질문은 인식론에 대한 견해의 차이가 있을 때 다른 갈등을 야기한다. 인식론적으로 실증주의 철학을 따르는 연구자들은 하나의 고정되고 안정적인 현실을 전제로 한다. 따라서 이 현실만이 유일한 현실이고 연구자들이 탐구해야 할 대상이라고 생각하게 된다. 그러할 때 내적 타당도는 바로 그 현실을 정확하게 찾아내었는가 하는 질문이 되는 것이다. 그러나 인식론적으로 구성주의적 입장을 취하는 경우에 현실은 그 현실

안에 있는 사람들이 구성해 낸 유연한 실제이며 다양한 방식으로 존재하게 되므로 실제로 어느 하나의 현실을 찾아낼 수 없다고 본다. 특히 사람들의 행동은 그가 처한 맥락에 따라 수시로 변화할 수 있으며 매우 복잡하게 이루어지기 때문에 그 맥락 밖의 사람에 의해 정확히 관찰될 수 있는 성질의 것이 아니라고 본다. Merriam(2002: 25)은 질적 연구는 미리 정해진 변수가 얼마나 많이 나타나고 분포되어 있는가에 관심이 있는 것이 아니라 그 맥락에 참여한 사람들이 어떤 복잡한 행동을 하는지를 전체적인 안목으로 해석하여 그곳에서 무엇이 일어나는지를 이해하는 것에 관심을 가진다. 이런 경우에 과연 실증주의자들이 말하는 내적 타당도는 무슨 의미를 가질 수 있겠는가?

질적 연구에서 신뢰성(credibility)은 "실제로 연구 결과가 그럴듯한가?"를 보여주는 개념으로 양적 연구의 내적 타당도에 해당된다. 이 질문은 연구 결과는 연구 참여자와 독자들에게도 신뢰할만한가?를 묻는 것이다. 양적 연구에서는 표면타당도, 내용타당도, 예측타당도 등으로 다루어지지만, 질적 연구에서는 차원에 따라 기술적, 해석적, 이론적, 혹은 평가적 타당도로 다루기도 한다(Maxwell, 1992). Lincoln & Guba(1985)는 이를 진가(truth value)라는 용어로 표현하기도 하였다. 진가를 확립하기 위해서 연구자는 유도질문을 피하고 면담 내용에 임의로 의미를 부여하지 않아야 한다. 말한 그대로 생생한 자료를 수집하려는 노력을 하며 연구자 반응으로 영향을 미치려 해서는 안 된다. 또한 전체적으로 자료의 대표성을 검증하고, 자료로부터 분석한 범주와 예의 대표성을 검사한다. 또한 결과의 적합여부를 결정하기 위하여 자료의 출처와 자료 수집절차의 삼각화(triangulation)를 시도할 수 있다. 자료의 전형적인 요소뿐 아니라 비전형적인 요소를 포함하는 기술, 설명, 혹은 이론을 검사하고, 자료로부터 추출된 결과를 반박하려는 시도를 의도적으로 하고, 참여자 진술에서 진실하고 타당하게 결과를 추출하였는지 참여자들에게 확인을 받는다. 또한 동료들에 의한 피드백을 받는다.

질적 연구 초기에는 탐구 방식만 다를 뿐 실증주의자들의 인식론을 공유한 연구자들이 활동하였다. 이 시기에 내적 타당도를 높이기 위해 가장 많이 시도되었던 방식은 삼각화 방식이다. 삼각화란 다른 지점에서 바라보아도 같은 결과를 얻게 된다는 이론으로 여러 명의 조사원들을 사용하거나 여러 이론을 사용하는 것, 자료의 출처를 다양하게 하고 여러 다른 방식(method)을 시도하는 것 등이 있다(Denzin, 1970). 최근에는 이 삼각화 방식이 비판의 대상이 되고 있는데 그 이유는 인식론적 차이 때문이다. 삼각화는 분명히 하나의 고정된 현실을 전제로 한다. 하나의 지점을 여러 각도에서 바라보더라도 같은 곳을 바라볼 수 있다는 것을 가정하고 있다. 해석학적 연구를 추구하는 부류에서는 삼각화 방식이 아직까지 주요한 내적 타당도를 올리는 방식으로 사용되고 있다. 드물지만 삼각화는 여러 명의 조사원을 사용한 삼각화 방식, 여러 분석자들이 팀을 이루어 자료를 함께 논의하고 판단을 내리는 방식 등이 있다.

참여자 확인(member check)은 또 하나의 내적 타당도를 높이는 방식 중 하나이다. 여기에서 멤버는 자신의 경험을 기술해 준 참여자들을 말한다. 이들은 최종 결과물을 제출하기 이전에 연구자가 잠정적으로 내린 결과물을 보고 그들이 설명하고 말해 준 그대로 연구자가 잘 분석하고 정리했는지를 말해 줄 수 있다. 다시 말해서 자신이 하고 싶은 말을 제대로 연구자가 이해하고 그것을 표현했는지 확인하고 판단해 줄 수 있다. 만일 참여자 자신의 경험이 제대로 표현되어 있지 않다면 수정을 요구할 수 있고 자신의 의견이나 연구 결과물에 대한 생각을 연구자에게 전달할 수 있다. 연구자는 참여자의 의견을 최대한 존중할 의무가 있으며 그들과 자신의 견해 차이에 대해 상의할 수도 있다. 그러나 참여자가 전혀 동의할 수 없는 결과물을 제출하는 것은 바람직한 연구라고 볼 수 없으며, 윤리적으로도 옳지 못한 행동이므로 연구 결과를 수정할 자세를 언제나 가지고 있어야 한다.

동료 검토(peer review)는 참여자 확인과 달리 연구자가 속한 학문 집단의 전문가들이 연구 결과를 검토하는 것을 의미한다. 대학원생의 경우에는 함께 공부하는 동료에게 부탁할 수도 있고 이미 학계에서 활동하는 연구자는 다른 동료 연구자의 도움을 받을 수 있다. 동료들은 처음부터 연구의 과정을 세밀히 살펴보고 원 자료를 가지고 재분석해 볼 수도 있다. 동료 검토는 학문적 저널에 연구 결과를 출간하고자 할 때에도 통과 의례로서 행해진다. 동료 검토를 통해서 연구의 틀이나 설계, 연구 방식, 결과물과 이론들의 사용에 대한 비평을 받고 최종 결과물을 제출하거나 출판하기 이전에 마지막 수정을 가할 수 있다. 확인가능성은 그 연구가 얼마나 중립적이며 연구자가 가진 무의식적 선입견과 편견으로부터 자유로웠는가와 관련이 있다. 다시 말하면, 연구 결과가 연구자보다는 연구 대상자와 연구 조건에 얼마나 의존하였는가?를 나타내며, 이를 확립하기 위하여 대상자의 상황에 감정이입이 되지 않도록 일정 거리를 유지하는 노력을 한다. 면담이 이루어진 후에는 곧바로 개인적 생각과 느낌을 성찰하고 기록으로 바로 남긴다. 또한 연구자의 지위, 역할과 직위 등을 알리고, 엘리트 편중을 최소화함과 동시에 사회적 세팅을 구체적으로 기술하며, 생활수기나 영상자료 등 다양한 방식으로 자료를 탐색한다.

내적 타당도를 높이기 위하여 연구자의 재귀성(reflexivity)을 거론하기 시작한 것은 얼마 되지 않았다. 최근 구성주의적 철학을 따르는 학자들은 연구자가 자신에 대하여 비판적으로 성찰해 보는 과정을 거치고 이를 공개해야 한다고 주장하였다. 이러한 성찰에서는 연구자가 서 있는 위치가 어디인지 명확히 밝히고 연구자가 자신의 이론적 지향과 연구 주제에 대해 알고 있는 것, 참여자를 고른 기준, 연구자의 가치관 등을 알림으로써 자료의 수집과 분석에 이르게 된 과정을 명확하게 독자들에게 설명해야 한다. 이렇게 함으로써 독자들은 연구자 자신이 연구를 완성하기 위해 어떠한 과정을 거쳐서 어떻게 결론에 도달하게 되었는지를 이해할 수 있다. 이런 명확한 이해는 내적 타당도를 높이는 데 기여함은 물론이다.

자료 수집을 오랫동안 충분히 하여 자료의 포화에 이르도록 노력하는 것도 연구의 내적 타당도를 돕는 일이다. 자료의 포화란 더 이상 새로운 정보를 얻을 수 없을 때까지 충분히 듣고 본 후에 더 이상 자료를 모으지 않는 것을 말한다. 계속 비슷한 정보를 얻게 되거나 자료 수집의 진전이 없을 때에는 자료의 포화 상태를 감지할 수 있다. 연구자는 자신의 민감성을 발휘하여 지금까지 수집한 자료로 충분한지를 판단하게 된다. 민감한 연구자일수록 판단을 정확하게 할 수 있을 것이다. 때로는 연구자가 섣불리 자신의 자료가 포화되었다고 생각할 수 있으나 내적 타당도를 높이기 위해 부정적인 사례들(negative cases)을 가지고 판단할 수도 있다. 이것은 본 자료와 어긋난 정보들을 통해 자료의 변화를 의도적으로 찾아보는 것이다. 어떤 현상에서 지금까지와는 전혀 다른 사례를 조사하여 무엇이 일관된 자료이며 무엇이 불일치한 자료인지를 분별함으로써 자료의 포화도를 자세히 알아볼 수 있을 것이다. 이런 모든 노력이 질적 연구자가 시도할 수 있는 내적 타당도를 높이는 일로서 가능한 여러 수단을 동원하는 것이 바람직할 것이다.

외적 타당도

외적 타당도는 새로 나온 연구의 결과가 이번의 사례나 경우에서만 아니라 이후에 나올 사례들 혹은 다른 경우들에서도 얼마나 잘 적용될 수 있는지를 보여 주는 것이다. 외적 타당도는 흔히 적용성(Lincoln & Guba, 1985) 또는 전이의 가능성이라는 용어로 사용되기도 한다. 질적 연구는 맥락에 깊숙이 연루되어 실시하는 연구이므로 실천 지향적이라고 볼 수 있다. 실천 현장에 깊이 연루되어 있기 때문에 사실 질적 연구의 결과물은 보편적인 전이가능성보다는 그 특별한 현장에 대한 농도 짙은 실천성을 지닌다(조용기, 2001). 다만 양적 연구에서 추구하는 보편성보다는 구체적인 특수성을 추구하다 보니 연구의 외적 타당도를 논의하기 어려운 점이 있다. 즉 반드시 적용가능성 혹은 전이가능성을 가질 필요가 있는지에 대해 의문을 가지게 된다. 질적 연구는 얼마나 많은 사람이 비슷한 경험을 하는지에 주목하지 않는다. 질적 연구는 비록 적은 수의 사람들이지만 그들의 상황 속에서 그들만이 가진 독특한 경험을 깊이 있게 파헤치고 이해하려는 의도를 가지고 시행하는 연구이다. 또한 얼마나 많은 사람들의 관심이 있는지보다 정말 필요한 사람들에게 연구 결과가 사용되는 데에 관심을 둔다. 따라서 보편적으로 사람들이 하는 경험이나 전이 가능성은 반드시 질적 연구에서 추구하는 이슈가 아니다. 소수의 사람에게 일어나는 경험과 그들의 현장을 근거로 찾아낸 그들만의 의미가 더 귀한 자료로 사용될 수 있다.

이와 같은 이유에서 질적 연구의 전이 가능성은 온전히 독자들에게 맡겨져 있다. 독자들이 다른 사람의 경험을 통해 배우고 알게 된 것을 자신의 삶에 유용하게 사용할 수 있다면 그것으로 충분한 것이다. 따라서 연구자는 깊이 있고 풍부한 서술을 통해 독자들에게 양질의 자료와 해석을 제공하는 것이 결과적으로 외적 타당도의 상승에 도움을 준다. 물론 연구 중에는 실천 개선을 주목적으로 실시하는 당사자 연구도 있다. 연구자들은 그들이 현장에서 얻은 새로운 경험과 깨달음을 충실하고 생생하게 독자들에게 전달해야 한다. 연구 결과나 연구자의 통찰을 원하는 만큼 적절하게 그들의 삶에 적용하는 것은 독자들의 몫으로 남겨진다.

질적 연구의 신뢰도

타당도와 신뢰도에 대한 신념은 연구에 대한 고정 관념 중의 하나로 매우 바꾸기 어렵다. 방법론에 큰 비중을 둔 근대적 과학주의 시대를 거치면서 거의 모든 연구자들은 타당도와 신뢰도에 강박적으로 사로잡혀 있다. 특히 신뢰도에 대한 강조는 아무리 해도 지나치지 않는다는 편이 정확할 것이다. 신뢰도가 없다면 타당도는 성립되지 않기 때문이다. 왜냐하면 잘못된 도구로 측정된 결과는 아무리 좋은 결과라 해도 옳은 결과가 될 수 없다. 질적 연구에서도 양적 연구에서와 같은 의미에서의 신뢰도를 말할 수 있을까?

양적 연구에서 신뢰도는 도구의 문제로 귀결된다. 여기에서 신뢰도는 복제의 개념을 통해 정의된다. 신뢰도는 결국 연구를 반복하였을 때 그 연구의 결과가 복제될 수 있는가의 문제이다. 누가 하더라도 똑같은 결과를 내놓을 것인가의 문제이다. 이는 측정을 위해 사용한 도구를 다시 썼을 때 같은 값을 생산해 내는가를 묻는 것이므로 도구에 대한 신뢰도라고 볼 수 있을 것이다. 만일 반복된 연구에서 이전과 다른 결과를 산출한다면 이전의 연구는 신뢰할만한 연구가 되지 못하며 연구자가 사용한 도구는 정확한 도구가 될 수 없다. 또한 도구를 사용한 측정자들이 엉터리로 측정할 수 있어 신뢰성을 떨어뜨리기도 한다.

그러나 이런 도구나 측정자를 이용한 신뢰도는 인식론적 차이에 따라 다른 생각을 낳는다. 만일 우리가 측정해야 할 현상이 고정되어 있고 변하지 않는다면 여러 번 그것을 측정한다 해도 같은 결과를 내놓아야만 한다. 그래야 그 측정한 도구나 방법을 신뢰할 수 있다 할 것이다. 그러나 만일 측정의 대상인 현상 자체가 바뀌어 버린다면 아무리 도구가 좋고 정확히 측정한다 해도 어떻게 같은 결과를 낼 수 있겠는가? 다시 말하면 사람들이 사는 세상과 인간의 행동이나 심리의 문제가 그대로 고정되어 있다고 믿는 것과 그것을 믿지 않는 것은 큰 차이를 가져온다. 만일 후자를 지지하는 학자라면 도구의 정확성을 그리 문제 삼지 않을 것이다. 왜냐하면 측정하고자 하는 현실이 계속 변화한다고 볼 때 같은 결과의 값을 기대한다면 그것은 모순이다. 한편 수적으로 많은 사람들이 비슷한 경험을 했다고 해도 같은 상황에서 단 한 사람의 경험이 다른 사람들과 다르다고 해서 잘못된 것이라고 말할 수 없다. 즉 양의 정확성과 우세함으로 신뢰도를 말할 수 없다는 것이다. 질적 연구의 신뢰도는 이런 면에서 양적 연구에서 말하는 복제성, 정확성, 수량의 풍부함과는 거리가 멀다.

Lincoln과 Guba(1985: 288)는 일관성과 의존성(dependability)을 질적 연구의 신뢰도의 개념으로 충분하다고 보았다. 일관성은 산출해 낸 결과와 수집된 자료 사이의 일관된 상관성을 말한다. 사람들이 수긍할 만큼 자료와 분석 결과가 일치하고 있는지 아니면 사고의 갭이나 거리가 있는지를 보는 것이다. 질적 연구의 결과물은 참여자들의 증언과 그 밖의 증거 자료들이 모두 일관되게 연결되어 있어야 한다. 의존성 역시 자료에 근거하여 결과를 산출해 내었는가의 문제이다. 이 말은 여러 사람이 반드시 같은 해석을 해야 한다는 말이 아니다. 연구자는 주어진 근거 자료에 충실하게 해석을 제공하고 그 결과에 사람들이 동의할 수 있는 믿음직한 결과가 되어야 한다는 것이다. 이것이 신뢰도를 도구에 의존하여 측정하는 양적 연구와의 차이점이다. 질적 연구는 연구자 자신이 도구이다. 따라서 연구자는 주어진 자료에 충실하게 일관되고 믿음직한 결과를 산출할 능력이 필요하다. 연구자의 풍부한 경험 혹은 훈련은 질적 연구의 신뢰도를 결정하는 주요 요인이다. 연구자는 끊임없이 연구 수행의 경험을 쌓고 견문을 넓혀 자신이 신뢰할만한 도구가 될 수 있도록 성장해 가야 한다.

위에서 언급한 타당도와도 겹치는 방식이지만 질적 연구자들이 신뢰도를 높이기 위해서는 삼각화나 동료 검토, 감사 추적(audit trail) 등의 방식들을 도입한다. 이 중에서 감사 추적은 Guba와 Lincoln(1981)이 자세히 서술하였다. 이 방식은 연구자가 밟아온 연구의 과정을 제3자인 감사가 따라가면서 연구 결과의 사실 여부를 확인해 보도록 하는 것이다. 이 방식은 한번 이루어진 질적 연구가 똑같이 복제될 수는 없지만 어떻게 그런 결과에 도달하게 되었는지를 설명할 수 있도록 연구에 관한 모든 정보를 제공하는 것이다. Kirk & Miller(1986)는 의사 결정 과정에 대해 보고하는 것은 질적 연구의 신뢰성의 기본이라고 보았다. 이러한 보고가 연구의 맥락을 구성함으로써 다른 사람들이 그 과정에 접근할 수 있도록 하는 것이다. 연구자는 연구 메모나 일지를 충실히 작성하고 자료들을 잘 정리하여 감사자가 연구자가 거쳐 간 생각의 경로를 똑같이 밟아 같은 결론에 도달하게끔 인도해 주어야 한다. 이것을 위해 연구자 자신의 철저한 자기 성찰과 문제에 대한 생각의 변화, 자료의 수집과 분석에 대한 의사결정 과정 등이 감사자에게 공개되어야 한다. 따라서 연구자는 감사 추적을 위해 자료들을 정리하고 조직적으로 사고하고 이를 메모하는 습관을 기르는 것이 도움이 될 것이다.

제 6 장 질적 연구의 자료 수집과 진행

인터뷰 | 참여관찰 | 연구 과정 | 연구 계획안

인터뷰

질적 연구에서 자료를 만들어 내는 데에 가장 많이 쓰이는 방법은 인터뷰이다. 인터뷰는 구조와 목적을 가지고 있는 대화이다 (Kvale, 1998: 22). 그 중에서 연구 인터뷰는 문자 그대로 지식을 획득하기 위해 연구자가 주제를 도입하고 대상자들의 대답을 비판적으로 따라가는 연구 행위의 하나이다. 연구 인터뷰에서는 신중한 질문과 청취가 이루어지며 대화의 상황을 연구자 혹은 인터뷰 진행자가 통제한다. 그러나 연구 대상자의 자발적인 대화 의지와 주제에 대한 관심, 경험의 정도가 인터뷰의 질을 결정하기 때문에 일방적인 통제가 일어날 수 없다. 연구자와 인터뷰에 참여하는 사람들은 상호관심사인 주제에 관한 심도 깊은 대화를 나누면서 새로운 지식을 창출해 가게 된다. 논란의 여지는 있으나 질적 연구에서 인터뷰는 가장 많이 사용되는 가장 훌륭한 자료 창출의 방법이다. 인터뷰의 수준은 매우 다양하기 때문에 인터뷰는 각각 다른 내용과 깊이를 나타낼 것이다.

인터뷰 수준을 구분하는 중요한 요소 중의 하나는 인터뷰의 구조적 측면이다. 인터뷰의 구조는 하나의 연속선 상위에 놓고 볼 수 있다. 한 쪽 끝은 완전히 개방되어 사전에 질문 순서나 내용을 준비하지 않은 비구조화된 개방적 인터뷰에서 다른 한쪽은 상세히 질문 문항을 미리 선정하고 잘 조직해 놓은 구조화된 인터뷰가 있다. 그리고 그 중간쯤에 반구조화된 인터뷰가 있다. 질적 연구에서 주로 사용하는 구조는 비구조화된 열린 인터뷰에서 반구조화된 인터뷰이다.

인터뷰를 목적에 따라 구분해 보면 먼저 탐색과 가설 검증의 목적을 지닌 인터뷰로 나눌 수 있다(Kvale, 1998: 165). 탐색을 목적으로 하는 인터뷰는 진행자가 오직 대상자가 답해 주는 대답을 따라가면서 주제에 대한 새로운 정보를 덧붙이는 방식이다. 가설을 검증하기 위해서 진행하는 인터뷰는 보다 구조화된 인터뷰를 진행하게 된다. 그 외에 인터뷰의 목적이 해석이냐 아니면 정보 수집이냐에 따라서도 진행 방식이 달라진다. 해석을 목적으로 하는 인터뷰는 진행하면서 인터뷰 대상자의 서술 내용을 함께 해석할 수 있다. 반대로 단지 정보만을 얻기 위한 인터뷰는 인터뷰 진행자가 대상자의 말에 대해 아무런 반응을 보이지 않으면서 대상자의 서술을 청취하는 것으로만 진행된다. 이처럼 인터뷰는 여러 다른 구조와 목적으로 진행되며 다양한 지식을 생산하는 통로가 된다.

대체로 인터뷰를 시작한 처음 몇 분간이 인터뷰의 성격을 결정해 준다(Kvale, 신경림 역, 1998: 166). 인터뷰의 시작에서는 주로 인터뷰 진행자의 의도나 대화의 목적을 알려주고 편안한 분위기를 만들어 인터뷰 대상자들이 긴장하지 않도록 돕는다. 인터뷰 대상자들은 자신들의 이야기를 시작하기 전에 인터뷰 상황, 즉 인터뷰 진행자는 누구이며 어떤 목적과 기대로 이러한 자리를 마련했는지 알고 싶어한다. 따라서 인터뷰 진행자는 친절하고 정중한 태도를 보이면서 대상자들의 궁금증을 풀어주고 대상자들과 좋은 관계를 맺으려고 노력해야 한다. 호의적인 인간적 관계는 이후에 진행되는 대화를 발전시키는데 매우 기본 바탕이 된다. 일단 대화가 시작되면 진행자는 될 수 있으면 인터뷰 대상자의 말을 더 많이 들으려고 노력해야 하며 자유롭게 자신의 말을 하도록 허용하는 분위기를 유지한다. 말 이외에도 인터뷰 대상자의 표정이나 몸짓, 자세와 목소리의 높낮이 등은 많은 정보를 전달하는 것이므로 이러한 비언어적 메시지와 맥락을 잘 살펴서 메모를 하는 것도 적절하다. 이러한 메모 자료는 분석에서 인터뷰 상황을 파악하는데 도움을 준다.

인터뷰 진행자가 던지는 질문은 무엇보다 인터뷰에서 가장 중요한 상호 작용을 유발하는 요소이다. 질문에는 크게 주제적 질문과 기능적 질문이 있다(Kvale, 1998: 169). 주제적 질문은 인터뷰의 주제, 이론적 개념에 대한 것들, 이후에 이루어질 분석 과정과 연관되어 있는 질문이다. 기능적 질문은 인터뷰 대상자가 계속해서 자신의 경험이나 의미를 진지하게 말하고 싶은 의욕과 동기를 불러일으키는 질문이다. 이는 인터뷰가 원활하게 돌아가도록 치는 기름과 같은 역할을 한다. 주제적 질문은 미리 연구 주제에 대해 어떠한 질문이 적절할지를 생각해 보고 하나의 질문이 아니라 같은 주제에 대하여 여러 다른 질문을 준비하는 것도 좋다. 왜냐하면 진행자의 의도와 달리 대상자가 질문의 의미나 초점을 잘못 이해할 경우도 생기기 때문이다.

질적 연구자들이 선호하는 구술 형식의 인터뷰는 비구조화된 인터뷰가 대부분이다. 이 비구조화된 인터뷰에서는 오로지 자연스럽게 흘러가는 대화 속에서 필요한 정보를 얻으려고 노력한다. 따라서 기본 주제에 대한 질문을 던진 후에는 대상자가 주제를 자유롭게 서술해 가도록 맡겨둔다. 이따금 명확화를 위한 질문이나 초점을 맞추는 질문, 심화시키는 질문 외에 비구조화된 인터뷰에서는 아무것도 표준화된 것이 없이 즉흥적이며 자유로운 대화의 흐름을 따라간다. 그러나 주제의 깊이를 더하고 좀 더 집중적으로 주제와 관련된 사항들을 파악하기 위해서 인터뷰를 진행하는 사람은 탐구하는 질문들을 사이사이에 던질 수 있다. 인터뷰 진행자는 대화에 적극적으로 가담할 수 있고 대화의 방향을 잡기 위한 개인적 영향력을 미칠 수 있다. 유도 질문에 대해서는 논의가 분분하다. 대체로 유도 질문은 피해야 한다라고 알고 있지만 인터뷰 전문가인 Kvale은 유도 질문을 질적 연구에서 질문 절차에서 필수적인 부분이라고 주장한다. Kvale(1998: 209)에 따르면 어차피 인터뷰는 개인 간의 관계 속에서 자료를 얻고 인터뷰를 진행하는 사람과 대답하는 사람이 공동 저술하고 공동으로 생산하는 대화이다. 따라서 문제는 유도를 할 것인가 하지 않을 것인가가 아니라 질문을 어느 쪽으로 유도할 것인지가 문제라는 것이다. 잘 유도된 질문은 새롭고 믿을 만하면 재미있는 지식을 창출하는 데에 기여한다. 따라서 질문의 탁월함을 인식하면서 방향 지향적인 질문들을 사용하는 것은 연구를 바르게 이끌어가는 방식이 될 수 있다. 다만 연구자의 지나친 조정과 심문하는 것과 같은 태도를 주의할 필요가 있다.

비구조화된 인터뷰의 목적은 주로 대상자들의 용어로 구술된 그들의 주관적인 생각과 감정을 알아내는 것이다. 따라서 연구자의 개념이 아니라 현재 인터뷰 대상자의 개념에 초점을 맞추어야 한다. 인터뷰의 질은 이후의 내용에 대한 분석과 입증, 보고과정의 질에도 결정적인 영향을 미친다(*ibid.*, 190). 가장 이상적인 인터뷰는 인터뷰하는 도중에 계속적으로 해석이 진행되면서 인터뷰 대상자에게 그 해석에 대해 확인하고 검증받을 수 있는 인터뷰이다. 어떤 인터뷰의 내용은 더 이상의 설명과 서술을 필요로 하지 않는 그 자체로 충분한 내용을 포함하는 이야기로 이루어진 것도 있다. 이러한 다른 성격의 인터뷰 내용을 잘 파악하면서 그 때그때 상황에 따라 인터뷰 진행자는 질문과 코멘트, 침묵을 통해 적절히 대처해 가야 간다. 인터뷰를 마무리하면서 인터뷰의 대상자는 자신이 준 개인적이며 감정이 이입된 정보들에 대해서 불안하거나 허전한 느낌을 받을 수도 있다. 이러한 때를 대비하여 인터뷰 진행자는 비밀공개에 대한 걱정을 덜어주고 유용한 정보에 대한 감사와 사용 목적 등을 밝히는 것이 좋다.

구조화된 인터뷰는 인터뷰의 구조를 엄격히 통제하고 미리 질문과 질문의 순서, 주제의 내용을 정해 놓은 인터뷰이다. 주제는 어떻게 질문할지 문항을 자세히 미리 만들어 놓는다. 따라서 대상자들은 미리 정해진 순서에 제한된 범위 안에서 질문에 답을 할 수 있다. 인터뷰는 가능한 한 표준화되어서 누가 그 질문지를 사용하더라도 거의 같은 순서와 주제로 진행된다. 인터뷰 진행자는 개인적인 노출이나 영향을 자제하도록 요청받는다. 따라서 그는 단지 인터뷰 문항에 따라서 질문을 던지며 대상자와 개인적인 관계를 맺는다거나 개인적인 의견을 주고받는 것을 삼가야 한다. 인터뷰를 진행하기 전에 연구자가 질문지를 미리 준비하는 것이므로 연구자의 이론적 개념이나 체계가 미리 사용된다. 구조화된 인터뷰는 주로 실증주의적 연구를 하기에 적당하며 양적 연구자들이 선호하는 방식이다.

반구조화된 인터뷰는 비구조화만큼 열린 질문만 하지 않는다. 그 대신 어느 정도 질문할 주제나 범위를 연구자가 미리 간단히 메모하거나 준비하여 인터뷰 대상자에게 알려 줄 수 있다. 일단 인터뷰 대상자가 주제를 받아 서술하기 시작할 때에는 될 수 있으면 방해하지 않고 그가 주도하는 대로 따라간다. 중간에 더 심화시킬 주제가 있거나 초점에서 벗어나는 서술을 할 때에 적절히 인터뷰 진행자가 질문을 던지거나 방향을 다시 잡아줄 수 있다. 질적 연구에서 심층 인터뷰라 불리는 기술은 일반적으로 구조와 상관없이 질적 연구자들이 선호하는 방식이다. 심층 인터뷰를 진행할 때 대상자들이 얻게 될 장점들은 다음과 같다 (Denzin, 1970; Silverman, 1985).

- 연구와 관련하여 자기에게 가장 중요한 문제를 제기할 수 있는 기회를 가진다.

- 질문을 잘못 이해했을 때 바로 그 자리에서 명확하게 질문할 수 있고 해명을 요구할 수 있다.
- 유연한 인터뷰 상황으로 바로 그 자리에서 새로운 가설을 시험할 기회를 갖는다.
- 대상자의 반응을 끌어내어 참여를 유도함으로 상호간에 라포를 형성할 수 있도록 자극한다. 라포 관계는 상호 신뢰와 안정감, 목적의 공유를 통해 이루어진다.
- 넓게 망을 던져 잠깐 사이에 많은 주제들을 다룰 수 있도록 한다.
- 인터뷰는 감정이나 태도, 의도나 행위의 의도나 동기를 찾는데 적절하고 탁월한 방식이다.

인터뷰만으로 연구의 모든 자료를 만들어내는 것은 바람직하지 않다. 인터뷰를 하는 것이 장점만 있는 것이 아니기 때문이다. 이 방법은 때로는 지나치게 많은 시간과 에너지를 요구하기 때문에 많은 사람들을 대상으로 하기에는 어려움이 있다. 오직 소수의 사람들만을 대상으로 인터뷰방식을 사용하는 것이 효과적이다. 게다가 인터뷰 진행자의 능력에 따라 인터뷰 내용이나 결과가 많이 달라지는 단점이 있다. 따라서 이런 방법론적인 함정을 피할 수 있는 유일한 방법은 매우 집중적이며 철저한 훈련이다(Joans, 1985). 인터뷰 방식을 사용하는 데에 대한 가장 큰 장애는 인식론적인 문제로부터 기인한다(Heyink & Tymstra, 1993). 가령 인터뷰를 진행하는 사람이 엄격한 실증주의자일 경우에 대상자들의 서술에 대한 사실성 여부를 매우 중시하는 경향을 가질 것이다. 그러나 현상학자나 해석학자들은 대상자가 서술하는 내용의 주관성을 더 중시하게 된다. 현상학적 인터뷰는 대상자의 세계에 대한 관점을 연구하고 대상자의 의식의 내용과 구조를 상세히 묘사하고자 하며 경험의 질적 다양성과 본질적 의미를 목적으로 한다. 인터뷰를 진행하는 현상학자들은 인터뷰에서 어떻게 현상학적 괄호치기를 할지를 고민해야 한다. 질적인 인터뷰에 대한 찬반을 떠나서 조사의 목적에 따라 인터뷰를 시행할지 안할지를 결정하는 것이 좋다.

참여관찰

질적 연구 초기에 문화인류학자들이 사용한 방법으로 참여관찰은 연구자가 현장에 들어가서 오랫동안 머물면서 관찰하고 연구하는 방법이다. 질적 연구의 특징을 보여주는 연구 방식으로 연구 대상이 되는 집단이나 세계를 관찰함으로써 그들의 생활 양식, 행동, 의식 감정, 신념 등의 직접적인 자료를 획득하기 위함이다. 참여관찰은 "관찰가로서의 전문적인 거리를 유지하면서 연구 대상인 참여자의 삶에 개입하는 현장 활동"이라고 정의하였다(Fetterman, 1991: 94). 참여관찰은 연구 상황을 이해하도록 도울 뿐만 아니라 참여자들조차 알지 못하고 있는 또는 미처 인식하지 못하고 있는 일상적인 내용들을 밝히는 데에 효과적이다(김영천, 2012). 효과적으로 참여관찰을 사용할 수 있는 상황은 다음과 같다(Patton, 1990: 202-205).

- 관심 있는 현상에 대해 알려진 사실이 없을 때
- 현장의 상황, 활동, 사람, 의미를 기술하고자 할 때

- 참여자가 직접적으로 언급하기 싫어하거나 말하지 않게 되는 사건들을 직접 이해할 필요가 있을 때
- 참여자가 면담 상황에서 연구자에게 거짓말을 할 때
- 참여자 자신 역시 자신의 일상적인 삶의 과정에 어떤 특징이 있는지를 설명할 수 없을 때

Spradley(1980)는 참여관찰을 할 수 있는 대상으로 다음과 같은 영역을 제안을 하였다.

- 공간: 물리적 장소
- 행위자: 연구 현장에 관련되어 있는 인물들
- 활동: 참여자가 하는 일련의 행위
- 사물: 현장에 현존하고 있는 물건이나 장비들
- 사건: 일련의 관련된 활동
- 시간: 시간의 빈도, 지속도, 사건과 활동들의 연속된 순서들, 시간
- 목적: 참여자들이 이루고자 하는 것
- 느낌: 사건, 활동, 사람들에게 참여자가 느끼거나 표현하는 감정

연구자가 참여관찰을 잘하기 위해 필요한 지식을 Patton(1990)은 다섯 가지 형태로 구분하였다.

1) 관여의 정도

연구자가 현장에서 어느 정도 수준으로 개입하면서 관찰을 할 것인가에 대한 결정을 의미한다. 가장 소극적인 비참여적 관찰로부터 가장 몰입된 관찰인 완전한 참여자로서의 관찰까지 스펙트럼을 형성한다. 비참여적 관찰은 연구자가 참여자와 어떠한 형태

의 상호작용 없이 자료나 매체를 통해 관찰하는 것이다. 이때 연구자는 혼자 관찰의 틀을 작성하고 관찰 대상에 접근한다. 또는 신문, TV와 같은 미디어, 또는 소설이나 일기, 사실적 기록 등의 문서를 이용하여 참여자에 대해 연구하는 것도 포함된다. 이에 반해 완전한 참여자로서의 관찰은 연구자가 대상이 되는 현실 속에서 그 세계의 한 구성원으로서 살아가면서 연구하는 것이다. 이는 내부자의 시각을 가질 수 있게 되며 그들의 맥락과 언어에 완전히 몰입된 상태로 관찰보다는 체험에 가까운 참여관찰이다. 때로는 신분을 위장하고 현장에 접근하여 연구하기도 한다. 이러한 위장 잠입 형태는 윤리적으로 문제가 제기될 수 있으며 연구자 본인의 안전을 위협할 수도 있다. 완전한 참여자 관찰은 다른 구성원들이 관찰당하는 것을 인식하지 못하기 때문에 부자유스러운 행동이나 꾸며진 행동을 하지 않는다는 면에서 다른 어떤 참여관찰보다 자연스러운 상태에 접근할 수 있는 장점이 있다. 하지만 숨겼던 신분이 탄로가 나거나 윤리적 문제가 제기될 경우에 추방당할 위험이 있고 동시에 연구 자체가 중단되어 버릴 위기에 놓일 수 있다. 현재 윤리 강령으로는 이런 위장 잠입 형태의 완전한 참여자 관찰은 허용되지 않는다.

두 양극의 관여 정도 중간에 완전한 관찰자로서의 참여관찰과 참여자로서의 참여관찰, 관찰자로서의 참여관찰 등이 놓여 있다. 완전한 관찰자로서의 참여관찰은 연구 참여자와의 상호작용이나 만남이 배제된 형태의 관찰이다. 예를 들면 교실과 같은 곳에서 아동들의 활동 상태 등을 어떠한 참여도 없이 관찰하는 형태이다. 연구자가 무엇을 관찰하는지 알지 못하므로 참여자들이 부자연스럽게 행동하지 않아도 되는 장점이 있다. 참여자로서의 참여 관찰은 연구 목적을 참여자에게 말하고 허락받은 상태에서 제한적으로 개입하면서 관찰하는 형태이다. 만남은 단순하고 제한적이며 형식적이 될 수 있다. 연구자가 현장에 머무르는 시간도 길지 않고 참여자와 계속적으로 관계를 유지하고자 하는 욕구도 없다. 연구 현장에서의 한번 정도의 관찰 혹은 인터뷰를 진행하는 정도로 제한적이다. 관찰자로서의 참여 관찰 형태는 연구 참여자에게 연구자의 존재를 알리고 현장에 들어가 몰입을 시도한다. 연구자는 연구 참여자와 중간 정도의 상호 작용을 하며 어느 정도 관계를 형성해 가면서 관찰을 시행한다. 연구 목적을 연구 참여자들이 알고 있으므로 인위적인 행동이나 부자연스러운 행동을 유발할 가능성이 있다. 그러나 처음에 이러한 연구자에 대한 인식이 강하게 작용하다가 점차 시간이 지나면서 참여자들이 다소 무디어지거나 인식이 줄어들 가능성이 있다. 시간이 감에 따라 연구자로서의 정체성보다는 참여자로서의 역할이나 정체성이 점점 더 강해지는 변화를 겪게 된다.

2) 관찰 사실의 노출 정도

연구 참여자들이 관찰당하고 있는 사실을 어느 정도 인식하고 있는가에 관한 것이다. 연구 참여자들이 자신이 관찰되고 있다는 사실을 거의 알지 못하는 수준에서 완전하게 알고 있는 수준까지 다양하게 나타난다.

3) 연구 목적의 설명

연구의 목적이 연구 참여자들에게 얼마나 자세히 설명되었는지에 대한 것이다. 연구자는 완전히 연구 목적을 가리거나 거짓으로 설명한 경우로부터 완전하고 진실되게 설명한 경우에까지 설명의 정도를 달리할 수 있다.

4) 관찰 기간

얼마나 오랫동안 현장에서 관찰할 것인가를 정해야 한다. 연구의 성격에 따라서 일회성으로 짧게 관찰하는 것에서부터 장기간에 걸쳐 여러 번 관찰하기도 한다.

5) 관찰 범위

무엇을 실제로 관찰할 것인지를 결정하는 것으로 관찰의 범주를 말한다. 연구의 목적과 성격에 따라 결정된다. 예를 들면 어느 특정한 프로그램이나 조직 활동을 정해 놓고 관찰할 것인지 아니면 현장 전체를 전반적으로 관찰할지 결정하는 것이다.

연구 과정

양적인 연구가 대개 미리 선정된 이론을 시험하는 연역적인 방법을 사용하는 반면 질적 연구는 자료로부터 이론을 발전시키는 귀납적인 방법을 택한다. 그러나 그렇다고 해서 질적인 연구자들이 그들의 연구를 인도해 줄 수 있는 기존의 이론적 개념을 모두 제거해 버리거나 이론을 전혀 사용하지 않는다는 것은 아니다. 단지 연역적인 성격을 띤 연구보다는 이러한 이론적인 개념들이 덜 엄격하게 정의된다는 점이 다르다. 게다가 연구가 진행되는 과정에서 이런 이론적 개념들이 더 세련되게 고쳐지게 된다.

일반적으로 질적 연구는 다음과 같은 과정으로 진행된다 (Heyink & Tymstra, 1993: 296-297).

1. 연구의 목적을 세운다.
2. 자료를 수집한다.
3. 코딩을 하거나 자료를 처리한다.
4. 해석을 한다.
5. 보고한다.

양적 연구나 질적 연구나 거의 비슷하게 이러한 과정을 사용한다. 질적 연구에서는 귀납적인 성격을 띠기 때문에 위의 과정이 고정되어 있지 않다는 점이 다르다. 질적 연구에서의 분석 과정은 일종의 순환적인 관계- 즉 자료의 처리과정과 해석의 과정이 계속 오고 가는 반복되는 과정을 거친다. 처음 자료 처리는 연구의 목적과 대략적인 인상을 바탕으로 아직 덜 세련된 원자료로부터 쓸 만한 것들을 찾아내어 초기의 분석 구조를 만든다. 인터뷰를 통해 얻어낸 자료는 변수나 주제, 혹은 성격과 사건, 행위 등의 대략적인 범주로 나누어 정리해 둔다. 해석의 단계에서는 처음 구조를 사용하여 이론적인 개념을 더 발달시키거나 수정해 간다. 이런 틀을 사용하여 다시 자료를 들여다본다. 부적절하거나 반복되는 구조나 범주들을 버리고 새로운 구조나 범주를 덧붙인다. 만일 필요하다면 새로운 개념을 만들어 내고 개념들 사이의 관계를 규명해 나아간다. 자료와 이론(그동안 새롭게 나타나기 시작한 개념들의 총합) 간에 적절한 안성맞춤의 상태에 이를 때까지 이러한 자료 처리 단계와 해석의 단계를 반복적으로 오가면서 연구가 진행된다. 이렇게 볼 때 질적 연구는 반복되는 과정을 통해 연구를 완성해 간다고 볼 수 있다. Blumer(1982: 3)는 이러한 과정을 "관찰이나 현실과 개념의 형성 사이의 지속적인 교류, 혹은 연구와 이론화 작업 사이의 교류, 그리고 지각과 설명 사이의 교류"라고 표현하였다.

양적인 연구에서도 반복되는 과정을 가끔 볼 수 있지만 질적 연구는 반복의 과정이 연구 방법의 본질을 형성한다 해도 과언이 아닐 것이다. 이런 방식으로 진행되는 질적인 분석은 매우 개인적으로 수행하는 작업이다. 개인적인 오류나 지나치게 과장된 해석을 방지하기 위한 공적인 분석 처리 방식이 점점 더 강조되는 것은 사실이다. 연구자가 자신의 분석에 대해 더 상세한 설명을 제공하는 것과 의사 결정의 과정을 투명하게 밝히는 것이 요구되고 있다. 그러나 이 문제는 질적 연구자에게만이 아니라 모든 연구자에게 동일하게 적용되는 문제라고 볼 수 있다.

연구 계획안

대체로 연구 프로젝트를 인정받기 위해서 미리 연구 계획안을 치밀하게 작성하여 보고하는 것이 유리하다. 좋은 연구 계획안은 연구의 목표 달성을 위해 잘 계획하고 실행할 청사진을 제공하는 것이다. 구체적으로는 연구의 대상 선정, 자료 수집과 분석의 진행, 연구 결과물에 대한 전반적인 계획을 밝히는 것이다. 통계조사를 위한 연구에서는 통계학적 구상과 분석의 특성, 가설과 실험 도구, 연구 대상과 관련된 자세한 정보를 미리 작성하여 연구 계획안을 제출하게 된다. 그러나 질적 연구 프로젝트는 이와 같은 사전 정보가 미리 주어지지 않는 경우가 많아 연구 계획안이 그리 자세히 서술되기는 쉽지 않다. 그러나 공통적으로 연구 계획안에 반드시 포함되어야 할 요소들이 몇 가지 있다. 연구 계획안에는 연구 문제, 연구의 목적과 필요성 혹은 중요성, 연구 대상과 장소, 연구 방법, 자료 수집과 분석의 계획, 연구 진행 계획 및 연구 결과물 보고에 대한 계획을 포함시킬 수 있다.

질적 연구 계획안은 연구의 문제와 관련된 서술이 가장 명확하게 나타날 수 있다. 왜냐하면 연구를 시작하기 전에 연구자는 연구 문제와 관련된 여러 사항들을 결정하면서 연구의 목적을 설정해야 하기 때문이다. 연구 문제는 연구의 목적과 필요성, 혹은 연구의 중요성을 설명하는데 가장 중심적인 정보를 제공한다. 연구 문제와 관련되어 현재까지 조사된 정보들을 제안하고 연구의 목적과 방법을 결정하는데 연구 문제를 사용한다.

질적 연구 계획안은 연구 문제를 중심으로 서술하지만 상황이 가변적이고 현장 작업의 여러 변수들을 고려하여 미리 정확하게 제안하기는 어렵다. 따라서 질적 연구자는 유연하고 포괄적으로 연구에 대상에 대한 서술, 연구 환경에 대한 서술, 연구 방법과 절차, 샘플링에 대한 결정, 자료의 수집과 분석에 대한 계획, 연구 진행시 고려하게 될 이슈들과 연구의 최종 결과물에 대한 계획을 서술적인 형태로 제시할 수 있다. 경우에 따라서는 파일럿 스타디를 통해 얻은 연구의 내용을 제시하는 것도 한 가지 방법이다. 예를 들면 인터뷰 내용의 샘플을 넣어서 연구에서 다루게 될 내용과 핵심 주제들을 임시적으로 제안할 수도 있다. 그러나 귀납적인 성격의 질적 연구에서 미리 결과를 예상하는 것은 매우 조심해야 할 것이다. 시험적인 논의나 예비 작업을 근거로 드러나는 주제들에 대해 조심스럽게 언급하는 것이 좋다. 그 밖에 문서를 이용한 연구자의 작업에 대한 계획을 밝히는 것도 바람직하며 연구 신뢰성을 어떻게 확보할지에 대한 계획도 밝힌다. 또한 연구의 윤리적 이슈들을 연구자가 어떻게 고려하고 다룰지에 대한 계획도 함께 서술할 필요가 있다.

연구 계획서는 전반적인 연구의 모형을 보여 주는 것이므로 독자들이 연구의 중요성과 필요성을 인식하고 연구 결과에 대한 기대를 가질 수 있도록 설득력 있게 서술해 나간다. 질적 연구에서 글쓰기의 중요성은 이러한 연구 계획서 작성을 통해서도 드러난다. 질적 연구의 연구 활동은 글쓰는 행위와 밀접하게 관련되어 있으므로 기술적이고 해석적인 글을 쓸 수 있는 능력을 보여 줄 필요가 있다(신경림 역, 밴매넌 저, 2000). 또한 기존의 논문 양식이나 저서를 참고로 하되, 연구자 자신의 개성이 드러나는 맛깔스러운 글쓰기를 시도하는 것도 질적 연구에서는 필요한 작업이다.

제7장 질적 연구에서의 연구 윤리

연구 윤리의 필요성 | 연구 윤리의 내용

연구 윤리의 필요성

질적 연구에서의 주요한 연구 윤리 규정들은 주로 연구 참여자의 이익을 보호하는 것과 깊은 관련을 맺고 있다. 인간을 대상으로 하는 연구를 집행하는 다른 연구자들과 마찬가지로, 질적 연구 역시 생명과 권리가 있는 인간을 대상으로 하는 연구이기 때문에 윤리적으로 충분히 훈련된 상태에서 연구에 임해야 할 의무를 지닌다. 현장에 들어가서 연구를 진행하면서 연구자는 연구 참여자의 복지나 안녕 상태를 수시로 점검하고 연구가 어떤 영향을 주는지를 모니터해야 한다.

질적 연구에서 연구 윤리의 주요 적용 대상이 되는 것은 연구자들과 그들이 연구하는 사람들과의 상호 작용(interaction)이다. 이외에도 연구팀이 있을 경우 연구자 집단 내에서의 연구자들끼리의 협력적 관계, 그리고 상하 관계, 지적 재산, 자료의 날조, 자료의 표절(剽竊) 및 도작(盜作) 등 역시 때로는 법적이기도 한 윤리의 관할 영역이다. 이 장에서는 연구 윤리의 초점이 되는 연구자와 참여자에 관해 주로 다루겠지만, 윤리와 관련된 이러한 모든 부분은 사실상 질적 연구뿐만 아니라 어떠한 연구라고 하더라도 동일하게 해당되는 것으로 반드시 지켜져야 하는 중요한 부분이다. 연구를 후원하고 심의하는 대부분의 공식 기관들에서는 기관 자체의 윤리 규정을 가지고 있는 곳이 많으며, 그렇지 않다고 하더라도 연구자는 일반적인 윤리적 지침에 어긋나는 연구를 해서는 안 된다.

국제적으로 통용되는 윤리 지침이 출현한 배경에는 수많은 역사적 실례들, 즉 남용과 학대의 역사, 그리고 실수의 역사가 자리하고 있다. 특히 생물 의학 연구에 있어서의 사례들은 국제적으로 연구에 있어 윤리적 가이드라인이 대두해야 할 필요성을 가장 명백히 선사해 주었다. 기존의 연구자들이 연구를 위해 연구 참여자를 속이거나 기만하는 등 비윤리적 형태의 연구를 진행한 것이 문제로 지적되어 왔다. Lincoln과 Guba(1989)는 양적 연구에서 강화된 잘못된 신화가 연구자 사이에서 연구를 위해서는 윤리적 경계선을 무시할 수 있다는 묵시적 신념을 키워 왔다고 비판하였다. 이들은 연구 참여자를 비인간적으로 대하는 것, 사물처럼 취급하는 것, 사생활을 침해하는 것, 참여자를 물리적, 심리적 위험에 빠뜨리는 것 등의 연구 행위에서 일어나는 비윤리적 사례가 무수히 많음을 지적하고 있다.

그런데 사실, 생물이나 의학, 또는 과학 분야에서 발현했던 연구 윤리를 질적 연구의 분야에 그대로 적용할 수 있을까? 이에 대해서는 항상 논란이 분분해 왔다. 사실 몇몇 질적 연구자들의 경우 질적 연구를 통해 사람의 생명을 놓고, 혹은 질병을 놓고 돌이킬 수 없는 실수나 학대를 저지를 가능성이 과연 있을까 하는 의문을 가지면서, 생명 의학 분야에서 출현한 연구 윤리를 원리 원칙대로 질적 연구에 적용하는 것은 부적합하다고 주장하기도 하였다.

그러나 질적 연구에서도 윤리적 지침이 필요한 이유는 모든 연구에서는 사람에 대한 보호와 존중이 최우선 순위가 되어야 하기 때문이다. 연구자가 미처 예상하지 못한 일들이 연구 과정에서 생겨나면서 참여자들에게 해를 끼칠 수 있는 경우가 발생할 수 있기 때문이다. 예를 들면 참여자들이 원하지 않는 사생활에 대한 노출과 정보의 악용 가능성, 또는 정신적 압박이나 정서적 학대 등이 일어날 가능성이 있다. 특히 과거에 심한 트라우마를 겪었던 참여자들의 경우 이전의 트라우마를 다시 겪게 되는 경우도 생긴다. 또한 사회적 약자의 경우 은연중에 권리를 침해받을 수 있고 이것을 미연에 방지할 길이 없을 때도 있다. 사람을 대상으로 하는 모든 연구는 연구 자체보다 사람의 인권과 안전을 우선으로 해야 한다. 이때 안전이라 함은 육체적, 심리적, 사회적인 안전 모두를 포함한다.

연구 윤리의 내용

연구자는 연구를 하는 목적이 분명히 있지만 그 목적을 달성하기 위해 연구의 대상이 되는 사람을 단순히 도구로 전락시키는 일은 없어야 한다. 아무리 연구가 중요하지만 연구의 목적보다 사람을 우선시하는 원칙을 가지고 있어야 한다. 연구를 위해서 무엇이라도 다할 수 있다는 생각은 위험천만한 것이다. 생명과 인권 존중의 법칙은 모든 윤리 강령의 제 일의 원칙이다. 따라서 질적 연구에서도 참여자들을 보호하고 그들의 인권을 최대한 존중해 주는 것은 다른 어떠한 것보다 소중하다. 여기에는 참여자들의 자발적 결정권을 존중하고 이것이 훼손되는 어떠한 경우도 피해야 한다는 것이 포함된다. 또한 참여자들을 대하는 태도나 말에서 일관되게 그들을 존중하고 그들의 품의를 지켜 주는 것도 이 원칙에 따르는 행위이다. 그들이 자유롭게 의견을 표현하도록 경청해 주고 수용하는 태도도 이러한 존중의 하나가 된다.

다음으로는 참여자들에게 불이익이 돌아가지 않도록 최대한 보호하고 위험이 될 만한 것들을 삼가야 한다는 원칙을 들 수 있다. 만일 연구를 통해서 어떤 경우에라도 참여자들에게 불이익이 돌아가게 된다면 이것은 결코 좋은 것이 아니다. 연구 결과는 결국 연구 참여자들에게도 유익이 되어야 한다. 연구 과정에서 참여자들이 심리적 압박을 받거나 트라우마를 다시 경험하는 것 등을 방지해야 한다. 또한 참여자들이 개인적으로 또는 사회적으로 불이익을 당하지 않도록 연구자는 조심하고 할 수 있는 모든 노력을 기울인다.

또 다른 원칙으로 공정성과 공동체에 대한 헌신을 들 수 있다. 여기서 공정성이라 함은 연구 참여자들을 어떠한 편견이 없이 최대한 존중하면서 공정하게 대하는 것 이상의 헌신을 요구한다. 여기에는 연구를 진행하면서, 또한 연구 결과를 내 놓을 때 공정하며 정직하게 보고하는 것도 포함된다. 때로 원하는 결과를 얻지 못한 연구자가 참여자들을 부당하게 조정하거나 결과를 조작하여 거짓된 보고를 하는 경우를 만나게 된다. 이런 조작은 어느 개인에게만 아니라 공동체 전체에 해가 될 수 있다. 황우석 사태를 겪으면서 많은 한국 사람들은 정신적 충격과 자존감에 큰 상처를 입었다. 한국인 공동체가 지니고 있던 자부심과 인류 발전에 대한 기대나 다짐이 순식간에 무너지고 마는 결과를 초래한 것이다. 이처럼 공정성과 공동체에 대한 헌신은 장기간 그 영향을 미칠 수 있는 매우 중요한 원칙들이다.

일반적으로 윤리 원칙을 지키기 위한 노력의 하나로 연구 참여자들에게서 연구 참여 동의서를 사전에 받는다. 참여 동의서는 구두로 받는 경우도 있으나 대게는 서면 동의서를 받는 것을 원칙으로 한다. 서면 동의서에 들어가야 할 내용으로는 1) 연구의 목적에 대한 설명 2) 연구 과정에서 참여자들이 어떤 것을 할지에 대한 간략한 정보-소요되는 예상 시간 3) 연구를 통해 얻는 유익과 위험 요인에 대한 정보 4) 참여자의 신분과 참여자가 준 정보에 대한 비밀보장 5) 참여자가 원하지 않을 때 연구를 그만둘 수 있고 답변을 거부할 수 있는 권리 6) 기타 의문 사항에 대해 연구자에게 연락할 수 있는 연락처에 대한 정보 등을 생각할 수 있다. 경우에 따라서는 특수한 정보나 상황들에 대한 설명을 덧붙일 수도 있다. 참여자는 누가 자신이 준 정보를 접하게 되고, 그리고 무슨 목적으로 그 정보가 사용될지에 대한 일반적인 사항에 대해 알 권리가 있다. 또한 연구의 최종 결과가 출판되거나 발표되기 전에 미리 연구 결과에 대해 알 수 있는 권리도 있다. 혹시 참여자가 연구 결과에 대해 만족하지 못할 때 연구된 내용을 수정하도록 요청할 수 있다. 이때 연구자는 참여자와 협상을 통해 서로가 가장 합리적이라고 동의할 수 있는 결과를 제출하는 것이 좋다. 아동이나 미성년자를 연구할 때에는 부모나 후견인의 동의를 받고 아동에게도 연구에 관해 아동이 이해할 수 있는 수준으로 설명하고 동의를 구한다. 아동이 참여를 원하지 않는다면 아동의 의견을 부모의 의견보다 더 중요하게 받아들여 참여시키지 않는 것이 바람직하다.

비밀 보장을 위한 노력은 연구자들이 자칫 간과하기 쉬운 사적 교제나 비공식적인 만남에서 더 주의를 기울일 필요가 있다. 모든 사람들은 자신이 가진 정보를 다른 사람과 나누고 싶은 마음이 있다. 따라서 연구자도 예외가 아니다. 연구를 통해 얻게 된 새로운 정보나 흥미로운 자료를 옆에 있는 사람들과 나누고 싶은 마음이 있다. 하지만 아무리 사소한 정보라도 비밀 보장의 원칙을 무시하고 다른 사람과 나누게 되는 것은 참여자들을 화나게 하거나 연구자에 대한 신뢰를 잃어버리게 할 여지를 주는 것이다. 끝까지 신실하게 비밀 보장의 원칙을 잘 지키는 것이 연구를 성공적으로 마칠 수 있고 올바른 연구를 하는 길임을 알 필요가 있다. 비밀 보장을 지켜주기 위해서 연구자는 매사에 신중하고도 사려 깊은 말과 행동을 하는 습관이 들어야 한다. 가벼운 말과 행동으로 참여자들에게 신뢰를 얻지 못한다면 잘 진행되는 연구도 그만 망치고 말 위험이 생긴다. 연구자가 윤리성을 가지는 연구를 진행하고자 하는 결심이 처음부터 확고할 수 있도록 윤리에 대한 의식을 발달시켜 나아갈 필요가 있다. 비밀 보장 원칙은 마지막 글쓰기 작업에서도 지켜야 한다. 참여자의 신원이 노출될 위험이 있는 자료는 이름뿐만이 아니다. 참여자를 익명으로 처리하는 것과 더불어 인구학적 특성을 제시하는 방법에서도 개인적인 신원이 드러나지 않는 방식을 택하도록 한다. 참여자가 사례연구에서처럼 한 기관이나 단체일 경우에 더 미묘한 윤리적인 문제가 생길 수 있다. 해당 기관에 대한 부정적인 결과를 보고해야 할 경우 혹은 연구 결과에 대하여 기관 쪽에서 먼저 검토할 것을 제안하는 경우에 연구자는 윤리적 딜레마에 빠질 수 있다. 이러한 경우에도 연구자는 최대한 연구 참여자와 참여 기관의 이익에 기여하도록 노력해야 한다. 부득이한 경우 참여 기관에 관한 정보를 삭제하여 어느 기관인지 독자가 알지 못하도록 위장하는 것도 하나의 전략이 될 수 있다.

제 2 부

질적 연구의 유형

제 8 장 민족지학 연구
제 9 장 기본적 해석적 연구
제10장 현상학적 연구
제11장 근거이론 연구
제12장 사례 연구
제13장 내러티브 연구
제14장 참여 실행 연구
제15장 질적 연구의 쟁점

어떤 방법으로 질적 연구를 수행할지에 대해 정확히 안내하는 지침은 없다. 각 연구자는 자신이 선호하는 스타일의 연구 혹은 방법을 택할 수 있다. 그러나 연구의 방법을 선택할 때는 연구의 문제와 상황을 먼저 고려할 필요가 있다. 연구자들이 어떤 방법 혹은 접근법이 익숙하다고 모든 연구를 한 가지 방법으로 할 수는 없다. 그러나 실제 상황에 부딪히면 연구자는 막상 어떤 방법을 써야 할지 결정하기 어려울 때도 많다. 어떠한 질문이 어떤 연구 문제가 어떤 방법론에 적절하다는 공식은 없다. 막상 연구를 시작하는 연구자는 자신의 문제나 주제를 어렴풋이 알고 있는 정도이기 때문에 도움이 되는 지표들을 찾아 여러 방법들을 살펴보는 것이 좋다. 질적 연구를 성공적으로 수행하는 가장 중요한 열쇠는 연구자가 가지고 있는 질문에 답할 수 있는 최선의 연구 방법을 찾는 것이다.

연구자가 질적 연구 방법을 고를 때 우선 고려할 점은 자신의 인식론이 무엇인지에 대해 생각해 보는 것이다. 실증주의적 토양에서 배우고 훈련된 연구자가 구성주의적 방법을 선뜻 택하기는 어려울 것이기 때문이다. 이것을 다른 말로는 패러다임을 정하는 것으로 볼 수도 있다. 패러다임은 세계를 바라보는 큰 틀로 연구에 대한 개념이나 연구 행위를 어떻게 생각할지에 대한 기본적인 관점을 정해 준다. 즉 연구자가 무엇을 문제로 바라보고 무엇을 연구할지, 혹은 연구에서 실제로 무엇을 수행할지를 결정하는데 도움을 준다. 연구자들은 자신의 연구 행위를 자신이 선택한 연구 패러다임의 세계관을 통해 하게 된다(김영천, 2012: 13). 연구 패러다임은 어떤 경험 혹은 현상에 대해 어떤 방법론을 사용하며 어떻게 그 경험을 연구 문제로 만들어내고 그 문제에 대한 답을 찾아갈지 이끌어주는 가장 기본적인 안내자이다. 초보자는 자신이 선호하거나 몸담고 있는 학문 분야에서 어떤 인식론 혹은 연구 패러다임을 사용하는지를 배우고 그 안에서 어떤 연구 방법들이 사용되는지를 찾아내는 것에서부터 시작할 수 있다. 질적 연구를 수행하는 근거가 되는 철학과 인식론은 모든 결정의 출발점에서 검토하는 것이 좋다.

현재 질적 연구에서 연구에 사용하는 패러다임을 세 가지로 구분할 수 있는데 여기에는 해석적 패러다임, 비판적 패러다임, 해체적 패러다임이 있다(Lather, 2006). 해석적 패러다임은 1세대 질적 연구자들이 주로 사용했던 연구 방법론이다. 해석적 패러다임에 속한 연구들은 민족지학, 현상학, 해석학적 연구, 상징적 상호작용 연구, 자연주의 탐구, 내러티브 연구 등이다. 비판적 패러다임에는 비판민족지학 연구, 페미니즘 연구, 실행연구, 다문화주의 연구, 인종 연구 등이 있다. 마지막으로 해체적 패러다임은 포스트모던 연구, 탈식민주의 연구, 오리엔탈리즘, 퀴어 이론, 장애 연구를 포함한다. 질적 연구는 해석적 패러다임에 속한 연구들로부터 시작되어 지금도 계속 새로운 연구 방법론이 덧붙여지고 있다. 이 책에서는 초보자들을 위하여 주로 해석적 패러다임 연구에 속한 방법론들을 다루고 있다. 다만 실천 상황을 고려하여 실행 연구(참여 실행 연구)를 마지막 방법론으로 소개하였다.

때로는 인식론에 관한 문제 외에도 연구를 수행할 장소의 문화나 프로젝트 성격이 연구 방법을 고르는 데에 큰 영향을 미치기도 한다. 연구자가 부딪힌 실제적이고 재정적 혹은 윤리적인 문제들이 연구를 가능하게 해주는 필수적 조건들이 되기 때문이다. 어떤 특정한 연구 방법을 사용하게 될지에 대한 선택은 저절로 결정되는 것이 아님을 알아야 한다.

이제 자주 사용되거나 오랫동안 사용되어 온 1세대 해석적 패러다임에 속한 방법들을 알아보고자 한다. 이 여러 방법론들이 어떠한 상황과 문제에 적절한지 독자들이 각자의 상황에서 가늠해 볼 수 있기를 바란다. 여러 다양한 방법들이 있음을 주지하면서 어느 한 방법이 다른 방법보다 더 우월하다거나 쉽다고 생각하지 않기를 바란다. 어떤 방법은 다른 방법에 비해 분석절차가 더 분명히 드러나는 경우도 있고 또 어떤 방법은 연구 목적이 확실히 기술되는 경우도 있다. 각각의 방법은 나름대로의 장단점을 가지고 있다. 또한 각 방법마다 독특한 절차나 수행 양식을 가지고 있으므로 연구자는 자신의 욕구와 질문, 상황에 맞추어 여러 방법 중에 어느 하나를 결정할 수 있다.

여기에서 소개하는 방법론들은 지금까지 한국적 상황에서 널리 이용된 연구 방법들이다. 독자들이 이해하기 쉽도록 각 방법론을 사용한 사례를 저자의 허락을 받아 간략히 함께 실었다. 독자들에게 참고 사례에서 어떻게 각각의 방법론이 적용되는지를 이해시키기 위해 해당 내용을 부분적으로 발췌하거나 요약하여 실었기 때문에 원문과 다를 수 있음을 밝힌다. 지면의 제약으로 전문을 소개하지 못했고 자세한 내용을 다 싣지 못하고 일부만 소개한 경우도 있으므로 독자들이 원 자료를 찾아 더 보충해 주기를 바란다. 이 책에 소개된 사례들은 특정 방법론의 완전한 사례가 아니다. 다만 그 방법론을 충실히 따르려고 노력한 사례들로 보면 좋겠다. 여기에 소개된 이 방법들도 시간이 흐르면서 상당히 변화를 겪고 있다. 어쩌면 이제는 너무 낡은 방법이라 여겨질 수도 있다. 그러나 이 책에서는 각 방법이 원래 지니고 있는 그 방법의 독특한 목적과 관점, 간략한 연구 수행 전략을 소개함으로써 초보 연구자들이 질적 연구 방법을 이해하는 데에 도움을 주고자 한다. 일단 어느 하나의 연구 방법론을 쓰기로 결정했다면 그 방법론에 대한 더 자세한 내용과 사례들을 깊이 있게 접할 수 있도록 다른 문헌들을 참고하기를 바란다.

제 8 장 민족지학 연구(Ethnography)

민족지학 연구의 개관 | 연구 방법

민족지학 연구의 개관

민족지학 연구는 낯선 세계에 접해 이를 이해하는데 강조를 둔 사회 연구 양식이다(Agar, 1993). 민족지학은 대상 집단의 문화를 기술하고 해석하는 것을 주목적으로 인간의 사회를 이해하고자 하는 데에 초점을 둔다. 민족지학 연구는 역사적으로는 문화 인류학에서 출발하였다. 문화 인류학은 사람들이 특정한 양식으로 생각하고 행동하는 것을 문화의 영향이라고 보며 문화적 다양성에 대한 이해를 얻고자 하는 학문이다. 문화에 대한 정의는 너무 다양해서 여러 학자마다 다른 의견들을 내놓고 있다. 민족지학은 한 세계의 사회적 행위가 다른 세계의 관점에서 어떻게 이해되는가를 보여 주는 질적 연구의 방법론 중 하나로 간주된다.

방법론으로서의 민족지학은 연구자들이 현장에서 오랜 시간을 머물면서 개인적 몰입과 상황에 대한 즉흥적 대처를 통해 연구를 해 나가는 것이다. 여기에서 참여관찰이라는 방법이 질적 연구에서 자료 창출의 방법으로 발달되기 시작하였다. 연구의 결과물로서의 민족지학은 인간 사회 생활에 대한 문화 기술지라고도 불리며 문학 작품의 한 장르로 꼽히기도 한다. 문화 기술지는 연구자의 개인적 스타일을 인정하며 과학적인 통제를 벗어나서 보다 자유롭고 풍성한 상상력과 창의력을 연구에 투여할 수 있도록 허용한다.

민족지학의 초창기에 시도된 가장 중요한 연구의 주제는 문화에 대한 해석이다. 문화 인류학에서는 인간 집단을 다른 종과 구별하는 유일한 특성을 문화로 본다. "민족지학은 독자들에게 어느 집단의 가치관, 실천, 가공품들, 전승지혜나 행위를 공유할 수 있도록 재창조하는 것이다"(LeCompte & Preissle, 1993: 42). 따라서 문화는 여러 다양한 양식으로 연구되고 해석될 수 있다. 말리노프스키의 트로브리안드 섬들에서의 현지조사는 대표적인 문화인류학 고전으로 꼽힌다. 이 연구는 섬에 사는 주민들의 일상적인 사회적 삶을 기록하려 한 점에서 초기 연구의 특징을 찾아볼 수 있다(Atkinson & Hammersley, 2002). 당시 사람들은 자신과 다른 원시적 사회를 연구 대상으로 삼아 특이한 관습을 지닌 연구 대상자들에게 상상력과 호기심을 가지고 접근하였다. 특히 말리노프스키는 민족지학을 사회과학의 일원으로 끌어올렸다는 인정을 받게 된다. 그는 기능주의적 연구방법을 적용하여 사회 관습, 전래 행사, 제도 등의 사회적 현실을 문화라는 하나의 통합적 기능으로 그려내었다. 현장 작업의 목표는 현지 사람의 관점, 즉 삶과 그들의 관계를 그들의 입장에서 파악하며 그들의 세계관을 실감하는 데 있었다(한경구 외, 2009: 33).

이후 문화를 사람들이 그들의 세계를 바라보는 여러 가지 지각과 방식으로 보기 시작했다. 연구자들은 주로 사람들이 무엇을 생각하고, 무엇을 알고 있으며, 무엇에 의미를 두고 있는가를 서술하는데 관심을 둔다. 이때 문화는 사람들이 자신이 구성한 세계에 의미 부여를 하는 핵심적 방식으로 간주된다. 즉 문화는 관찰할 수 있는 사건이나 행위, 혹은 가공물이 아니라 그 현상들 이면에서 작용하는 원리 혹은 바탕에 깔려 있는 의미의 체계로서 신념이나 사회적 약속의 표현 양식으로 보는 것이다. 문화 집단 내에서 행위는 패턴화되고 가치와 의미를 공유되는 것으로 간주된다. 이러한 견해는 민족지학의 연구 대상을 관찰 가능한 실물과 현상에서 보다 지적이고 관념적인 인식 체계로 확대시켰다. 따라서 문화 기술지는 보다 총체적이며 맥락적이고 반성적이며 내부자 관점이 제시되는 연구이다.

Geertz(1973)의 문화의 이해는 해석학적 문화기술지라 불리는 새로운 장르를 구축하였다. Geertz는 문화를 행위로 기록된 문서로 간주하고 텍스트로서의 문화라는 개념을 발전시켰다. 즉 문화는 "수많은 기호와 상징으로 이루어져 있는 의미 체계"로 보거나 "의미 있는 상징적인 질서가 축적된 전체이며 텍스트의 집적"이라고 규정하였다(김영천, 2012: 44-45). 이러한 문화적인 텍스트는 집단의 일원인 사람들에게 항상 명백하게 드러나는 것이 아니다. 오히려 외부자적 관점을 지난 다른 문화 집단의 일원인 연구자가 두 문화의 차이를 비교하고 대비시키는 가운데 대상 문화를 더 정확히 읽어낼 수 있다. 이때 문화는 사인이나 상징, 언어나 기호학으로 구성된 실체로 대한다. 연구자가 하는 일은 사실이나 그 사실 뒤에서 작용하는 원리를 발견하기보다 텍스트를 읽어 내는 것처럼 역동적으로 만들어지고 있는 의미를 재구축하는 해석을 해야 한다. Goffman의 프레임 분석(1974)은 이같은 맥락에서 대표적인 저서로서 사회생활에 관한 동종의 연구에 대해 훌륭한 견해를 보여주었다.

논의의 여지는 있지만 민속방법론(ethnomethodology) 혹은 일상생활방법론으로 불리는 사회과학의 한 방법론은 민족지학 연구의 한 분야로 간주될 수 있다. 민속방법론은 Garfinkel(1967)에 의해 시작되었다. 민속방법론은 사람들이 사회생활을 통해 실제로 성취하는 것에 대한 조사를 중심 테마로 삼는 연구 방법론이다. Garfinkel(1967)이 창안한 민속방법론은 일상생활 속에 사회 구성원들이 현실을 만들어가는 방법을 미시적인 탐구를 통해 연구하였다. 이들의 주된 연구 대상은 일상생활에서 사람들이 하고 있는 구체적인 행위와 상호작용의 구조라고 볼 수 있다. 민속방법론의 기본 전제는 “상호행위는 질서가 있는 형태로 형성되며 그 상호행위의 맥락은 상호행위가 그 속에서 형성되는 틀인 동시에 상호행위에 의해서 만들어진다”는 것이다(임은미 외 역, Flick 저: 2011: 56). 이때 연구의 초점은 어떻게 상호 작용이 질서를 잡아가는가에 있다. 따라서 연구자들은 사회적으로 수용된 견해와 일반 대중들이 자신들의 삶을 그에 맞추어 적응해 가는 방법에 관한 차이에 관심을 두었다.

민속방법론은 특정 집단의 사람들이 그들의 일상생활에서 당연시하는 암묵적인 기본 원리, 즉 일상생활의 평범함을 발견하는 데에도 관심을 가졌다. 그것을 위해서 "연구자는 기존의 자신의 시각이나 상호행위 당사자의 시점과도 거리를 둔다"(임은미 외 역, Flick 저: 2011: 57). 이에 사회적 상호행위가 이루어지는 맥락의 기능이 중요하며 그 맥락 안에서 사람들이 나름대로 사회적 현실을 만들어가는 방식, 특히 대화적 기여에 주목하였다. 예를 들면 상담이나 의사와의 면담과 같은 상황에서 발생하는 여러 행위 중에 대화나 의미의 구성체를 통해 어떤 현실이 만들어지는지와 같은 것을 중점적으로 살펴보았다. 따라서 민속방법론에서는 이러한 인간 행위의 중심이 되는 의사소통을 연구하기 위해 대화를 분석하는 대화 분석 방법을 발전시켰다.

대화의 실천 행위로부터 문화를 연구한다면 대화를 통해 어떻게 문화적으로 영향을 받는 사회적 현실이 형성되는가를 기술하는데 초점을 맞춘다. 다시 말하면 무엇인 실제로 언급되었는가와 무엇이 당연시되는가의 의미와 중요성을 이해하고자 노력하는 것이다. 이것은 사람들이 당연시하는 사회적 관행에서 은밀하게 작용하는 문화적 기제들을 폭로하는 수단이 될 수 있다. 또한 "어떻게 사회적 상호작용이 조직화되는지를 정밀하게 묘사하고 이를 통해 대화 형식의 유형을 발전"시키고자 하였다(임은미 외 역, Flick 저, 2011). 그러나 이와 같이 발화된 언어의 상호작용에 대한 상세한 분석은 민족지학을 지나치게 제한적인 연구로 끌고 가는 경향을 보였다(Atkinson & Hammersley, 1994). 당사자의 주관적인 의미 부여나 특정 문화와 같은 기존의 맥락을 놓치고 지나치게 제한적인 맥락의 정밀한 묘사에 그쳤다는 비판을 받기도

하였다. 이러한 연구에서는 비디오나 녹음된 기록이 필수 사항이 되었으며 현장 연구에 대한 중요성 특히 참여 관찰의 중요성이 많이 소멸되어 갔다. 더 최근에 나타난 비판적인 민족지학 연구는 역사적, 사회적, 경제적 상황을 설명하는데 관심을 기울인다. 비판적 민족지학 연구자들은 자신을 문화적 노동자로 규정하며 현존하는 억압적인 체제를 뒤엎을 정치적 역량을 넓혀 가려고 노력한다(Fontana & Frey, 1994: 369).

최근 민족지학 연구는 다중 문화적 관점이나 다양한 실재를 수용하고 구성주의적 인식론을 받아들이는 방향으로 선회하고 있다. 따라서 사람들은 각각 개인적인 관념에 의해 행동하며 그 행동의 실질적인 결과를 얻게 된다는 관점을 포용한다. 이러한 구성주의적 인식론에 근거한 민족지학 연구에서는 주로 현상학적 시각에서 귀납적으로 연구하여 각 개인이 보는 주관적 현실을 객관적이며 측정된 현실과 동등하게 받아들이는 경향을 보이고 있다.

연구 방법

(사례-민속방법론)

민족지학 연구의 특징은 사회현상에 대한 본질을 탐구하는 것이며 주로 비구조화된 자료를 사용하는 점이다. 또한 적은 수의 사례를 조사하고 자료의 분석에서 인간 행동의 의미나 기능의 해석을 초점 맞춘다는 점이다(Atkinson & Hammersley, 1993). 민족지학 연구는 현장에서 처음 질문을 시작하기 전에 연구자가 미리 문제를 찾아낼 방법, 이론과 모델을 구축하는 방식, 연구의 설계, 그리고 특정한 자료 수집 방법과 분석도구, 스타일에 대해 어느 정도 아이디어를 가지고 시작한다. 물론 여기에는 연구자의 문제 선택이나 지역, 대상자 선택 등의 편견이 개입되며 연구자는 이를 명확히 인식하고 투명하게 밝힐 필요가 있다.

일반적으로 민족지학 연구에서는 문화적 연관성 내에 있는 현상에 대한 문제를 제기한다. 따라서 연구자는 오랜 시간 현장에 머물면서 자신이 연구하는 대상 집단과 친밀해지도록 노력하는 참여 관찰을 주요 방법으로 사용했다. 고전적인 민족지학 연구는 6개월에서 2년 정도의 긴 시간을 현장에서 보내며 연구자가 현장에 진입하는 것을 시작으로 연구를 진행한다. 이때 연구자는 그 집단의 언어를 익히고 사용할 수 있는 기술을 습득하는 것과 그 집단 안에서 일어나는 사건들을 직접 경험하는 것, 집단의 구성원 중 몇몇 정보제공자를 발견하고 관계를 형성하여 그들과 강도 높은 작업을 하는 등 현장에 접근하고 현장을 직접 경험하는 다양한 적응 활동을 하게 된다. 이 단계는 아직 연구자가 낯선 환경에 적응하면서 어색함과 불편함을 느낄 수 있고 자신의 역할을 뚜렷이 정하기 전이므로 이른 해석을 하지 않고 그 문화에 푹 젖어드는 참여자로 살아간다. 이때는 어느 정도 지역이나 현장에 익숙하게 되는 것과 초기 인상을 일지에 적고 관찰 대상을 찾는 등의 준비 작업을 하는 단계라 볼 수 있다.

여기에 소개할 민속방법론은 대화분석을 시도한 연구로 세부적으로 대화를 분석하기 위해 정확한 녹음과 자세한 전사를 기본으로 한다. 여기에는 현장 몰입과 같은 초기 단계의 준비가 반드시 필요하지 않다. 연구 대상과 연구의 주제를 정하여 어떤 대화의 맥락을 연구할지 결정하는 것이 기본적인 준비 단계가 될 것이다. 녹음된 대화를 자세히 전사하고 대화의 한 부분마다 세밀한 부호화와 조직하는 작업은 대화분석만이 가지는 독특한 기술을 필요로 한다. 다음 사례는 상담이라는 대화적 맥락을 조명하여 상담자가 수행해야 하는 역할 중 공감 반응을 중심으로 어떻게 내담자의 현실을 바꾸어 가는데 공감 반응이 역할하는지를 살펴본 사례이다. 연구자는 먼저 상담의 중요한 요소인 공감에 대한 문제 제기와 연구의 목적을 다음과 같이 설명하였다.

문제 제기(400)

가족치료를 비롯한 모든 상담과정에서 상담자와 내담자의 우호적 관계(rapport)는 매우 중요하다. 라포는 상담자와 내담자 사이의 신뢰감과 조화의 감정이 생기는 상태로 치료의 전반적인 결과에 영향을 미치는 주요 요인이다. 라포는 관계 속에서 일종의 접착제이자 동지애이며, 함께 치료적 관계를 지속시키는 촉매제의 역할을 한다(김창대, 2006: 132). 치료초기에 신뢰감이 형성되면 상담 전반에 긍정적인 영향을 주며 사정에 필요한 정보를 얻는데도 필수적인 요인으로 작용하게 된다. 치료적 관계 형성의 성공여부는 대개 상담의 첫 3회기에 달려있게 되므로, 이는 상담 참여자들이 초기 상담과정에서 달성해야 할 주요 과업의 하나로 요구된다(O'Malley, Suh & Strupp, 1983: 584).

상담의 초기단계에서 치료적 관계 형성의 책임은 상담자와 내담자 모두에게 있다고 하지만 실상은 상담자에게 달렸다. 가족치료에 참여하는 가족 구성원들 모두가 상담의 필요성을 인정하고 적극적인 참여 동기를 준비하고 있는 것은 아니기 때문이다. 오히려 내담자들은 치료적 동맹관계를 맺는 것을 어려워하는 대인관계의 문제를 가지고 상담에 찾아오며, 낯선 사람에게 말하기를 두려워하고, 상담자가 어떤 사람인지 가늠해 보려는 태도를 갖기 때문에 초기에 열정적으로 참여하는 내담자를 만나기는 매우 어렵다. 그러므로 상담자가 따뜻하고, 세심한 주의를 기울이며, 이해하고 존중하며 노련하고, 적극적이라고 느낄 때 내담자들은 성공적인 상담을 기대하고 경험할 수 있게 된다. 따라서 치료적인 관계를 형성하기 위해 상담자는 공감적이고 존중하며, 이치성이 있다는 것이 무엇을 의미하는지 이해해야 하고, 내담자와 적극적인 라포 형성을 위해서 상담자 안에서 이러한 자질을 어떻게 개발할 것인지 알아내야 한다(김창대, 2006: 134). 즉 치료적 관계 형성을 위해서 상담자는 내담자를 존중하며 공감적인 치료적 능력을 가지고 있어야 한다.

연구 문제(401)

공감에 대한 연구들은 공감을 상담자의 태도의 차원에 초점을 둔 연구와 상담자가 공감적으로 이해한 내용을 내담자에게 전달하는 전달과 소통, 즉 커뮤니케이션 차원의 연구들로 분류된다. 따라서 전자를 강조한 로저스(Rogers, 1980)는 공감을 상담자의 핵심적 태도로써 강조하며 상담자 훈련과정에 공감을 위한 비심판적 태도와 수용에 대한 훈련이 필요함을 역설하였다. 한편 후자의 연구인 의사소통 차원의 연구는 상담 현장에서 내담자에 대한 존중과 상담에 임하는 성실한 태도를 가진 상담자가 자신이 인지하고 마음깊이 이해한 내담자에 대한 공감을 어떻게 내담자에게 전달할 것인지에 관한 연구로써 상담자들의 공감능력을 훈련하기 위한 실질적인 자료를 도출하고 상담상황에 반영하는데 용이할 것이다.

따라서 본 연구는 가족치료 상담자의 공감반응을 위한 커뮤니케이션 기제에 대한 연구로써 특히 상담자들이 공감반응을 위해 사용하는 맞장구 표현에 초점을 두고자 한다.

자료 수집은 연구자가 문화 규범, 관점, 특징과 유형 등을 기술할 수 있는 자료를 얻는데 쓰는 전략을 세우는 데에서부터 시작한다. 민족지학 자료는 단일 유형이 아니다. 관찰된 자료들(현장노트, 사진, 비디오테이프로 기록된 것), 조사된 자료(설문지, 조사기록, 관련 문서나 신문 기사 등), 인터뷰로 만들어진 자료(음성 녹음, 녹화, 필사본 등)와 연구자의 저널(이론적 진행일지) 등으로 구성된다. 이 단계에서는 지정된 연구 장소에 참여 관찰자로서 오랫동안 머무르면서 점차 일상적인 일에 익숙해지고 편안함을 느끼기 시작한다. 주요 정보제공자를 확인하고 그들과 공적, 혹은 사적인 인터뷰를 진행한다. 조금씩 연구 장소와 사람들에 익숙해지면서 문서들의 분석 작업도 시작할 수 있다. 그밖에 가공품을 수집하거나 초기 관찰 자료나 인터뷰한 자료를 수집하여 분류하는 작업을 한다. 이 사례에서는 녹취된 자료를 사용하였다. 또한 문헌 자료는 "가족치료에서의 공감의 효용과 상담자가 공감반응을 위한 사용하는 언어적 표현 형태를 상담 및 언어학 문헌" 속에서 찾아내어 이를 탐구하였다(401). 연구의 목적은 "공감 반응을 위한 맞장구 표현의 효과적인 활용 방안"을 찾아내어 제안하고자 하는 것으로 밝혔다(401).

자료수집 방법(402)

본 연구는 2명의 가족치료 상담자에 의해 실시된 8사례의 실제 가족치료 상담을 연구 자료로 사용하였다. 연구에 참여한 가족치료 상담자는 사회복지사 자격을 소지하고 가족치료 상담자 훈련과정을 거친 후 10년 이상 가족치료 상담을 실행하고 있으며 대학에서 가족치료를 강의하고 있다. 상담 사례 중에서 6사례는 자녀의 장애, 성추행, 폭식장애, 왕따 등의 문제에 대해 상담하였으며, 2사례는 부부갈등과 고부갈등에 대해 상담을 실시하였다. 상담 기간은 1회 상담으로 의뢰되어 실시한 한 사례를 제외한 나머지 사례들은 9회기에서 14회기 동안 진행되었다.

연구에 사용된 사례 중 7사례는 상담자가 직접 내담자에게 연구 참여 동의를 얻어 녹음·녹화해 두었던 사례들 중에서 상담내용을 검토하여 연구를 위해 적절한 자료라고 판단된 경우 내담자들에게 본 연구의 목적을 재설명하여 내담자가 연구 참여 동의서에 서명을 한 경우에 그 녹음·녹화 자료를 연구 자료로 채택하였다. 나머지 1사례는 이미 내담자의 동의 아래 공개적으로 판매되고 있기 때문에 연구에 대한 상담자의 동의확인 절차를 거쳐 연구 자료로 채택하였다.

녹음 및 녹화된 상담 장면은 문자로 전사하여 분석 자료로 만들었다. 그리고 1차 분석을 통해 상담자의 공감반응이 나타난 대화를 선별하고, 비언어적 표현에 대한 전사약정을 사용하여 정밀전사를 실시함으로써 대화 속에서 나타나는 상담자와 내담자의 역동적인 상호작용을 분석할 수 있는 자료를 구축하였다.

민족지학은 성격상 설명적인 방식을 사용하므로 구체적인 발견보다는 더 많은 가설들을 생각해내고 초기 단계의 잠정적인 가설이나 분석적 직감 등을 일지에 적어간다. 따라서 연구자의 일지를 성실하게 적어 나가는 일이 매우 중요한 과제 중 하나이다. 현장에 대한 지리적이며 개념적인 경계를 그려내야 하며 이를 분석을 위한 틀로 사용한다. 현장에서 적는 연구자의 일지는 무엇보다 소중한 자료가 된다. 이 일지에는 하루 일과표를 포함해서 관찰한 사건들에 대한 개인적인 감정, 생각, 인상 등을 담는다. 이 일지는 자료의 출처가 되면서 동시에 연구자들이 자신의 연구 진전에 대한 자취를 남겨두는 것이며 조사 과정에 끼어든 편견에 대해서도 추적할 수 있게 해준다.

연구자는 현장에서 작업하는 동안에 늘 자신에 대한 인식을 해야 한다. 자신의 문화적 신념과 가치관, 편견을 인식하는 것은 어떤 자료를 수집할지와 직접 연관되어진다. 기초 사항을 파악한 후에는 주요 문제나 장소, 프로그램, 활동을 구체적으로 확인하고 기록으로 남겨서 이해를 위한 기반을 마련한다. 주로 연구자가 하는 활동은 관찰과 질문으로 보고 들은 것을 이해하기 위해 자신이 만든 가설을 현장에서 검증하는 절차도 거치게 된다.

다음 사례에서의 자료 분석은 대화 안에 구성된 원리와 체계를 찾아내어 그러한 원리와 체계 사용의 전략을 살펴보고 대화자들이 전략을 사용해 어떻게 현실을 구성하는지를 조명해 간다. 연구자는 대화자가 사용한 다양한 전략을 찾아내고 체계화시켜서 유형으로 분류해내고 어떤 유형이 대화적 현실을 구축해 가는지를 조명한다.

자료 분석 - 대화분석방법론(402-3)

대화분석 연구방법은 언어연구의 한 분야로써, 자연언어에 나타나는 대화가 겉으로는 너무나 다양하고 복잡하여 명확한 규칙 체계를 세울 수 없는 것처럼 보이지만 그 바탕에는 대화를 구성하고 제어하는 원리와 체계가 분명히 존재한다고 보고, 그것을 찾아내는 것을 목적으로 한다. 대화분석 연구자들은 언어사용자들은 구체적으로 대화를 할 때 항상 그 원리와 체계를 명확하게 의식하면서 말을 배우고 사용하는 것은 아니지만 말을 배우고 사용할 때는 단어, 문법 등과 함께 대화의 원리와 구조 등도 습득하고 이용한다고 보고 그 대화의 원리와 구조체계를 밝혀내는 것을 연구주제로 삼는다(이창덕, 1998: 39).

즉 대화분석 연구방법은 매일 사람들 사이에서 일어나는 실제 대화 속에 상호작용과 사회구성원들의 말(saying), 이야기(telling)와 행동들 속에서 일어나는 사회적 행위를 연구함으로써(고문희 · 김춘미 · 문진하 · 이명선 역, 2005: 2) 대화참가자들의 의사소통 전략을 분석해 내는 것이다(박용익, 2003: 45). 따라서 본 연구에서는 가족치료 상담실에서 이루어지는 실제 상담대화 속에서 상담자가 내담자에게 공감을 전달하여 내담자의 이야기하기 행위를 촉진시키기 위해 목적을 실현하기 위한 수단으로 사용하고 있는 언어적 표현 형태에 대해서 연구하고자 한다.

분석과정은 녹취와 전사를 통해 자료화된 가족치료 대화 속에서 상담자가 공감반응을 전달하고 있는 대화 장면을 선별하고, 선별된 대화 장면 속에서 상담자가 의도하는 공감반응의 목적과 맞장구의 표현 유형을 비교분석한다.

민족지학에서 필수적으로 거쳐야 할 단계는 현장으로부터 나오기 작업이다. 이는 연구자가 연구 장소와 사람들에 대하여 편안함을 느끼고 융화된 후에 다시 이전의 자신으로 돌아오는 과정이다. 객관적인 성찰과 분석을 하기 위해 현장으로부터 떠나는 것이 필요한 경우도 있다. 연구 마감을 준비하면서 연구자는 잠정적인 분석으로 자료의 애매모호한 것을 해결하며 취약한 부분을 보충한다. 마지막 단계에서는 이전 자료를 입증하고 자료를 포화상태로 만들기 위해 부족한 자료를 더 모은 후에 현장으로부터 떠나게 된다. 현장에서 나올 때 그동안 관계했던 사람들과의 종결을 잘할 수 있도록 배려해야 한다. 급격한 단절이 아니라 서서히 점증적으로 떠남으로써 종결로 인해 발생되는 영향을 최소화할 수 있다. 현장에서 나온 후에 남은 작업은 분석과 글쓰기이다.

민족지학에서 가장 중요한 작업 중의 하나는 "깊고 풍부한 서술"로 문화인류학자인 Geertz(1973)에 의해 처음 사용되었다. 심층 기술(thick description)이라 불리기도 하는 이 작업은 문화의 모든 특징을 풍부하고 아주 상세하게 이야기체로 그려내는 것을 말한다. Geertz가 강조한 것은 문화를 단순히 사회적 사건들이나 행위, 기관, 과정들의 원인으로 보지 말하는 것이다. 그보다는 문화를 하나의 맥락으로 보고자 하였다. 그는 문화란 그 안에서 깊고 풍부히 서술됨으로써 지적으로 이해를 불러올 수 있는 맥락이다"라고 말하였다(Geertz, 1973: 14). 대화분석에서는 자세한 맥락에서의 언어와 비언어적 표현의 특징에 대한 분석을 보여 줌으로써 대화자들의 상호 현실 구성행위를 보여 준다. 참고 사례에서 분석 후에 여러 유형을 찾았는데 그 중 한 예는 다음과 같다.

분석 및 연구 결과제시

확인형 맞장구(416-7)

확인형 맞장구는 들을이가 적극적으로 경청하고 있음을 알릴 수 있는 맞장구 표현으로 하나의 문장을 그대로 또는 그 일부를 다시 그대로 반복하는 형태와 다른 말로 바꾸어 표현하는 환언형태로 수행된다(정혜경, 1999: 143). 말할이의 목소리가 작거나 주변이 혼란스러워서 잘 알아듣지 못했을 경우, 의미가 명확하지 않을 경우, 이제까지 나온 얘기들과 다른 새로운 얘기로 갑자기 내용이 전환되었을 경우에 사용된다. 그리고 내담자의 이야기가 길게 이어질 때, 단순반응 맞장구 표현을 오랫동안 사용할 때 오는 대화의 단조로움을 피하기 위해서 사용되기도 한다.

(1) 100W: 예. 아버님이 그런 식으로 떠맡기게끔 저한테.. 저는 임신하고 배가 불렀는데 [...] 저는 '네네'만 하니까 '너 할 말 있냐구' 그래서 제가 할 말을 딱딱 했죠. 딸은 똑똑하다고 생각해요. 바른 말 잘하고 딱딱딱딱.. 근데 저는 할 수 있죠. 근데 며느리니까 못한 거예요. 했다가는 난리가 나죠. 우리 아버님은 인정을 안 해주는 스타일이니까. 자기가 다 완벽한 박사라고 그러니까. 말했죠. 그러니까 그 다음부터 쳐다보시지도 않고..

(2) 101T : **할 말 있으면 하라고 했는데 말해놨더니?↑**

(3) 102W: 예. 바른 말 했는데 다른 말도 아니고 비꼬고 쳐다보지도 않고 우리 어머님까지도 그러시더라고요. 아! 이래서 며느리는 며느리이고 딸은 딸이구나. 저는 그렇게 생각을 안했는데 [...] 그리고 나서 어머님 쫓아서 기도원에 다녔었는데 어머

님까지 그렇게 말씀 나오실지 몰랐어요.

〈F07002〉

상담자는 내담자의 말의 뒤에 감추어진 의미까지 공감하고 있다는 것을 전달하고, 자신이 공감하고 있는 의미가 내담자가 생각하는 것과 일치되는지 확인하기 위한 목적으로 확인형 맞장구를 사용한다. 상담자료에서는 확인형 맞장구가 2인 이상의 내담자가 참여하는 상담에서 또 다른 효과를 얻는 것을 발견할 수 있었다. 상담자가 현재 발화를 진행하고 있는 내담자(D2)의 이야기가 가지고 있는 의미를 공감하여 확인형 맞장구를 이용해 표현하고(70), 이 맞장구 표현을 반복해서 사용함으로써(72) 상담에 참여하고 있는 다른 가족원(F)도 함께 공감을 하고 공감적 반응을 표현하도록 이끌고 있다(73). 상담자의 맞장구 표현 "응 그렇구나"(71) 이후에 나오는 내용은 상담자가 대화의 차례를 얻어서 다른 내담자에게 질문의 형식을 이용하여 공감 표현을 유도하는 것으로써 맞장구 표현은 아니지만 맞장구와 함께 사용함으로써 상승효과를 얻을 수 있다. 이것은 일반적인 상담과 달리 2인 이상의 내담자가 상담에 참여하는 가족치료 상담에서 내담자들의 공감을 촉진함으로써 가족원을 연결하는 목적을 위해 효과적으로 사용할 수 있다.

(4) 68 T1 : 아:. 그렇구나. 언제 그렇게 즐겁게 얘기할 때가?

(5) 69 D2 : 아. 일요일 날. 일요일 날.

(6) 70 T1 : 일요일 날↷ **저녁 때 좀 같이 식구들이 모여서 시간을 가질 때 그렇다 이런 얘기네?**

(7) 71 D2 : 네.

(8) 72 T1 : 응. **그렇구나**:. ((아버지를 향해))어떻게 보면 식구들 모두가(.) 같은(.) 바램을 갖고 있는 것 같아요. 그렇지요?

(9) 73 F : =그렇지요.

〈F07003〉

(10)

그러나 상담자가 확인형 맞장구를 통해 의미에 대한 공감을 전달했으나 실패한 사례도 비교해 볼 수 있다. 확인형 맞장구는 내용을 확인하고자 하는 목적이 아니라 질문의 표현 형태를 빌어서 공감을 전달하는 것이 목적이므로 확인질문과는 다르다. 그러므로 확인형 맞장구에 대해 내담자가 동의하지 않을 경우 대화의 흐름에 영향을 줄 수 있다. 아래 사례에서 상담자의 확인형 맞장구(104)에 대해 내담자가 동의하지 않게 됨으로써(105) 상담자는 진행하던 대화를 중단하고 다른 주제로 대화의 내용을 변경하고 있다(106).

(11) 103 W : 절 때리지는 못하고 근데 때리고는 싶은 거 같아요. 근데 무시했다는 말을 자주 써요.

(12) 104 **T : 어렸을 때 많이 무시당하셨나 보네요?**

(13) 105 H : 그런 건 아니에요.

(14) 106 T : 아니에요? 또 두 분 성관계는 어떠세요?

〈F07002〉

따라서 의미공감을 전달하기 위한 확인형 맞장구는 내담자에 대한 정보가 충분히 수집된 이후에 사용하는 것이 적절하며 특히 상담 초반에 사용할 때는 주의가 필요하다.

확인형 맞장구를 위해서 말할이가 방금 전에 사용한 말을 그대로 반복하거나, 의미가 같은 다른 말로 환언하여 표현할 수도 있다. '다른 말로 하면~' 등의 표현으로 시작되는 환언은 내담자의 표현이 가지고 있는 의미를 명료화함으로써 의미에 대한 공감을 전달하고자 할 때 유용하다. 그러나 들을이가 자신이 들은 내용 중 잘 듣지 못했거나 부족한 부분에 대해서 확인하는 발화를 하는 것은 말할이가 자신의 발화를 수정 보충하게 되기 때문에 맞장구표현으로 볼 수 없다는 주장도 제기되고 있다(김순자, 1999: 49).

민족지학 연구는 단순히 서술로만 이루어진 보고서를 내는 것은 아니다. 자신이 작성한 노트나 비망록, 중간보고서, 녹음자료, 논문 등 방대한 양의 자료가 수집되고 분석되면서 연구자는 창의적인 변환을 실시하게 된다. 이것은 여러 자료로부터 끄집어낸 아이디어를 종합하고 통찰력을 얻기 위한 논리적 도약을 시도하는 것이다. 이때에는 자신의 아이디어와 자료 사이를 오가면서 자신의 통찰력에 대한 검증을 거쳐야 한다. 마지막 결과물로 민족지학자는 참여자들이 자신의 삶에 대하여 얻어낸 의미를 전달하고자 하지만 그것과 함께 자신들의 해석을 함께 곁들여서 보고서를 제출하여야 한다(Wolcott, 1999). 또한 보고서나 논문의 형태를 넘어서서 일상생활의 면면을 다룬 다큐멘터리 영화나 기사, 공연과 무대 연출의 형식으로도 연구결과를 보여 준다.

연구 보고는 최종적으로 연구 결과의 요약과 논의를 통해 지금까지 연구를 정리하면서 연구의 유용성을 밝히는 것이다. 연구자는 연구 결과에 대한 해석을 제공하고 연구에서 성취한 것과 성취하지 못한 것을 밝히며 후속 연구를 제안할 수 있다. 연구 결과를 논의할 때 선행 연구와의 차이점과 유사점을 보여 줌으로써 연구의 독창성과 의의를 드러내고 연구 영역에 대한 연구자의 생각을 밝히는 것도 연구를 마무리하는 바람직한 방식이 될 수 있다.

요약 및 논의(420-3)

가족치료에서 공감은 상담의 필수적인 요소로써 치료적 관계를 형성하고 치료의 질을 결정짓는 기능을 한다. 공감은 내담자에 대한 공감적 이해를 적절하게 표현하는 공감반응을 통해 내담자에게 수용되었을 때 완성된다. 따라서 가족치료 상담자는 공감반응을 위한 언어적 표현 형태에 대한 이해와 훈련이 필요하다.

본 논문은 가족치료 상담가의 공감반응을 위한 언어적 표현 형태를 연구하기 위해 이론연구와 8사례의 가족치료 상담 전사 자료를 대상으로 자료 분석을 실시하였다. 공감은 상담에서 내담자의 말하기 기회를 보장하고 지지하는 기능을 하므로 상담자의 효과적인 들을이로써의 역할이 강조된다. 따라서 본 연구는 기본적 수준의 공감반응을 위한 언어적 표현 형태로써 맞장구 표현을 중심으로 연구를 수행하였다.

연구자는 문헌고찰 결과를 토대로 언어적 맞장구 표현을 단순반응형, 감정표현형, 확인형, 유도형, 완결형으로 구분하고, 이를 근거로 가족치료 상담자료 속에서 적절한 활용실태 밀 방안을 분석하였다. 첫째, 단순반응형 맞장구는 현재 말할이의 발언권을 방해하지 않으려는 들을이의 배려에 의해 사용되며 발언내용에 대한 적극적인 동의 표시기능보다는 발화행위 자체에 대한 지지의 기능을 수행하는 경우에 사용한다. 단순형 맞장구는 하강조 억양을 사용한 종결형 어미로 실행되는데 상승억양을 사용하여 연결형 어미로 실행되면 내담자의 대화가 지속되도록 지지하는 기능을 가진다. 단순반응형 맞장구는 정보수집 단계, 라포가 형성되기 전 단계에 가장 무난하게 사용될 수 있는 맞장구 표현이다. '예', '네', '응' 등 긍정적인 응답사를 사용할 때는 같은 단어는 반복하여 발음하지 않는 것이 더 전문적인 인상을 전달할 수 있다.

둘째, 동의형 맞장구는 '그래', '그렇지(그치)', '그렇겠지', '진짜', '당연하지', '그럼', '그러니까', '물론', '맞아', '맞는 것 같아' 등 내담자의 말의 내용에 찬성과 동의를 표현하는 것이다. 동의는 가장 적극적인 공감표현의 하나로 상담자가 내담자의 생각과 경험에 대해서 전적으로 찬성하고 옳음을 인정할 때 사용되며, 내담자가 대화를 촉진하는 기능을 하고, 상담자와 내담자 간의 라포 형성에도 효과적일 뿐 아니라 소극적인 내담자가 문제해결을 위한 결단을 하는 과정에서 강력한 지지의 효과를 발견할 수 있었다. 그러나 상담자는 내담자의 말이 동의를 할 수 있는 내용인지, 동의하는 것이 향후 상담과정에 어떻게 영향을 미칠 것인지에 대해 숙고하는 과정이 전제되어야 한다.

셋째, 감정표현형 맞장구는 말할이와 그 발화에 대해 호응하는 반응으로 간단한 감탄사와 부사 등으로 나타난다. 감정의 유형에 따라 놀람형, 슬픔형, 기쁨형, 분노형이 있다. 분석 자료에서 감정표현 맞장구를 통해 내담자에게 감정적인 공감반응을 전달함으로써 내담자의 감정노출이 급속히 촉진되는 것을 발견할 수 있었다. 감정표현은 공감하고자 하는 감정과 일치되는 비언어적 행동을 동반했을 때 더욱 정확한 공감반응의 효과를 얻을 수 있다. '어머', '어쩜' 등 들을이의 정서가 강하게 표출되는 표현형식은 상담자들이 감정표현을 통제하기 위하여 잘 사용하지 않고 오히려 사적-관계 지향적 대화에서 많이 발견되므로 대화유형에 따라 맞장구 형태도 달라짐을 알 수 있었다. 상담에서는 감정에 대한 공감은 매우 중요하지만 과도한 공감은 내담자가 현실에 대한 통찰을 주기보다 자신의 감정에 몰입되는 결과를 초대할 수 있음을 염두에 두어야 한다.

넷째, 확인형 맞장구는 상담자가 들을이로써 적극적으로 경청하고 있음을 알릴 수 있는 맞장구 표현으로 주로 반복 형태를 사용한다. 상담자는 의미에 대한 공감을 전달할 때 확인형 맞장구를 사용한다. 상담자는 내담자의 말의 뒤에 감추어진 의미까지 공감하고 있다는 것을 전달하고, 자신이 공감하고 있는 의미가 내담자가 생각하는 것과 일치되는지 명료화하기 위해 확인형 맞장구를 사용한다. 확인형 맞장구를 이용해 내담자가 2인 이상 참여하는 가족치료 상담에서는 확인형 맞장구를 이용해 내담자들이 말할이에 대해 공감하도록 유도할 수 있다.

다섯째, 유도형 맞장구 표현은 '그래서', '그리고', '근데'를 사용하여 말할이의 다음 발화를 기대하고 이를 적극적으로 유도하는 기능을 한다. 이 유형은 현 발화에 대한 관심과 다음 발화에 대한 기대가 전제되어야 한다. 상담자가 특정한 주제-내담자가 불편해 하거나 상담을 위해 중요한 주제-로 진행하도록 유도하고자 할 때 사용하는데 상담자가 내담자의 대화 흐름을 조절하고자 하는 의도를 가지고 있을 경우에는 공감반응을 위한 맞장구로 볼 수 없다. 분석 자료 속에서는 공감반응을 위한 유도형 맞장구는 발견되지 않았다.

여섯째, 완결형 맞장구 표현은 말할이가 이제부터 말하려고 하는 부분을 들을이가 미리 예측하고 앞서 말하여 그 문을 완결하는 표현 형식이다. 공감의 수준이 발전되어 깊이 있는 대화가 진행될 때, 상담자는 내담자가 말하지 않아도 자신이 이미 다 알고 있음을 표현하고자 할 때 완결의 맞장구를 사용한다. 완결형 맞장구는 상담자와 내담자 간에 '이심전심'의 느낌을 갖게 할 수도 있지만 그러기 위해서는 들을이가 말할이의 생각이나 경험에 대해서 풍부한 선지식과 이해가 전제되어야 한다. 그러므로 상담의 초기단계보다는 중반 이후의 단계에서 사용되는 것이 안전하다. 한국에서 완결의 행위는 손윗사람에게 버릇없는 행위로 받아들여지고 재촉 받는 듯해서 기분이 좋지 않게 받아들여지는 경향이 있으므로 내담자의 나이, 성향, 사회적 지위 등을 고려하여 사용여부를 결정하는 것이 필요하다.

대화는 언뜻 보면 이야기하는 사람에 의해서 주도되고 있는 듯이 보이지만 사실은 말할이가 이야기하고자 하는 것을 짐작하고 맞장구를 쳐줌으로써 말할이를 격려하고, 말이 잘 이어질 수 있도록 실마리를 찾아주는 성실한 들을이가 있음으로써 진전되는 것이다. 들을이의 이러한 맞장구 행동은 말할이에게 자신의 이야기를 귀담아 듣는 것 같아 기분이 좋고 이야기할 의욕을 주지만 반대로 맞장구 행동이 없으면 이야기할 의욕이 없어지고 불안하며 기분이 나빠진다(이선민, 1994: 135). 맞장구는 말할이가 이야기를 할 맛을 부여해 주며, 상대방에 대해 친근하게 느끼게 되므로 방어하지 않고 자신을 드러내는 것을 도와준다. 상담자는 내담자의 문제를 깊이 이해하고 수용하며 돕고자 하는 태도를 공감반응을 통해 전달하고자 한다. 맞장구는 공감을 전달할 수 있는 언어적 표현형태 중의 한가지로 상담자들이 그 사용방법에 대해 훈련할 필요가 있다.

맞장구는 적절한 상황과 맥락에서 발휘되는 것으로 적절치 못한 사용(말꼬리 자르기나 말 가로채기 등)은 역효과를 얻을 수 있으므로 (노은희, 2002) 타이밍 조절에 민감해야 한다. 특히 언어적 맞장구일 경우 말할이의 주요 발화가 끝나는 지점이나 중요 정보가 담긴 이야기 다음에 맞장구를 쳐야 한다. 획일적이고 무미건조하고 획일적인 맞장구는 오히려 관계를 해칠 수 있다. 관심의 표출을 가식적이고 기계적으로 시행하면 역효과를 얻을 수 있다. 그리고 말할이의 발화 내용과 화제에 따라 다양한 맞장구 유형을 사용하는 것이 좋다. 단일한 유형을 고집하여 무성의하게 표현하는 것보다 수긍, 동의, 놀라움, 반가움 등의 감정을 실어 맞장구 표현을 다양하게 사용하면 훨씬 살아있는 대화가 된다. 그러므로 내담자의 특성, 이야기 내용에 따라 맞장구 내용이 달라야 한다. 그리고 상담자는 말할이인 내담자의 발화 속에서 맞장구를 요구하는 징후를 감지하여 적절히 맞장구를 전달함으로써 대화를 촉진하는 민감성을 발전시킬 필요가 있다.

본 연구는 언어적 표현에 초점을 두었으나 공감반응을 위한 맞장구는 비언어적 표현의 중요성이 매우 크므로 비언어적 표현 형태에 대한 연구가 실행될 필요가 있다. 그리고 맞장구 표현외의 공감반응을 위한 다양한 언어적 표현 형태에 대한 연구가 실시되어야 한다.

본 연구에서 사용한 대화분석 연구방법은 본래 실제대화를 연구하여 대화의 원리와 구조를 밝혀내고자 하는 언어학적인 목적을 가지고 있으나(이창덕, 1998: 39) 가족치료 및 상담분야에서는 대화의 구조와 전개과정에 포함된 언어적인 요소를 연구하여 효과적인 대화전략을 발견하는데 유용한 연구방법으로 활용되고 있다. 대화분석 연구방법을 활용한 가족치료 관련 연구들은 상담자들이 내담자와 효과적인 대화를 전개하기 위한 대화전략 분석(Couture & Sutheralnd, 2006, Seikkula, 2002) 및 상담자 수퍼비전에 관한 연구(Ratliff, Wampler & "Bud"Morris, 2000) 등이 실행되었으며 실제 가족치료 상담에서 의사소통적 연구를 발전시키기 위해 유용한 연구방법으로 제안되고 있다(Strong, 2003). 우리나라 가족치료 연구현장에서는 가족치료 상담의 의사소통적 특성과(조용길, 2006) 대화전개 구조의 정립(유명이, 2006)에 대한 연구가 실행되어 대화분석 연구방법의 활용이 미약한 단계이지만 앞으로 가족치료 모델, 개입전략, 상담현장의 특성 등에 관한 다양한 연구에 대화분석 연구방법을 적용하여 상담자들의 의사소통 전략을 발전시키는데 기여할 수 있기를 기대한다.

지금까지 민속방법론에서 대화분석을 통해 상담에서 성취하고자 하는 현실이 만들어지는 과정을 살펴보았다. 현실은 당사자들이 수행하는 특정 행위 가운데 그 상황의 내부로부터 듣고 말하고 지각하는 행위를 통해 만들어진다(베르그만, 1980: 39, 임은미 외 역, 2011: 55에서 재인용). 이러한 행위나 현실구성은 사회적 질서를 잡아가는 하나의 통로로 작용함을 볼 수 있다.

민족지학은 그동안 많은 변천을 겪으면서 새로운 형태로 진화하고 있다. 민족지학에 대한 상반된 연구 목적에 대하여 많은 논의가 진행되어 왔다. 그러나 질적 연구로서의 민족지학 연구의 위상은 흔들림이 없다. 연구자들의 관점은 다르지만 민족지학은 질적 연구의 기본적인 틀을 제공하였고 단계별 연구의 진행이나 현장 연구의 초석을 다져 놓았다. 특히 연구자가 관찰자와 참여자라는 두 역할을 수행하면서 어떻게 내부자 관점을 드러낼지에 대한 고민을 담아내었다. 연구자 자신의 경험을 이용하고 자신을 도구로서 사용하는 것은 질적 연구의 기본적 태도로서 민족지학자들이 이 역할을 수행해내는 데에 탁월한 능력을 보여 주었다. 최근에는 구성주의적 관점의 영향으로 민족지학자들은 단순히 문화 집단의 발견자가 아니라 더 깊은 문화를 구성하는 원리를 탐구하고 재구성해내는 데에 관심을 두고 새로운 영역을 개척해 가고 있다. 이런 면에서 질적 연구는 여러 다양한 방식들을 포용하면서 끊임없이 발전되어 가는 연구임을 알 수 있다.

〈사례〉
가족치료 상담자의 공감반응을 위한 언어적 표현에 관한 연구

저자: 유명이
출처: 한국가족복지학 2007. vol 20. 8. pp. 399-428

참고문헌

고문희·김춘미·문진하·이명선 역 2005. 대화분석: 상호작용 내 대화연구. G. Psathas., 1993. Conversation analysis: The study of talk-in-interaction. 서울: 군자출판사.

김순자 1999. 대화의 맞장구 수행 형식과 기능. 텍스트언어학, 6:45-69.

노은희 2002. 들을이의 맞장구 유형과 기능 연구. 화법연구, 4:245-269.

박용익 2003. 『대화분석론』. 도서출판 역락.

유명이 2006. 가족치료 첫 회기에 대한 대화분석적 연구. 한국가족복지학, 18:227-257.

이선민 1994. 듣고 응답하기(あいづち) 행동의 한일비교 - 사회언어학적 실태조사를 중심으로 -. 일어일문학연구, 24:121-143.

이창덕 1998. 국어교육과 대화분석. 한국초등국어교육, 14(1):39-64.

정혜경 1999. 『언어행동과 비언어행동』. 서울: 도서출판 박이정.

조용길 2006. 상담대화의 유형연구 - 가족치료 대화의 유형학적 위상과 하위분류 가능성을 중심으로-. 독어학, 14:203-225.

Couture, S. J., & Sutherland, O. 2006. Giving advice on advice-giving: A conversation analysis of Karl Tomm's practice. Journal of Marital and Family Therapy, 32(3), 329-344.

Ratliff, D. A., Wampler, K. S., & Morris, G. H. 2000. Lack of consensus in supervision. Journal of Marital and Family Therapy, 26(3), 373-384.

Rogers, C. R., 1980. A way of being, Boston: Houghton Mifflin Company

Seikkula, J. 2002. Open Dialogue with good and poor outcomes for psychotic crisis: examples from families with violence. Journal of Marital and Family Therapy, 28(3), 263-274.

Strong, T. 2003. Engaging reflection: A training exercise using conversation and discourse analysis. Counselor Education and Supervision, 43(1), 65-77.

제9장 기본적 해석적 연구

(Basic Interpretive Qualitative Research)

기본적 해석적 연구의 개관 | 연구 방법

기본적 해석적 연구의 개관

기본적 해석적 연구는 어떤 현상 안에 있는 사람들이 그 현상을 어떻게 이해하고 의미를 만들어 가는지를 탐구하는 연구다. 이것은 기본적으로 모든 질적 연구의 목적이자 질적 연구의 일반적 형태라고 볼 수도 있다. 다른 이름을 붙이지 않고 그냥 질적 연구 혹은 일반적 질적 연구라고 말하는 연구들이 바로 해석적 연구에 해당된다. 가장 보편적인 질적 연구의 목적을 따라서 기본적 해석적 연구는 사람들이 자신이 관련되어 있는 현상, 사건이나 행위에서 대해 어떻게 의미를 발견하거나 해석하는지를 알아내고자 한다. 이것은 사람들의 주관적 관점이나 견해를 찾아내어 그러한 관점들이 사람들의 삶과 관계에 미치는 영향을 알고자 하는 것이다. "사람들의 주관적 관점과 그들이 경험이나 어떤 사건에 영향을 주는 의미"를 찾고자 하는 것은 질적 연구에서의 일반적인 연구의 방향이다(임은미 외 역, Flick 저, 2011: 54). 동시에 해석적 연구자들은 사람들이 경험하는 과정에서 발견해내는 의미에 주목하여 이러한 의미들이 삶의 맥락을 어떻게 구성해 가는지에 대해서도 관심을 가질 수 있다. 결론적으로 기본적 해석적 연구는 사람들이 가진 주관적 관점을 대상으로 연구하며 그것이 구성되어 가는 과정이나 영향을 탐구하는 것이기도 하다.

실제로 해석적 연구에서 의미는 발견되는 것이 아니라 구성되는 것으로 본다. 의미는 사물 안에 처음부터 내재되어 있는 것이 아니라고 보기 때문이다. 따라서 의미 찾기를 인간의 삶의 본질적인 요소로 간주하면서 의미 찾기를 통해 삶을 어떻게 지탱해 가는가에 해석적 연구는 관심을 둔다. 의미는 결코 사람들이 다가와 발견해 주기를 조용히 기다리고 있는 그런 정적인 성질이 아니라 사람들이 능동적으로 만들어내는 것으로 본다. 의미 찾기에는 사람들 사이의 상호 작용이 큰 역할을 한다. 다시 말해서 의미는 그들이 해석해 놓은 세계 안에 관여한 사람들 사이에서 창조되는 것이다(Crotty, 1998: 42-43). 따라서 연구자는 이런 의미를 끌어내는 매개의 역할을 한다. 연구자를 도구로 삼아 귀납적으로 의미를 끌어내어 서술하고자 하는 것이 해석적 연구라고 할 수 있다. 한마디로 기본적인 해석적 질적 연구는 현상이나 과정, 관련된 사람들의 견해나 세계관 혹은 그 혼합을 발견하고 이해하고자 하는 것이다(Merriam, 2002).

초기 해석적 연구는 현상학적 이론과 상징적 상호작용 이론을 근간으로 시작되었다. 그러나 점차로 반드시 어느 특정 이론을 따르지 않고도 사람들의 주관적 의미나 그들이 가진 개인적 이론을 찾아내는 방향으로 발전되었다. 현상학에서는 사람들이 자신이 알고 있거나, 알게 된 의미로 늘 자신의 경험을 해석하면서 살아가고 있다고 주장한다. 현상학자들이 강조하는 것은 사람들의 행위에 대한 주관적인 해석이다. 현상학자들은 연구 대상자들이 사는 의미의 세계 안으로 들어가고자 노력한다. 그 이유는 사람들이 어떻게 그리고 무슨 의미를 평상시 사건들에 대해 만들어내는지를 이해하고자 하기 때문이다(Bogdan & Biklen, 1992: 34).

상징적 상호작용 이론은 사회적 맥락 속에서 사람들이 서로 교류하는 가운데 어떻게 의미를 만들어내는지에 주목한다. 이 이론을 처음 주창한 Blumer는 상호적 행위 특히 즉흥적인 사회적 상호 행위의 과정에 관심을 두었다. Blumer(1969: 2)는 사람들이 다른 사람과 사회 안에서 교류하는 가운데 자신들이 한 경험을 이해하기 위하여 의미를 만들어낸다고 주장하였다. 이러한 주관적 의미부여의 관점을 재구성하는 것이 상징적 상호작용 연구의 핵심이다. Denzin(1989)은 상징적 상호작용 이론을 바탕으로 의미는 개인과 보다 큰 사회와의 교류에서 만들어지는 것이라고 보았다. 그 결과 사회를 분석할 때 상징적 상호작용 이론을 바탕으로 한 연구가 필요하다고 보았다. 해석적 연구는 "자신을 다른 사람의 입장에 놓고 보는 것, 또는 다른 사람들의 눈으로 사물을 바라보는"(Crotty, 1998: 76) 관점을 택한다. 자아는 혼자서가 아니라 다른 사람들과의 관계를 통하여 정의되는 것이므로 "자아"도 사회적으로 생겨난 개념으로 본다. 자아는 고정된 개념이 아니라 현재 끊임없이 달라지는 진행형의 개념이다. 이 개념이 진행형인 이유는 한 사람의 자아는 다른 사람들과의 만남에서 새로워지고 성장하면서 변화해 가기 때문이다.

독일에서 일어난 객관적 해석학적 연구는 Oevermann(1979) 등의 연구에 힘입어 크게 번창하였다. 이 접근방법의 이론적 기초는 구조주의 모델이다. 이 구조주의 모델에서는 표층으로서의 경험과 행위와 행위의 심층 구조를 구별하여 취급한다. 표층은 당사자의 주관을 통해 접근이 가능한 것으로 여긴다. 그러나 심층 구조는 일상의 개인적 성찰로 접근할 수 없으며 대신 행위상의 암묵적이거나 명백한 규칙을 분석함으로써 드러나게 되는 것이다(임은미 외 역, Flick 저: 2011). 이들은 다양한 방법론적 절차를 통해 객관적인 의미를 분석하고 규칙과 구조를 재구성해 낼 수 있다고 본다. 따라서 충분히 분석함으로써 연구 대상의 행위를 만들어내고 있는 심층 구조를 자연스럽게 발견하리라는 가정을 가지고 있다. 특히 연구에서는 재구성의 행위를 강조하여 이를 핵심적 사안으로 간주하였다.

결론적으로 기본적 해석적 연구를 수행하는 연구자들이 관심을 가지는 영역은 세 가지이다. 첫째는 사람들이 그들의 경험을 어떻게 해석하는가의 문제이다. 두 번째, 사람들이 어떻게 자신의 세계를 구성하는가에 관심을 가진다. 마지막으로 그들의 경험에 어떤 의미를 부여하는가를 보고자 한다. 따라서 한마디로 기본적 해석적 연구의 목적은 어떻게 사람들이 자신의 삶과 경험의 의미를 파악하는지를 이해하고자 하는 것이다. 대체로 모든 질적 연구는 이 목적을 공유하고 있다. 그러나 기본적 해석적 연구는 오직 이 하나의 목적만을 추구한다는 점이 다른 질적 연구 방법들과 구별되는 점이다.

연구 방법

기본적 해석적 연구는 질적 연구에서 가장 기본이 되는 공통적으로 사용하는 방법을 사용한다. 해석적 연구는 연구 문제와 관련된 정보를 기존의 연구와 인접 연구 영역에서 폭넓게 탐구하는 것으로부터 시작한다. 관련된 문헌이나 이론들을 방대하게 탐구하여 연구의 주제나 문제를 좁혀가거나 연구에 도움이 될 만한 개념이나 모델, 혹은 이론들에 먼저 익숙해지는 것이 연구의 첫 단계이다. 이때 연구의 필요성을 설득력 있게 제시하여 연구 주제를 소개하고 연구 문제를 결정한다. 다음 사례는 이혼이라는 부정적인 생애 경험을 한 중년 여성들이 어떤 의미 찾기의 과정을 통해 삶을 긍정적으로 바꾸어 가는지를 조사한 질적 연구이다. 첫 도입 부분에서 저자는 이혼 경험이 가져오는 부정적인 영향에 대한 문제 제기와 의미 찾기를 통한 새로운 적응이 왜 중요한지에 대한 연구의 필요성을 제시하고 있다. 그 결과 이혼 경험에 대한 의미를 구체적 탐색하는 과정을 세 가지 연구 문제로 정리하여 보여준다.

문제 제기(36-38)

인간이 살아가면서 경험하는 스트레스적인 사건이나 예측하지 못했던 재난, 사고, 질병과 같은 트라우마적인 상황들은 그동안 익숙했던 생활 방식과 신념들을 위협하고 새로운 적응을 요구한다. 이러한 상황들은 때로는 인간에게 우울이나 불안, 좌절, 절망과 같은 정서적인 디스트레스와 적응상의 문제들을 일으킨다(Albrecht, 1980; Goode, 1956; Janoff-Bulman & Frieze, 1983; Weiss, 1975). 이에 인간은 부정적인 상황들 속에서 새로이 적응하고 자신의 부정적인 생애 경험들을 통합하고자 하는 노력들을 하는데, 부정적인 사건들과 경험 속에서 새로운 의미들을 발견하고 추구하는 것은 스트레스적인 상황들에서도 희망을 유지하고 적응할 수 있도록 돕는 기제가 된다(Frankl, 1963).

현대 사회에서는 이혼 또한 배우자의 죽음과 비교될 만큼 이를 경험하는 개인에게 여러 가지 측면에서 부정적인 결과를 초래하는 매우 스트레스적인 사건으로 인식된다(Berado, 1982; Gray & Shields, 1992; Sakraida, 2005 재인용). 즉, 이혼을 한 사람들은 익숙했던 생활 패턴과 관계들, 일상의 구조, 의미들을 상실하게 됨으로써 우울과 불안, 상실감을 경험하고, 여성의 삶에 대한 다양한 가능성과 대안적 역할들에 대한 담론이 부족하여 사회적으로도 이혼 여성들의 이혼 후 생활경험은 더욱 어렵고 힘들다(Castaldo, 2004). 비록 오늘날 우리 사회에서 이혼이 더 이상 낯선 현상은 아니지만, 여전히 많은 이혼 여성들이 사회적 낙인감과 불안감 등 부정적 경험을 하고 있는 것이다(Gerstel, 1987). 특히 중년기 이혼은 많은 경우 생애과정에서 예상하지 못했던 사건이라는 점에서 그 자체로 충격이 크며, 나이가 적은 여성들에 비해 결혼 기간이 상대적으로 길었던 만큼 오랫동안 익숙했던 생활 패턴과 사회적 지위를 상실하는 것에 따른 역할 변화가 커 심각한 정체성의 위기를 경험하게 된다(Herman, 1974; Thoits, 1991). 또한, 이혼 이후 중년 여성들이 느끼는 불안, 우울, 외로움의 강도와 빈도, 기간은 젊은 여성들보다 상대적으로 훨씬 크고 긴 측면이 있다(Wallerstein, 1986; Bogulb, 1995). 이렇듯, 이혼의 부정적인 결과들, 특히 인간의 삶의 의미를 형성하는데 중요한 특정 관계들과 그 관계들에 대한 신념들이 깨어진다는 점과 사회적 낙인은 중년 여성들이 이혼을 부정적인 생애 사건으로 경험하게 한다. 이러한 이혼의 부정적인 측면들은 여느 부정적인 생애 사건을 경험하는 사람들처럼, 이혼을 경험하는 여성들 또한 자신의 이혼 경험에서 의미를 찾으며 이혼 이후의 삶에 적응하고자 하는 노력 할 것이라는 점을 유추할 수 있게 해준다. Bevvino와 Sharkin(2003)은 의미 찾기와 이혼 후 적응간의 관계에 대한 연구를 통해 이혼 경험으로부터 의미를 발견하는 것은 이혼 이후 긍정적인 적응을 촉진하는 부가적인 요인임을 발견하였고 의미 찾기를 통해 발견된 이혼 경험의 긍정적인 내용들을 확인하였다. 그러나 아직까지 우리나라 이혼 적응 연구에서 '의미 찾기'에 대한 연구는 많지 않다. 의미는 그 상황과 사건이 본래부터 가지고 있는 것이 아니라 그 상황을 이해하고자 하는 당사자의 인지적 노력을 통해 구성되는 것이기(Mahoney, 1996) 때문에, 그 의미가 어떻게 찾아지고 구성되는가에 대한 이해가 필요하다.

◈ 연구 문제(38)

1. 이혼 여성들이 이혼의 의미를 발견하는 상황적 맥락은 어떠한가?
2. 이혼 여성들은 이혼의 의미를 발견하기 위해서 어떠한 전략들을 사용하는가?
3. 의미 찾기를 통해 구성된 의미는 무엇인가?

일단 연구 문제를 결정하면 연구 현장이나 연구의 대상을 선택하고 동시에 연구 문제와 관련된 방대한 자료 수집이 시작된다.

자료에는 이론적 배경을 알려주는 문헌과 연구 문제에 대한 직접적인 심층 면접 자료나 관찰 자료 등이 모두 포함된다. 누구에게 접근하고, 무엇을 물어보거나 관찰하고 어떤 문헌을 읽는 것이 적절할지는 연구의 이론적 틀과 학문 분야에 따라 결정된다.

연구대상(44)

본 연구에서는 십년 이상의 결혼 생활을 하고 사십대를 전후하여 이혼을 한 여성들을 대상으로 하였다. 상대적으로 결혼 생활을 오래 한 참여자들에게 이혼은 익숙했던 기존의 삶에서 벗어나는 것이며 이혼이 미치는 영향이 비교적 클 것이라는 인식하에 참여자들을 선정하였다.

연구방법(44)

이 연구는 질적 연구 방법을 활용하여 의미 찾기 과정에 대하여 연구하였고 참여자들의 경험을 파악하였다. 의미는 내부자의 인식에 의해 구성되어지는 것이므로 당사자들의 주관적인 관점과 의미를 이해하기 위해 본 연구 방법을 활용하였다.

◈ 표집 방법

snowball sampling

◈ 자료 수집 방법(44)

자료의 수집은 심층 면접을 통해 이루어졌다. 심층 면접은 연구 참여자 개개인의 경험과 인식 느낌을 직접 인용함으로써 그들의 관점에서 사건과 사물을 이해하고 그들의 관점에서 주요하게 보이는 문제 영역에 초점을 두게 하는 장점이 있다. 또한 연구 참여자들의 사고의 과정, 의미 부여의 과정은 당사자들의 목소리를 통해서 이야기되어 질 때 그 내용을 파악할 수 있다.

중년기 이혼 여성을 전화 면접 면대면 면접, 이메일 면접법 모두를 사용하여 최소 1회에서 최대 4회까지 면접하였다. 모든 참여자들을 1, 2차 면대면 면접을 하였으며 그 이후 전화 면접 및 이메일 면접을 통해 3, 4차 면접이 이루어졌다. 면접에 소요된 시간은 1시간 30분에서 3시간 내외로 이루어졌다. 자료 수집 기간은 2006 4월에서 2007 2월까지였다.

이후 자료의 분석은 자료 전반을 통틀어 반복되는 패턴이나 공통되는 주제(theme)를 분별해내는 것으로 이루어진다. 이 패턴은 범주나 요소들 소주제 혹은 변수의 형태를 띠고 나타난다. 때로는 아래 사례와 같이 근거 이론에서 제시한 지속적 비교분석 방법이나 컴퓨터 소프트웨어의 도움을 받아 분석하는 방법들을 혼용하여 자료를 분석할 수 있다. 질적 연구에서 분석 방법은 자유롭게 수행하며 내용분석이나 이야기분석, 담론 분석 등을 필요에 따라 적절하다고 생각되는 경우 함께 쓰는 경우도 있다.

분석 방법(44-5)

심층 면접을 함에 있어 본 연구를 위해 연구자는 그들이 어떻게 자신의 이혼 경험에 대해서 의미를 부여하고 어떠한 전략들을 사용하는지 직접적으로 질문하며 묻지 않았다. 이혼과 관련된 일련의 삶의 과정들의 이야기를 들으며, 자신의 삶에서 일어난 사건들과 행위, 경험들에 대하여 어떻게 의미를 구성하여 나가는지를 분석하였다. 본 연구에서는 이야기(narrative)는 자신의 삶에 대해서 자신의 해석과 의미 느낌을 부여한 것이라 이해하며 그 이야기의 내용을 분석하며,

의미 찾기의 과정을 분석하였다.

본 연구에서는 근거이론 접근의 개방 코딩에서 사용하는 '지속적 비교 방식'으로 자료를 분석하였다. 녹음한 자료를 축어록으로 전환한 뒤, 줄 단위 분석으로 의미단위들을 추출하고 그것들을 범주화하였으며, 이를 사례별로 반복하여 더 이상 새로운 범주가 나오지 않을 때까지 계속하였다. 이러한 과정에서 본 연구는 자료를 분석하는데 있어 ATLAS. ti 질적 자료 분석 소프트웨어를 사용하여 분석하였다.

연구자는 필사된 텍스트를 모두 프로그램에 넣고 텍스트를 읽어 내려가며 의미 있는 문장이나 구, 절에 블록을 설정하고 여기에 코드 이름을 붙여나갔다. 코드이름을 붙여나가는 과정을 여러 번 반복하면서 이는 비슷한 범주로 묶어지면서 범주화가 이루어져 나갔다. 이러한 과정에서 코드에 덧붙여 연구자의 코멘트를 기록하거나 분석을 함에 있어 연구자의 아이디어나 생각을 메모로 따로 구성하였다. 본 프로그램을 통해 연구자는 방대한 자료를 분석하는데 시간을 절약할 수 있었을 뿐 아니라 원자료를 가지고 여러 번 재분석을 수행하여 개념, 범주, 주제간 연결과 통합을 하는 작업등을 시행해 봄으로써 연구 분석의 신뢰도를 높이는데 도움을 받았다.

분석된 결과는 발견된 반복 패턴들과 그것을 증명해 주는 자료들로 구성된다. 전반적으로 연구자가 내린 해석은 참여자들이 대상 현상에 대해 지닌 이해에 대하여 연구자가 이해한 것으로 내려진다. 이러한 이해는 연구자가 속해 있는 특별한 학문영역의 견해에 의해 매개된 이해가 될 것이다. 해석은 여러 복잡한 과정을 거쳐서 이루어진 것이다. 단순히 참여자들의 이해만이 아니라 연구자가 그 상황을 이해하기 위해 끌어들인 수많은 다른 요소들이 연구자의 해석 작업에 함께 작용한다. 연구자는 특히 풍부하고 심도 있는 서술로 연구 결과를 보고하게 된다. 이때 적절히 문헌 자료를 인용하거나 참여자들의 진술, 관찰 기록 등을 함께 넣어 연구 결과에 대한 신뢰를 주고 설득력을 높이도록 노력해야 한다.

연구결과

연구 참여자의 인구사회학적 특성(46)

연구 참여자들의 현재 연령을 40대와 50대로 40대가 4명 50대가 5명이었다. 이혼할 당시의 연령은 모두 40대로 40대 초반이 5명 40대 중후반이 4명이었다. 학력은 전체 대상자 중 고졸이 3명 대졸이 4명이며 대학 중퇴와 대학원 졸이 각각 1명이었다. 현재 대학원에 재학 중인 참여자들도 3명이 있었는데 이들은 이혼 이후 대학원 공부를 시작하였다. 이들의 현재 직업은 영업직이 1명, 자영업을 포함한 사업이 2명 파트타임 2명, 사회복지사를 포함한 전문직 사무직이 4명이었다. 이혼 전 직업은 전업주부가 6명으로 가장 많았으며 결혼생활 중에도 생계를 위해 일했던 여성들은 3명이었다. 결혼 기간은 평균 18년으로 최소 14년에서 최고 23년이었다. 본 연구 참여자들의 이혼 후 기간은 5년이 넘는 참여자가 7명, 5년 미만이 2명으로 비교적 이혼 이후의 기간이 오래 되었다는 특징이 있었다. 이혼 제기는 한 사례를 제외하고 모두 여성 본인이 제기하였다. 이혼 당시 자녀의 연령은 10대 후반이 6 사례이었으며 현재 자녀의 나이가 이십대 이상인 경우가 7사례이다. 현재 자녀와 동거하고 있는 경우가 7명이었으며 그렇지 않은 경우가 2명이며, 자녀가 결혼 한 경우도 3사례가 있었다.

분석 결과(46-49)

의미 찾기의 내용 분석은 먼저 의미 찾기가 촉진되어지는 상황으로부터 시작되었다. 우선 연구 참여자들에게 인지의 부조화를 야기시키는 맥락에 대한 이해에서 시작하여 이러한 현실에 적응하기 위해서 어떠한 인지의 전략과 내용들이 나타나는지를 살펴보았다. 다음은 각 연구 문제를 중심으로 나타난 범주들을 요약한 것이다.

상위범주		하위범주
의미 찾기 맥락	현실과 기존 신념 체계간의 부조화	개인의 기존 신념과 부조화된 자신의 현실
		사회의 기존 신념체계와 부조화된 자신의 현실
의미 찾기 과정 (전략)	자신의 이혼 과정을 이해하기	'잘못된 시작'에 대한 통찰
		자아가 소외되었던 결혼 생활에 대한 통찰
		이혼 결정 당시의 상황에 대한 통찰
	이혼 이후의 현실들을 재평가하기	이혼 이후의 변화된 현실에 긍정적 의미 부여하기
		현재에 감사하며 자족하기
		과거의 삶에 가치를 부여하며 현재를 긍정하기
		현실 수용적 사고로의 변화
의미 구성 내용	이혼에 대한 대안적 의미 형성 - 낙인을 넘어 긍정과 대안의 의미 형성	자아 성장의 기회
		자기 통찰의 기회
		제2의 삶 - 삶의 전환기

1) 현실과 기존 신념 체계간의 부조화

Festinger(1957)의 인지 부조화 이론에 따르면, 서로 모순되고 대립되는 인지, 신념, 인식을 갖고 있는 것은 심리적 디스트레스와 인지의 부조화를 야기한다. 따라서, 인간은 자신이 기존에 가지고 있었던 일치되지 않는 행동들로 인해서 야기된 심리적 긴장을 감소시키기 위한 노력들을 하게 된다. 본 연구 참여자들에게 의미 찾기가 이루어진 맥락은 바로 이 이론 안에서 설명될 수 있었다. 즉, 의미 찾기의 과정은 자신이 기존에 가지고 있었던 심적 신념이 일치되지 않는 현실로 인해서 야기된 인지의 부조화를 해결하고, 이를 기존 신념 체계와 통합해 나가는 노력의 과정으로 볼 수 있었다. 이혼은 그들이 중요하게 여기고 교육받아 온 가족, 결혼제도를 해체시킨 것으로 참여자들의 인식과 대립되는 부조화된 현실이다

(1) 개인의 기존 신념과 부조화된 자신의 현실

참여자들이 이혼을 결심하기 전에 가지고 있었던 결혼과 이혼에 대한 신념은 사회의 전통적인 가치에 기반을 두었다. 이는 참여자들이 결혼을 선택하게 된 동기에서 나타나는데, 참여자들은 적당한 나이가 되면 당연히 결혼을 해야 된다고 생각하며 결혼을 수용하였다. 이들에게 결혼은 선택이 아닌 당연한 삶의 과정, 통과의례로서 인식되었다. 따라서 스스로의 적극적인 선택보다는 가족의 기대와 사회의 기대에 부응하여 결혼이 이루어진 측면이 있었고, 이러한 기대에 대해 참여자들은 당연시하였다. 본 연구의 참여자들은 현재 사십대 중후반에서 오십대 초중반의 여성들로 전통적인 결혼관과 가족관이 중요했던 70 · 80년대에 청소년 · 성인기를 지내면서 자연스럽게 그 시대의 가치를 내면화 한 결과라고 볼 수 있었다.

> 별로 내가 원하는 결혼이 아니었어. 별로 원하지 않는데 결혼할 나이가 됐으니깐, 식구들의 권유로 어쩔 수 없이 하는 결혼이었어. 중매로 해서 한 2개월 만인가 했으니깐. (굉장히 서둘러진 결혼이네요) 그러지. 집안에서 서두르는 바람에 어쩔 수 없이 했지. 그때는 다 그랬어. (참여자 2)

> 그 때 세대만해도 결혼 안하고 있으면 '아~저 집 딸 저 나이까지 시집 안 갔어, 뭐 문제가 있어.' 동네 손가락질 받던 그런 세대이다 보니깐 약간은 반 강제적으로 아버지가 약간 억지로 시킨 결혼이었어요. 제가 스물일곱, 애 아빠 나이가 서른하나에 만나서 결혼했는데, 아이아빠도 나이가 됐으니깐 그냥 해야 되는 거구, 나도 그냥 뭐 가야 되는 거니깐 하고 결혼을 했지. (참여자 4)

결혼에 대한 이러한 인식은 힘든 결혼 생활을 유지하게 하는 기본

신념이 되었으며, 이혼은 참여자들에게 자신에게 일어날 수 있는 사건으로 여겨지거나 예측되지는 않았다. 또한, 사회적, 종교적인 신념의 내면화와 자녀에 대한 책임감으로 결혼 생활은 어떠한 일이 있어도 깨서는 안 된다고 인식하고 있었다. 이렇듯 참여자들에게 이혼은 자신들의 기존의 신념과 일치하는 삶의 모습이 아니었으며, 예상하지 못했던 일이었다.

> 결혼하면 그건 어떻게든 지켜나야 된다고 생각했지. 애들을 봐서도 나만 참으면 되니깐. 애들이 아빠랑 그만 헤어지면 안돼? 해도 그런 소리 하지 말라고. (참여자 1)

> 저는 가톨릭 쪽으로 생각하면, 이혼을 절대 안 해야 되는 걸로 알았어요. 그래서 그렇게 힘들어도 이혼한다고 생각 안 했어요. (참여자 7)

이렇듯, 개인적인 차원에서 자신의 현실과 선택이 자신이 사회화되어 온 기존의 신념과 갈등되고, 두 가진 인식이 공존하는 상황이 본 연구 참여자들의 이혼 이전과 현재의 현실이었다. 따라서 참여자들은 이렇게 두 가지 신념이 충돌하고 공존함으로써 생기는 인지의 부조화, 스트레스와 심리적인 긴장감을 감소하기 위한 노력들을 해나간다.

(2) 사회의 기존 신념체계와 부조화된 자신의 현실

예기치 못했던 생애 사건들을 통해, 사람들은 세상과 자신에게 가지고 있었던 기존의 내적 가치와 신념들이 도전받게 된다. 그러나 이혼은 이러한 개인적인 차원 뿐 아니라 가족 중심적인 사회에서 이혼에 대한 사회적 낙인이 존재하기 때문에, 사회의 주류 가치와 조화를 이루지 못한 상황에 처해 있다. 즉, 참여자들은 주요 사회 관계망과의 관계에서 자신의 이혼이 자연스럽게 수용되지 못하거나 밝힐 수 없는 상황들을 경험하면서, 사회적 가치와 자신의 현실이 부조화된 상황들 속에 있었다.

맨 처음 밝히면 친해질 수가 없어요, 애당초 벽이 딱 생겨요~. 제가 처음 입사할 때도, 그 관장님이 좀 연세도 많으셔 갖고, 포용력도 좀 있으신 분이었지만, 저를 뽑으면서도 그러시더라구요. 그 당시엔 어차피 면접할 때 이혼한 거 다 드러났었는데, 이제 남 앞에서는 이혼 했다는 소리하지 말라고~.(참여자 6)

처음에 어떤 애는 너 왜 그런 말 하고 다니니? 그래 봤자 이혼녀일 뿐이야 이렇게 말해서 굉장히 감정이 상했었어요~. 제일 친한 친구가 그런 말을 했었어~. 한 동안 연락 안하고 있다가 걔가 또 생각은 많이 해주는 것 같고 그래서 계속 연락하고 그래요~. (참여자 7)

당연히 그 나이 먹었으면, 너는 결혼했을 거고, 또 남편과 자녀가 있을 것이다, 이렇게 전제를 깔고 대화를 하기 때문에, 그럴 기회도 별로 없고, 또 얘기를 할 만한데도 없고, 그 얘기를 억지로 하는 것도 대개 오버인 것 같고~. 그런 상황이 있는 것 같아요(작).(참여자 8)

이렇게 개인적 · 사회적 차원에서 참여자들에게 인지의 부조화를 가져오는 현실들, 즉 기존의 신념들과 조화되지 못하는 이혼 선택과 이혼 이후의 경험들은 참여자들에게 심리적 디스트레스와 긴장을 야기시켜 이를 감소시키기 위한 재통합의 노력들이 요구되었다. 즉, 개인의 현실과 기존 신념 체계의 조화를 이루지 못하고, 기존 신념 체계에 도전을 받는 상황들은 의미 찾기를 촉진하였고(Janoff-Bulman, 1992) 다음과 같은 의미 찾기 과정 · 내용을 확인할 수 있었다.

마지막 논의와 결론은 연구자가 최종적으로 연구 문제에 대해 내리는 해석을 논의하여 보여 주는 것이다. 독자들이 연구자가 내놓은 답에 동의하느냐의 여부는 독자의 몫으로 남겨지게 된다. 이 사례에서 연구자는 논의에서 이혼에 대한 의미 찾기의 과정은 이혼의 부정적인 낙인을 극복하고 개인의 성숙과 회복을 위한 디

딤돌로 전환시켜 가는 것이라는 해석을 제시함으로써 의미 찾기의 긍정적인 영향을 부각시켰다.

논의(67-71)

본 연구는 이혼 여성들의 이혼 경험에서의 의미 찾기에 대해서 살펴보았다. 연구 결과, 본 연구 참여자들의 의미 찾기의 핵심은 그 사건이 가져다 준 성장과 회복을 강조하며 그 사건에 대한 긍정적인 의미를 발달시키고 긍정적 내러티브(narrative)를 발달시켜 나간다는 점이다. 그 누구의 의미가 아닌 자신의 관점과 인식을 바탕으로 자신의 이혼 이야기를 다시 쓰는 과정이라고 볼 수 있었다.

의미 찾기는 이들의 현실이 모두 문제가 없고 상실이 없으며, 스트레스적인 상황이 존재하지 않는다는 것을 전제로 하지 않는다. 이혼 여성들은 개인적인 차원과 사회적인 차원에서 기존의 신념과 가치와 충돌되는 현실에 처해 있었다. 특히, 사회 관계망과의 관계 속에서 사회의 중심된 가치와 충돌을 경험한다는 측면에서 더욱 힘든 현실 속에 있다고 볼 수 있었다. 이러한 인지의 부조화, 스트레스적인 상황들은 의미 찾기를 촉진하는 맥락이 되었고, 이혼과 이후의 현실들을 자신의 삶 속에 수용하고 이해하기 위한 인지적인 노력들의 모습을 본 연구를 통해 탐색할 수 있었다.

참여자들은 인지적인 이해 전략, 의미 찾기의 전략들을 사용하였는데 의미 찾기에서 나타난 주요 전략들은 첫째 사건이 발생하게 된 원인에 대해 이해를 시도한다는 것이다. 왜 나에게 이러한 일이 일어났는가는 의미 찾기에서 중요한 질문이며 사건의 발생과 관련된 상황들을 이해하는 것은 그것이 자신의 삶에서 미치는 영향에 대해서 좀 더 잘 이해할 수 있도록 이끌었다(Taylor, 1983). 원인에 대한 납득할 만한 설명을 제공함으로써 자기 비난으로부터 벗어날 수 있었다. 이러한 과정을 통해 참여자들에게 이혼은 최선의 선택으로서 의미가 부여되었고 자신의 기존의 신념 체계와 사회의 인식에 납득할 수 있는 설명을 시도하면서 조화를 꾀하고자 하였다. 이혼 자체에 대해서 일차적으로 의미를 변화시킨 모습이었다.

두 번째로 이혼 이후의 현실에서 경험하는 사회의 신념 체계와의 부조화를 다루어 나가는 과정은 일차적인 의미 수정 단계에서 더 나아가도록 하였는데, 참여자들은 이혼 이후의 현실 기반 위에서 이혼을 통합하고 이해하기 위한 작업을 하였다. 이 과정에서 사용된 전략들을 살펴보면 우선 이혼을 안했다면 지속되었을 상황들을 현재의 상황과 비교하며 이혼 이후의 변화들에 긍정적 의미를 부여하고 그러한 변화에 초점을 맞추는 전략이다. 이는 자기 내부 안에서 하향적 비교를 하는 것으로 자신의 삶에서 지금 보다 힘들었을 상황들과 현재를 비교함으로써 그보다는 나은 현재의 삶에 감사하게 되는 것이다. 다름으로 자신의 능력과 현실의 수준을 벗어난 허황된 꿈을 꾸지 않고 현실에 만족하고 감사하며 지금의 현신을 삶에 통합해 나가려는 노력과 과거의 모습까지도 긍정적으로 통합해 나가고자 하는 노력들이 보였다. 현실을 수용하는 것에서 한 단계 더 나아가 기존에 가지고 있었던 삶에 대한 인식과 이혼에 대한 인식들을 변화시키면서 이혼을 삶의 과정으로 통합해 나가는 전략들 또한 사용되었다. 더불어 이혼을 보다 선택적으로 바라보고 절대적인 자기 가치와 기준에서 벗어나 보다 유연한 수용적 사고로의 전환을 통해 이혼 이후의 현실을 삶에 통합해 나가고자 하는 모습이 나타났다.

이러한 의미 찾기의 과정을 통해 결과적으로 참여자들이 구성한 이혼에 대한 의미는 '최선의 선택'이라는 일차적인 의미에서 더 나아가 이혼을 새로운 성장 자아 성장의 기회로서 의미 부여하였다. 사회에 존재하는 이혼 여성들에 대한 낙인된 정체성과 이미지에서 벗어나기 위해서 자신들 스스로의 긍정적인 의미를 형성해 나가며 수용하는 모습이었다. 이렇게 자신들이 형성한 의미 안에서 이혼 여성들의 낙인 된 정체성과 이미지에서 벗어나는 것은 자기 스스로를 치유할 수 있는 방법이 되었다(Castaldo, 2004).

본 연구 결과를 통해 제언될 수 있는 실천적 함의를 살펴보면 다음과 같다. 첫째, 참여자들에게 이혼의 의미 찾기 과정은 사회적으로 구성된 이혼에 대한 내러티브에서 벗어나 자신의 내면에서 재구성된 의미와 좀 더 긍정적인 관점을 갖고 자신의 삶의 내러티브를 다시 써 내려가는 과정(restorying)이라는 점이다. 이 과정 속에서 자신이 처한 환경과 역할, 지위 등을 긍정적 경험과 기회라는 관점으로 바라보면서 보다 긍정적으로 구성하고 정리하면서, 삶을 자신의 통제권 하에 둘 수 있게 된다. 즉, 수정된 내러티브는 정체성에 긍정적 변화를 가져오고 상실 이후에 좀 더 잘 적응할 수 있도록 긍정적인 영향을 미친다(Bevvino, 2003; Neimeyer, 1999). 따라서 이혼 여성들의 낙인 된 정체성을 회복하고 적응을 돕는 기제로서 자신의 삶을 이야기를 재구성하는 내러티브적인 접근은 의미가 있다. 특히, 자신의 생애 이야기를 다시 써내려가는 과정은 당사자들의 이야기와 인식의 흐름을 따라가면서 새로운 의미와 이야기를 형성해 간다는 점에서 의미 찾기의 기회를 제공해 준다는 측면에서 의미가 있다. 이에 이혼 여성들에게 이혼과 관련된 자신의 생애 이야기를 정리할 수 있는 시간을 제공하고 그 안에서 자신의 의미를 형성해 나가도록 하는 접근이 유용할 수 있다. 이야기의 진위가 중요한 것이 아니라 당사자들이 자신의 이혼을 수용하고 적응 할 수 있는 자신만의 이야기를 다시 쓰는 과정을 통해 심리적 디스트레스를 줄여 나갈 수 있는 것이다. 이는 글쓰기나 영화나 소설, 사진 등의 문화적 코드 등을 활용하여 상징적으로 접근할 수 있으며, 실천가들은 경험 당사자들이 구성하는 인지적 이해의 전략들을 존중하고 의미 찾기 과정 속에서 이혼을 위기가 아닌 기회로서 인식하고 자신의 강점을 찾아갈 수 있도록 지원할 수 있어야 할 것이다.

둘째, 의미 찾기는 인지적 재구성의 과정이지만 이는 현실에서의 다양한 경험과 역할들에 기반을 두고 수정 · 구성된다는 점이다. 특히 다양한 역할 영역들 -직업, 학업, 이타적 영역 - 에서의 성취가 의미 재구성의 기반이 되었다. 자신의 잠재력과 힘을 발견할 수 있는 다양한 영역에서의 성취 기회가 의미 찾기에서 중요하였다. 특히, 교육에 대한 만족감과 이타적 영역, 새로운 공동체를 통한 만족감이 높았는데, 이혼 여성들을 이러한 경험의 장으로 초대하는 것이 필요하다. 경제적인 지원에 초점을 맞추는 것 또한 의미가 있지만, 다양한 경험의 기회의 접근에 제안을 두는 것은 지양해야 할 것이다. 한부모 여성들을 상담하고 지원하는데 있어, 한부모 여성들이 자기 개발과 가치감을 느낄 수 있는 일을 제공하는 것 또한 함께 고려해 볼 수 있다. 종교 활동을 통한 봉사나 자원 봉사, 상담 교육 등의 활동을 통하여 긍정적인 정체성을 형성하고 있는 참여자들을 통하여 자원 봉사와 같은 활동도 검토해 볼 수 있을 것이다.

셋째, 의미 찾기 과정에서 참여자들에게 나타난 의미 찾기의 전략적 방법들, 특히 힘들고 어려운 상황 속에서도 긍정적인 의미들을 발견하고자 하는 노력들은 이혼 여성들의 적응에서 이혼을 기회로써 바라보게 하는 작업에 적용될 수 있을 것이다. 긍정적 의미 부여에 초점을 맞춤으로써 이혼을 위기가 아닌 새로운 기회로써 바라볼 수 있도록 도울 수 있고, 이혼한 지금의 현실에서 보다 발전적인 부분들을 찾고 형성해 나갈 수 있도록 촉진할 수 있을 것이다. 또한 기존에 가지고 있었던 신념체계와 인식 체계의 변화를 통해서 이혼 경험 뿐 아니라 삶의 다양한 경험에 대해서 보다 수용적이고 융통성을 발휘할 수 있는 인식들을 가질 수 있는 기회를 제공해야 한다. 의미의 재구성은 낙인된 정체성에서 회복되고 안정감을 찾을 수 있도록 도와주기 때문에 실천가들은 경험 당사자들이 이러한 전략들을 사용하는 것에 대해서 현실적인 수준 안에서 인정해 주고 병리적으로 바라보지 않는 것이 필요하다.

마지막으로 본 연구 참여자들의 이혼이라는 사건을 통한 기존 신념 체계와의 충돌은 개인적인 차원 뿐 아니라 사회적인 차원이 미치는 영향이 크다는 점이다. 따라서, 이혼의 부정적인 측면 뿐 아니라, 이혼의 대안적인 측면들 또한 이혼에 대한 담론으로 함께 사회 속에서 다루어져야 한다. 특히, 당사자들에 의해서 구성된 대안적인 이혼의 긍정적 의미들이 본 연구에서도 확인되었는데, 이러한 내용들이 사회적으로 함께 다루어짐으로써 당사자들이 스스로 위축되고 낙인화되는 것에서 벗어날 수 있도록 해야 할 것이다. 사회 속에서 결혼과 이혼, 여성의 삶에 대한 다양한 관점과 인식이 존재하여야 이혼자들이 경험하는 낙인감을 완화할 수 있을 것이다. 이를 위해서 이혼의 부정적 영향 뿐 아니라 긍정적 경험을 포함한 다양한 경험을 드러내는 연구와 노력들이 필요하다. 또한 이혼자들 스스로 자신의 경험을 이야기할 수 있는 토론의 장이 마련되어야 할 것이다. 당당하게 자신의 이혼을 이야기하는 것이 부끄러운 것이 아니라, 이혼에 대한 새로운 인식들을 공론화할 수 있는 이야기의 장으로 필요하다는 인식이 이루어져야 할 것이다.

본 연구는 이혼을 제기한 것이 연구 참여자들이고, 이혼 이후 전문적인 직업을 갖거나 어느 정도 이혼에 대한 수용이 이루어진 여성들이 중심이 되었다는 점에서 그 일반화에는 한계가 있다. 즉, 이혼 수용의 과정을 어느 정도 거치며 적응해 나가는 여성들의 이야기라는 점이다. 그럼에도 불구하고 이혼 이후 적응하고 긍정적으로 살아가고 있는 여성들의 의미 형성의 과정을 따라 갔다는 점에서 의미가 있다. 이혼 이후의 현실이 많은 여성들에게 부정적인 경험이 될 수 있는 부분이 많음에도 불구하고, 이혼에 대한 의미 찾기를 통해서 긍정적으로 수용하고 통합해 나가고자 하는 여성들의 경험들을 드러냈다는 점에서 이혼 이후의 심리사회적 어려움에 초점을 맞춘 연구들과 구별되는 의미가 있다고 본다. 향후 연구에서는 의미 척도나 발견된 의미들을 범주화하여, 발견된 의미와 적응과의 관련성, 의미 발견의 중재효과 등을 양적으로 탐색해 보는 것도 의미가 있을 것이다. 그 관련성을 양적으로 검증해 냄으로써 이혼 여성의 적응을 돕는데, 의미 찾기의 과정을 활용하는 논리적 근거를 더 확고히 할 수 있을 것이다. 또한 국내 이혼 연구에서는 의미 찾기와 이혼 적응과의 관련성에 대한 연구가 부족하다는 측면에서 실증적 연구를 통해 검증해 나가는 것은 의미가 있을 것이다. 본 연구는 이혼 여성을 연구 참여자로 한

정했다는 한계가 있으므로 이혼 남성에 대한 연구도 이루어져야 할 것이다. 여성과 남성의 이혼 경험은 다르며, 원인에 대한 태도가 다른 측면들이 있다. 따라서 여성과 남성의 의미 찾기 과정의 다른 특성 및 의미 내용 등을 확인하는 것은 이혼 연구의 폭을 좀 더 넓혀줄 것이다.

최근에는 객관적인 해석학의 구조 개념이나 언어 사용에 대한 사고로부터 벗어나서 자유롭게 심미적인 관점을 동원하여 새로운 의미들을 확보해 가는 경향의 해석적 연구들이 나타나고 있다(임은미 외 역, Flick 저, 2011: 62). 후기 구조주의 사고를 지닌 연구자들은 텍스트의 해석에 대한 의문을 제기하였다. 해석의 대상으로서 작성된 텍스트와 해석의 결과로서 생성된 텍스트가 해석자의 관심뿐만 아니라 조사 대상이 되는 사람들의 관심에도 좌우되는 것이 아닌가 하는 의문이 제기되었다(임은미 외 역, Flick 저, 2011: 62). 이들은 텍스트가 세계나 그 일부를 객관적으로 드러내거나 '자율적으로 작동하는 구조'라고 볼 수 없다는 주장이다. 결국 텍스트는 객관적으로 해석되거나 전달되는 것이 아니라 해석자의 의도나 관심사, 혹은 독자의 고유한 시각에 따른 해석까지 다양한 해석이 가능하다는 결론이다. 질적 연구의 기본으로 볼 수 있는 해석적 연구는 이러한 질적 연구의 특성이 가장 잘 드러나는 연구라 볼 수 있다.

〈사례〉
이혼여성의 이혼의 "의미 찾기"에 대한 연구

저자: 김지혜
출처: 가족과 문화, 2008. vol 20. 4. pp. 35-75.

참고문헌

Albrecht, S. L. 1980. Reactions and adjustment to divorce: Differences in experience the during the process of separation. *Journal of Marriage and the Family* 43: 693-703.

Bevvino, D. L., & Sharkin, B. C. 2003. Divorce Adjustment as a Function of Finding Meaning and Gender Differences. *Journal of divorce and remarriage* 39(3/4): 81-97.

Bogolub, E. B. 1991. Women and midlife divorce: Some practice issues. *Social Work* 36(5): 428-433.

Castaldo, D. D. 2004. Divorce at midlife for women without children. Ph.D dissertation, New York University school of social work.

Festinger, L. 1957. A Theory of cognitive dissonance. Stanford: University Press.

Frankl, V. E. 1963. Man's search for meaning. New York: Washington Square Press.

Gerstel, N. 1987. Divorce and stigma. *Social problem* 34: 172-186.

Goode, J. 1956. After divorce. Glencove, IL: Free Press.

Herman, S. J. 1974. Divorce: A grief process. *Perspectives in psychiatric care* 12: 108-112.

Janoff-Bulman, R. & Frieze, I. H. 1983. A theoretical perspective for understanding reactions to victimization. *Journal of*

Social Issues 39 : 1-17.
Mahoney, M. J. 1996. Constructivism and the study of complex self-organization. *Constructive Change* 1 : 3-8.
Neimyer, R. A. 1999. Narrative strategies in grief therapy. *Journal of Constructivist Psychology* 12 : 65-85.
Sakraida, T. J. 2005. Common themes in the divorce transition experience of midlife women. *Journal of divorce and remarriage* 43(1/2) : 69-88.
Taylor, S. E. 1983. Adjustment to threatening events : A theory if cognitive adaptation. *American Psychologist* 38 : 1161-1173.
Thoits, P. A. 1991. "Gender differences in coping with emotional distress". pp. 107-138. In J. Eckenfode(ed), *The social context of coping*. New York : Plenum.
Wallerstein, J. S. 1986. Women after divorce : preliminary report from a 10-year follow-up. *American Journal of Orthopsychiatry* 56 : 65-77.
Weiss, R. S. 1975. Marital separation. New York : Basic Books, Inc.

제10장 현상학적 연구(Phenomenology)

현상학적 연구의 개관 | 연구 방법

현상학적 연구의 개관

현상학은 20세기 Husserl(1970)에 의해 창설된 현상에 대한 과학으로 철학의 한 분파로 간주된다. Husserl 이후 하이데거, 샤르트르, 메를로-퐁티, 레비나스 등으로 이어지는 일련의 학자들은 현상학의 지평을 넓혀갔다. 현상학은 질적 연구와 관련하여 매우 중요한 개념적 기초를 제공하여 질적 연구 방법론의 발전에 큰 기여를 하였다.

여러 질적 연구 개념들이 현상학을 통해 소개되었고 방법론적으로는 Giorgi, Colaizzi, Benner, van Manen, Moustakas 등의 활약으로 다양한 방법이 도입되어 사용되고 있다.

Husserl은 19세기 이후 자연과학주의가 지배하던 학구 풍토에 맞서서 개인의 주관적인 경험을 중시하는 철학 사상을 확립하였는데 이 사상은 Schutz와 다른 현상학자들에게 영향을 주었다. 특히 현상학의 목적이 우리의 일상 경험들의 본질이나 의미를 깊이 이해하는 것으로 이것은 모든 질적 연구의 중심 테마로 자리잡았다. 대부분 질적 연구가 사람들의 경험에 주목한다는 점에서 현상학적 요소를 지니고 있다고 볼 수 있지만 특히 현상학적 연구는 어느 현상의 본질이나 구조를 탐구하는 데 주안점을 둔다. Husserl은 "현상 그 자체로 돌아가라"라는 명제를 통해 현상 그 자체에 대한 탐구가 모든 지식의 근원과 기원이 됨을 주장하였다.

Husserl은 지식이 생성되는 방식을 탐색하고자 했다. 그는 우리가 인지하는 것과 그 대상과의 관계는 결코 수동적인 것이 아니라는 것을 주장하였다(Holstein & Gubrium, 2005). 오히려 인간의 의식은 경험의 대상을 적극적으로 구성해 낸다는 것이다. 따라서 인간의 지식은 의미를 구성하는 것으로 통찰력에 근거를 둔다고 본다. 인간의 의식은 능동적으로 무엇인가를 항상 의식하고자 한다. 의식은 홀로 서 있는 것이 아니며 또는 경험을 뛰어 넘어서, 혹은 경험의 위에 있는 것이 아니다. 즉 아무런 오점 없이 순수하게 어떤 사물이나 사건을 있는 그대로 인지하고 느끼는 것이 아니라 오히려 처음부터 이미 의식하는 것을 구성해 주는 부분으로서의 의식으로 이미 존재하고 있다. Husserl은 경험적인 세계를 이해할 수 있도록 해주는 의식의 구조를 밝히고자 하였다.

현상학 연구의 특징은 주체와 객체로 나뉜 세계 사이의 경계를 허물어 버리는 데에 있다. 인간은 객관적으로 의미를 받아들이지 않고 주관적인 경험을 통해 의미를 찾아내는 존재이다. 따라서 "현상학에서는 '이런 저런 경험이 어떤 것인가'라는 질문을 던진다"(신경림 역, 2000). 그 이유는 "사물 세계의 현실은 오로지 한 개인이 체험하면서 깨닫게 된 의미 안에서만 파악될 수 있다"고 보기 때문이다(Creswell, 1998: 53). 주체인 인간과 객체인 그의 세계는 밀접한 관계를 가지고 서로 의존하고 있다. 따라서 연구자는 단순히 사람이나 그의 세계가 아니라 그 둘 사이에 일어나는 상호교류의 의미의 본질을 이해하고자 하는 것이다. 따라서 연구자의 과제는 "이 둘 사이의 대화에 들어가서, 이것을 살짝 엿듣는 것, 말하자면, 주체에 의해서 지각된 것의 본질을 듣고 그것을 알아내는 것이다."(Van Der Mescht, 1999: 3).

Husserl은 연구 후기에 생활세계(life-world)의 개념을 발전시켰다. 이러한 생활세계는 우리가 개념화하거나 범주화한 혹은 반성하는 대로의 세계가 아니라 직접 겪는 대로의 세계이다(Husserl, 1970). 이는 직감으로 만날 수 있으며 추상화의 과정을 거치기 이전에 일상적이고 구체적인 있는 그대로의 삶의 세계이다. 경험된 그대로의 세계 혹은 생생한 체험은 따라서 현상학에서 매우 중요한 주제이다. 이러한 세계는 과학 혹은 과학이 아닌 세계로서 나타나는 것이며 전 이론적이며 전 문화적인 성격을 지닌다. 현상학적 연구에서 가장 핵심적인 주제는 생활세계에 대한 경험을 직접 체험한 사람들로부터 얻는 개인적 경험의 본질에 대한 서술이다. 따라서 현상학적 연구는 일반 사람들이 하는 보편적인 일상의 경험을 연구 주제로 삼는다(Van Manen, 1994: 24).

현상학에서는 "사태로 돌아가는 것, 의식과 의식의 지향성에 주목하는 것, 존재, 생활세계에 대한 인식 등의 개념을 발전시켜서 질적 연구 과정에서 개인의 주관적 경험의 본성과 의미에 초점을 두게 하였다"(김영천, 2012: 47). 따라서 현상학적 질적 연구에서는 개인의 감정이나 정서적 상태, 태도와 지각된 의미는 가장 중요한 테마로 떠올랐다. 현상학자들은 특히 우리 시대에서 흔히 할 수 있는 중요한 사회적 혹은 심리적인 현상의 경험들이나, 일반적인 혹은 현재 주의를 끄는 변화 과정에 관심을 두었다(Tesch, 1984).

연구 방법

현상학적 연구는 특별한 현상 내의 생생한 체험의 의미를 이해하고자 한다. 따라서 현상학은 "어떤 현상이 무엇을 의미하는지 그리고 그 현상이 어떻게 경험되는지"를 질문한다(신경림, 2000: 61). 사람들이 의식적으로 직관을 통해 구체적인 대상을 경험한다고 보기 때문에 사람들의 의식을 찾아내고자 노력하다. 이 의식은 예전에는 딱히 인식하지 못한 것이지만 지금은 인식할 수 있도록 질문을 통해 표면으로 끄집어 올려지게 된다. 연구자는 한 개인에 대한 서술이 해석의 한 형태인 지각이라는 사실을 인식하면서 그 사람이 세계를 어떻게 경험하고 있는지의 본질을 이해하고자 시도한다. 따라서 현상학에서는 "개인이 어떠한 체험을 하는지를 그대로 기술"하고자 한다(김영천, 2012). 소개하는 사례에서 연구자는 학대를 경험한 아동이 학대라는 현상에 대해 어떻게 인식하고 있는지를 알고자 질문을 던졌다. 먼저 현 사회에 급속히 확대되는 아동학대를 다룰 필요성과 문제 제기를 통해 아동

학대에 대한 아동의 입장에서의 연구가 필요함을 제시하였다.

문제 제기(71-2)

아동학대는 아동복지법 제 2조 제4호에서 "아동학대라 함은 보호자를 포함한 성인에 의하여 아동의 건강, 복지를 해치거나 정상적 발달을 저해할 수 있는 신체적, 정신적, 성적 폭력 또는 가혹행위 및 아동의 보호자에 의하여 이루어지는 유기와 방임을 말한다"라고 정의하고 있다.

한국의 아동학대 실태 조사 연구에 따르면 모든 형태의 학대를 포함할 때 우리나라의 아동학대 발생률은 43.7%로 매우 높은 수준을 나타낸다..중략..

학대받는 아동을 돕는 방법을 개발하는 단계에 있는 우리로서는 아동의 경험을 보다 잘 이해할 수 있는 자료들이 필요한 시점이다. 지금까지 학대의 영향에 대한 보고는 조금씩 증가하고 있으나 아동 스스로 학대를 어떻게 이해하고 대처하고 있는지에 관한 아동의 관점을 고찰한 연구는 찾아보기 드물다. 보다 효과적인 아동학대의 예방과 치료를 위해 학대를 경험하는 아동의 내적 관점을 조명하고 학대와 관련된 상담의 기초 자료를 찾아내는 일이 현 시점에서 필요하다.

연구목적(73), 연구문제(75)

본 연구는 아동 학대라는 현상에 대해 그 학대를 경험한 아동들의 생활세계에서 자료를 얻고, 아동들의 의식을 상호주관성을 통하여 본질구조로 파악하는 일련의 현상학적 반성을 통해 학대 경험에 대한 아동들의 내면세계를 파악해 보고자 한다(양진향, 2001: 33). 따라서 본 연구는 현상학적으로 아동의 내면 접근하여 학대를 아동의 입장에서 밝혀보고자 하는 것을 목적으로 한다.

어떤 현상을 지향한다는 것은 언제나 삶에서의 어떤 특정한 관심이나 사회적 지위 혹은 조건이 이미 함축되어 있다(밴 매넌, 2000). 본 연구자는 사회복지사로서 아동의 학대 경험을 이해하고자 하며 연구 질문은 '신체적 학대를 당한 아동의 경험의 본질은 무엇이며 이러한 경험의 본질이 학대에 관해 밝혀주는 것은 무엇인가?'로 설정하였다. 여기에서 학대는 신체적 학대에 국한시켰는데 현재 어린이 보호기관이나 시설에 가장 쉽게 발견되는 사례이기 때문이다.

자료 수집을 위해서 다른 사람들을 인터뷰하기 전에 현상학적 연구자는 그들 자신의 경험을 면밀히 조사해야 한다. 이것은 한편으로는 자신이 한 경험의 차원들을 조사하면서 다른 한편으로는 자신의 편견이나 관점, 가정들이 무엇인지를 의식하기 위한 것이다. 이것을 현상학에서는 선험적 지식이라 부른다. 연구 과정에 영향을 끼치지 못하도록 이러한 편견과 가정을 포함한 선험적 지식은 괄호 치기(braketing)를 통해서 따로 놓아두어야 한다. 괄호 치기는 다른 말로 판단중지(epoche)로 불리는 현상학적 연구의 중요한 요점이다.

괄호 치기는 모든 선입견을 차단하고 순수하게 다른 사람의 생활세계에 들어가기 위한 준비 과정이다. 이는 현상학적 연구를 위한 연구자의 자세로서 필수적으로 요구된다. 연구자는 미리 예정된 질문을 하지 않고 오직 대화 상대자의 체험적 의미 혹은 실존적 의미에 집중해야 한다. 이는 체계적인 범주나 분류에 의한 추상화를 통하지 않고 단지 직관과 통찰력을 가지고 파악해야 하는 것이다. 현상학에서는 "세계를 설명하고 통제할 수 있는 효율적인 이론적 수단을 만들어낼 가능성을 제공하지 않는다"(신경림,

2000: 35). 따라서 연구자의 가정이나 지식, 기대를 접어두고 아무런 전제 조건 없이 인터뷰를 진행한다.

연구자가 자신의 괄호 치기하는 과정은 먼저 자신이 연구 문제에 대해 가지고 있는 선입견이나 편견을 솔직히 살펴보고 이를 밝히는 것이다. 괄호 치기를 해야 할 두 가지 가장 빠지기 쉬운 출처는 먼저 세계에 대한 객관적인 과학이나 권위 있는 출처에서 할 수 있는 주장과 세계 밖에서 세운 타당도의 기준이다. “이러한 객관적인 주장을 강요하지 말 것과 맥락과 동떨어진 타당도의 기준을 적용하면 안 된다”(Ashworth, 1999: 709). 괄호 치기를 위해서는 연구자가 가지고 있는 믿음, 판단, 사전에 지각한 개념과 이론, 개인적인 편견에서 벗어나야 한다. 괄호 치기는 현상의 경험을 설명할 때 현상 밖에서 만들어진 것에 의해 강요되는 것이 아니라 그 현상 안에 있는 본래의 의미 체계에 의해 그 현상이 설명될 수 있게 하는 것이다.

연구자의 가정과 선 이해

연구자의 가정과 선 이해를 명시할 필요가 있는 것은 연구자가 현상학적 질문의 의의를 파악하기 전에 그 현상에 대해 갖고 있는 선입견이나 가정, 기존의 연구결과들로부터 받는 영향으로 인해 연구현상의 본질을 파악하는데 방해가 될 가능성이 있기 때문이다(양진향, 2001: 41). 본 연구자는 사회복지사로 일한 시기에 성 학대나 신체적 학대를 당한 아동과 그 가족을 다수 상담한 경험이 있다. 따라서 학대받은 아동들과 그 가족에 대한 관심과 상담자로서의 경험들이 본 연구자의 선입견을 형성하고 있다. 이 점에 대해 몇 가지 서술한다면 다음과 같다.

연구자가 보기에 아동이나 그의 가족들은 학대의 경험을 위기로 파악하지 않았다. 처음에는 학대 문제 자체보다 다른 문제로 상담소를 찾아오는 사례도 있다. 상담소를 온 것이 자발적이든지 비자발적이든지를 불문하고 학대받은 아동이나 부모는 양쪽 모두 학대에 대하여 말하기를 어려워했다. 이들은 상담 과정에서 어느 정도 신뢰 관계가 형성되었을 때에야, 비로소 학대 사실에 대해 말하는 경우가 많았다.

학대받은 아동들은 대부분 특이한 행동들을 보였다고 생각한다. 아동들은 그들 내면의 상처와 두려움을 외현화하여 공격적이고 충동적인 방법으로 해결하려는 경향을 많이 보였다. 대부분의 아동들은 정서적으로 불안정한 상태에 있었고 주위 환경의 요구에 적응하지 못하는 부적응 문제들을 많이 가지고 있었다. 대체로 이런 아동은 '다루기 어려운 아이'로 분류되며 주변 사람이 그 아동을 기피하거나 거부하는 반응들을 나타내어 관계형성에 장애를 겪고 있었다.

아동들이 학대 사실에 대해 말하기를 기피하는 현상을 연구자는 가족에 대한 충성심으로 생각했다. 비록 자신을 학대하는 부모이기는 하지만 아직까지 아동을 양육해주고 있는 부모에 대해 아동들은 끝까지 부모를 옹호하려는 성향을 보였다. 학대 부모들 자신도 학대 행위를 특별히 잘못된 행위로 보기보다는 양육 활동의 하나로 간주하는 경우가 많이 있었다. 따라서 학대 사실과 관련하여 상담하는 것을 원치 않거나 기피하는 경향을 보였다. 연구자에게 학대라는 현상은 쉽게 접근하기 어렵고 또 다루기도 어려운 주제의 하나로 여겨졌다.

현상학적 연구를 위한 자료는 주로 현상학적 인터뷰로부터 얻는다. 인터뷰는 개인이 참여하는 현실에서의 주관적인 체험을 그대로 기술하고 일상생활에서 그가 사용하는 의미를 파악하기 위해 자유롭게 진행한다. 현상학적 연구에서 인터뷰는 주로 심층 인터뷰 방법을 사용한다. 이와 더불어 관찰이나 문헌 조사를 병행하는 것도 다른 질적 연구와 거의 다를 바 없다. 다만 인터뷰를 진행할 때 주제에 대해 개방적이고 자유롭게 서술할 수 있도록 개방형 질문을 많이 사용하는 것이 바람직하다. 인터뷰 진행자가 여러 명이거나 고용된 경우에는 반구조화된 질문지로 대략적인 개요만을 정해 놓는 것이 좋을 것이다.

자료수집 방법(75-6)

본 연구의 자료 수집 기간은 2002년 10월부터 2003년 6월까지였으며 자료수집 방법은 참여자와의 심층면담, 관찰, 상담기록, 등이다. 먼저 기관을 방문하여 연구 목적을 설명하고 연구와 집단 상담에 참여하고자 하는 참여자를 구했다. 한 기관은 아동학대 예방센터의 성격으로 부모들의 동의하에 연구와 상담에 자발적으로 참여하고자 하는 아동 5명을 기관 워커들을 통해 모집하였다(참여자 1-5). 그리고 다른 기관은 아동학대 보호시설로 이 시설에서 보호하고 있는 아동 중에 연구에 참여할 수 있다고 판단되는 아동으로 기관 슈퍼바이저와 담당 워커의 조언을 받아 5명의 아동을 추천 받았다(참여자 6-10).

연구 참여자와의 면담은 아동학대 보호 시설은 아동들이 시설에 상주하는 동안이나 혹은 집으로 돌아갔어도 계속 기관과 연락하며 기관을 방문하는 때에 이루어졌다. 아동학대 예방센터는 아동들이 기관에 와서 면담을 했다. 면접의 회수는 대략 2회에서 5회 이상 자유롭게 시행하였으며 면접시간은 대략 1시간 전 후가 걸렸다.

아동 학대는 성격상 비밀 보장을 철저히 해야 하는 관계로 시설에 보호 중인 아동들은 담당 워커들이 모두 직접 시설에서 면담하였고, 아동의 동의를 얻어 면담 내용을 녹음테이프에 담아 연구자에게 전달했다. 이 테이프를 연구자는 여러 번 반복해서 듣고, 내용을 필사하였다. 필사된 원고의 분량은 1회 A4 용지 7-8매가 평균으로 최대 13매 정도의 분량이 나왔다.

연구참여자에 대한 윤리적 고려(76-7)

본 연구는 연구 진행 동안 연구 참여자들의 윤리적 측면을 보호하기 위해 참여자와의 면담을 그 기관이나 시설의 워커로 한정시켰다. 그들은 기관에서 정기적으로 참여자들을 상담이나 조사를 위해 만나고 있었고 질문은 따로 시간을 내지 않고 정기적 만남의 시간에 이루어졌다. 연구자는 질문지를 작성하여 면담할 워커에게 전달하였고 워커들은 반구조화된 질문 형식으로 아동들을 면담하였다. 특히 아동의 부모들이 가해자인 경우가 많아서 기관 워커들에게 협조적인 부모를 선택하도록 노력하였고, 초청된 아동이라도 본인의 의사를 물어 참여 여부를 결정토록 하였다.

현상학에서 자료 분석은 현상학적 환원(phenomenological reduction)이라 불리는 독특한 방식으로 진행된다. 환원의 뜻은 라틴어 'reduktion'에서 유래하였는데 이미 저질러진 어떤 일을 원래 상태로 복원하는 과정을 의미한다(김영천, 2012). 현상학적 환원은 지속적으로 경험의 본질로 돌아가서 그곳으로부터 내부 구조와 의미를 끄집어내기 위하여 연구자가 내리는 판단이다. 연구자가 현상에 주목하는 것은 그것의 본질을 이해하고 그에 대한 통찰력을 제공하기 위함이다. 따라서 현상 그 자체로 돌아가기 위해서 자연적 태도의 명제들에 대해 괄호를 쳐둠으로써 본질을 회복하고 해석과 판단 이전에 이미 거기에 나타나는 본질적 세계와의 접촉을 단순하게 회복해야 한다(김영천, 2012).

자료 분석 시 수평화(horizonatalization)는 초기에 모든 자료를 동일한 비중으로 다루기 위해 자료를 상징적으로 가지런히 배열하는 방식이다. 이것은 분석을 시작하면서 모든 자료는 동일한 가치로 취급하여 동등한 기회를 각 자료에 부여하기 위함이다. 분석이 시작되면 자료는 주제별로 구별되어 묶이고 반복되는 서술은 제거된다. "수평화는 사람과 의식적인 경험, 그리고 현상을 서로 뒤섞어 짜넣는 것이다. 현상을 해석하는 과정에서 질적인 부분들을 인지하고 이를 서술한다. 각각 지각한 것들에 동일한 가치를 부여하고 반복되지 않는 경험의 구성요소들을 주제별로 연결해 간다. 그 이후에 전체적인 서술을 끌어내게 된다"(Moustakas, 1994: 96).

분석과정(77)

현상학적 반성의 목적은 어떤 것의 본질적인 의미를 파악하고자 하는 것이다(밴매넌, 2000: 123). 의미는 대체로 다차원적이고 다층적이기 때문에 단순하게 파악되는 것은 아니나 인간의 경험의 의미는 잘 구성된 이야기나 산문을 통해서 전달될 수 있다. 인간에 대한 연구는 바로 그가 말한 텍스트를 붙잡고 의미구조를 밝힌다든지, 주제 등의 측면에서 접근해 볼 수 있다. 이렇게 경험을 반성한다는 것은 경험의 구조적 혹은 주제적 측면을 반성적으로 분석하는 것이다(*ibid*, 125).

본 연구에서 자료의 분석은 몇 가지 구체적인 주제 분석 과정을 거친다. 먼저 녹음된 테이프를 연구자가 여러 번 들으면서 필사된 내용과 얼마나 다른지를 찾아내면서 내용을 확인하고 정확하게 면담 내용을 이해하고자 하였다. 필사본을 면담 당사자인 기관 워커에게 보내고 내용을 검토하도록 요청하였다. 특히 때로 녹음 상태가 좋지 않거나 잘 알아들을 수 없는 부분은 표시하고 워커에게 문의하여 다시 그 문장을 필사해 주도록 부탁하였다.

그 다음은 연구자 자신과 대학원생 2명이 함께 또는 각자 필사된 내용을 파악하고 세분법에 따라 문장 혹은 문장의 다발을 의미 구조 단위로 나누어보면서 그 부분의 의미에 대해 서로의 의견을 교환하였다. 이러한 세분화된 자료는 분석 회의를 거쳐서 그 문장의 의미에 대한 진술들을 각 문장마다 적어 넣었고 그것을 공통된 주제별로 묶어내 따로 정리하였다. 그 이후에 이 나타난 주제들 간에 비교 분석하여 관련된 주제들과 구분되는 주제 등을 분리시켜서 현상에 대한 본질적 주제를 결정하고 이를 기술하였다.

연구의 신뢰성을 높이기 위한 노력은 다각도로 진행된다. 현상학적 연구는 직관성을 강조하는 연구이므로 다양한 출처의 문헌으로부터 통찰을 얻어 연구자 자신이 주제에 대한 민감성을 높이고 오랜 시간의 사고를 통해 신뢰받을 만한 연구를 완성할 수 있다.

연구의 신뢰성과 타당성(77-8)

현상학적 연구는 철학적 배경과 연구 방법에 있어서 일반 양적연구와 구별되며 또한 다른 질적 연구와도 구별된다. 특히 자료수집 과정이 자료 분석과정과 동시에 진행되는 근거이론의 방법과 달리 현상에 대한 포착, 참여대상자가 경험한 현상의 본질을 직관적으로 파악하는 것에 초점을 맞춘다(Giorgi, 1985). 본 연구를 진행하는데 신뢰성과 타당성을 높이기 위해 연구자가 한 노력은 다음과 같다.

사실적 가치(truth value)는 참여자의 경험의 진가를 가늠하는 척도로 얼마나 진실에 근접하였는가의 문제다. 본 연구는 참여자의 워커들이 이들을 면담하도록 하였는데 누구보다 워커들은 아동과 신뢰관계가 가장 잘 구축되어 있다는 점과 워커들이 아동들을 가장 잘 이해한다는 점을 유념하였다. 학대 아동은 표현력이 매우 떨어질 뿐만 아니라 주제의 민감성으로 말미암아 낯선 사람에게 자신의 경험을 솔직히 말하지 않는다. 아동들이 친밀한 환경과 편안한 분위기에서 자유롭게 기술하도록 배려하였다. 자료의 정확성을 확인하기 위하여 필사된 자료를 워커들에게 보여주었고 분석 결과를 얻었을 때 자문회의를 토애 기관 워커의 의견을 들었다.

일관성을 얻기 위해 자료 수집 과정에서 워커 외에 아동의 담임교사, 생활지도사, 공부방 교사, 아동과 접촉한 자원봉사자들의 의견을 청취하였다. 자료의 분석과정에는 대학원생 2명이 함께 참여하였고 대학원 세미나를 통해 3명의 다른 대학원생들의 피드백을 얻었다. 그 외에 질적연구 경험이 많고 질적연구를 가르치는 교수에게서 연구의 설계과정에서부터, 자료분석, 결과해석을 자문 받았고 현상학적 연구로 박사학위를 받은 질적연구자에게 자료분석에 대한 조언을 얻었다. 이 연구를 위한 사전 연구(pilot study)에 본인이 상담하던 4명의 아동과 공부방에서 섭외한 2명의 아동들을 참여시켰다. 이들에게서 질문하는 방식과 질문 내용을 확인하고 이를 수정하였다.

적용성(applicability)은 연구 상황 이외에서 이 연구가 얼마나 유용하게 사용될 수 있을지를 가늠하는 것으로 연구주제와 관련하여 자료를 심층적으로 수집하고 포화시킴으로써 충족되는 것이다. 본 연구에서 참여자의 진술은 반복적으로 나타났고 공통적인 면모를 많이 보였다.

마지막 단계에서 하는 연구 결과의 보고는 대체로 주제를 설명하고 이를 종합하는 양식으로 진행되지만 연구자에 따라 다른 양식을 택할 수 있다. 결과를 보고할 때 연구자는 지금까지의 연구 결과를 정리하면서 연구 질문으로 삼은 현상에 대해 새롭게 얻은 통찰을 독자들에게 전달해 준다. 결과를 보고하는 양식은 연구자의 선호에 따라 다양할 수 있다. 인터뷰 내용을 인용하는 주제별 설명이 진행된 후에 이 주제를 모두 아우르는 종합적인 서술 양식이 쓰인다. 이를 현상학적 글쓰기라는 용어로 부르는데 여기에서 연구자는 현상에 대한 반성을 선명히 드러내 보여 주어야 한다. 현상학적 연구의 마지막 단계에서는 연구 현상에 대한 종합적인 서술을 만들어낸다. 이 마지막 서술은 현상이 무엇이고 어떻게 작용하는 지에 대한 통찰을 제공하는 것으로 문헌적이며 구조적인 서술을 종합하는 것이다.

분석 결과 제시(79-80)

연구결과 주제와 본질적 주제들은 다음과 같이 나타났다.

주제	본질적 주제
(1) 부모(학대자 포함)에 대한 보호와 정당화 (2) 학대는 나의 잘못	1) 나의 잘못
(1) 잘못한 내용을 잘 모름 (2) 학대를 유발하는 상황 (3) 부모의 부적절한 요구	2) 예측 불가능
(1) 분한 감정 (2) 감정처리의 어려움 (3) 상대방의 감정을 모름	3) 혼란스러운 감정
(1) 소망적 사고 (2) 모순적 사고	4) 세계로부터의 도피

(1) 부정적 자아상 5) 자존감의 박탈
(2) 학대자의 기준으로 자기를 평가함

(1) 친구들과의 차이 6) 친구와의 갈등
(2) 친구에 대한 불화
(3) 친구로부터의 고립

(1) 반항하지 않음 7) 혼자서 삭임
(2) 침묵하기

(1) 가정의 불화 8) 가족 지향적 삶
(2) 가족에 대한 걱정
(3) 가족에 대한 희망

1) 나의 잘못

아동들은 학대자의 학대 행위를 되도록 축소해서 나타내려고 하며 부모의 정당한 양육행위로 합리화시키고자 노력하였다. 결과적으로 모든 학대가 본인의 잘못으로 인식되어 결론을 내린다. 학대 사건이 부모에 대한 아동의 충성심을 가리지 못하도록 사건 자체를 축소하거나 학대로 인정하지 않으려 한다. 한 가지 예측할 수 있는 배경으로는 말한 것이 알려지면 학대자인 부모로부터 또 다른 학대를 유발하지 않을까 하는 걱정과 두려움이 작용한다고 볼 수 있다. 또 다른 이유는 아동은 아무리 때리는 부모라도 자신이 의지할 사람이기에 함께 살아야 한다는 생존 전략의 하나로 학대를 축소하여 보고할 수 있다.

(1) 부모에 대한 보호와 정당화

학대받은 아동들은 학대 사건을 특별한 일이 아니라 마치 일상 생활에서 있을 수 있는 일로 여긴다는 태도를 보인다. 학대가 일어난 것은 현재가 아니라 과거이며 지금은 그 일과는 거리가 있는 듯 표현하여 학대 사건을 축소시킨다. 이는 학대자인 부모에 대한 두려움을 감추고 본인도 나를 위해 좋은 일이었을 것이라고 애써 긍정적인 의미 부여를 하고자 노력하였다. 결론적으로 아동들은 학대 행위를 부모의 정당한 양육 행위로 보여지도록 노력하는 모습을 보였다.

그냥 때리기만 했는데... 몽둥이로 다리 때렸는데..발바닥. 지금은 안 때리고 그냥 나가라고 해. (참여자 2)
근데, 심하게 잘 안 맞아~(참여자 4)

속상하지 않을 때는 어쩌다가 그래요. 많이 안 그래요. 어쩌다가~ (참여자 1)

싸대기 치기도 하구. 때리기도 하고... 그런데 지금은 안그래요. (참여자 5)

그냥 손들고 벌 서라고. 엄마 아파 가지구, 제가 잘못해 가지고, 커서요 버릇 생기지 말라고 그러는 것 같아요. 버릇 고쳐 주려고요. (참여자 5)

제가 잘 되라고 그런 거 같아요. 바르게 살라고 잘못을 잡아줄려고 그러신 거예요. (참여자 3)

어쩔 때는요. 말로 타이르고.. (참여자 6)

중략...

현상학적 글쓰기(95-6)

아동의 학대경험에 관해 현상학적 반성을 통해 드러난 의미를 연구자 나름대로 정리하여 기술하는 부분이다. 이 부분은 아동들과의 면접내용, 행동 관찰, 주변인들의 조언 등 아동과 관련된 모든 자료들을 종합하여 아동학대라는 체험에 대한 의미구조를 보다 선명히 밝혀내고 이를 바탕으로 실천의 함의를 이끌어 낼 목적으로 서술된다. 글쓰기는 현상학적 연구의 최종 단계로서 우리의 경험 세계를 더욱 반성적으로 이해하도록 이끌어준다(밴 매넌, 2000).

본 연구에서 참여자들이 들려준 아동 학대의 경험은 매우 심각한 인간관계의 파손과 적대적인 세계관의 형성을 의미하였다. 학대란 가장 친밀한 일차적인 관계에서 일어나는 사건으로 이 사건은 아동의 기본적인 인생관과 세계관을 형성하는데 영향을 미치고 있다. 아동들은 자신들의 생명과 성장에 직접 관여하는 가장 가까운 인간관계에서 받은 상해로 인해 이 세계에서의 안전에 대한 위협을 느끼고 있다. 그래서 언제라도 다시 상해를 입을 수 있다는 두려움 속에서 살아가게 된다. 그리고 이 불신과 두려움은 다른 인간관계로 그대로 연장되어 나아가 타인과의 관계, 즉 친구나 이웃과의 관계 형성에 큰 장애를 일으킨다.

학대란 사건은 자신이 반항할 수 없는 부모로부터 발생하는 것으로 이 사실을 인정하는 것부터 쉽지 않았고 이해하기는 더욱 더 어렵다. 부모는 자신을 낳아주고 현재 길러주는 보호자이기 때문에 그들이 자신을 해치는 장본인임을 시인하는 것이 거의 불가능하였다. 학대는 중대한 가족비밀로 외부인이 이 사실을 조사할 때에 아동들은 부모인 학대자를 보호하고, 또는 그들의 행위를 정당화시켜 주기 위해 애를 쓴다. 그 결과 이분법적인 사고를 만들어내는데 이것은 부모가 잘못한 것이 없으면 자신이 잘못한 것이라는 양극적 사고방식이다. 아동들은 학대가 절대적으로 본인의 잘못으로 유발되었다고 본다. 그러나 문제는 정확하게 자신의 어떤 잘못이 부모를 화나게 하는지는 알지 못한다. 즉 학대 상황에 대한 지각이나 판단력이 부족하여 학대 상황을 이해하거나 피할 길이 없다. 이것은 탈출구가 없는 상황에서 무방비의 상태로 이 학대 사건을 받아들여야 한다는 것이다. 아동들은 학대를 거부할 수도 반항할 수도 없는 상황으로 체험한다.

본인의 잘못을 인정하면서도 내심으로는 석연치 않은 부분이 있다. 그것은 한 번 때리면 화가 다 풀릴 때까지 심하게 때리는 부모의 비이성적인 행동이 어쩐지 옳지 않다는 생각이 들기 때문이다. 학대와 훈계의 매는 아동들 안에서 구분이 가능하다. 학대는 자신들의 잘못을 깨닫고 빌어도 부모가 용서하지 않고 끝까지 화가 풀릴 때까지 때리는 행위다. 그런 반면 다른 아이들은 잘못했다고 용서를 빌면 어느 정도 타이르고 용서해 준다는 것을 알고 있다. 따라서 다른 아이들의 부모와 자신의 부모의 훈육 방식이 다르다는 것을 본능적으로 알고 있지만 이것을 말하지는 않는다.

학대하는 부모들은 부적절한 양육기술과 아동에 대한 잘못된 기대를 가지고 있는 것이 확인되었다. 학대 부모들은 아동의 나이에 적절하지 않은 과제를 부과하거나 부적절한 기대를 가지고 이를 충족시키지 않았을 때 학대를 했다. 예를 들면 취침 시간인 저녁 7시를 넘겼다고 해서, 컵을 깼다거나 열쇠를 잃어버렸다고 때리거나 너무 오래 놀았다고 때렸다. 음식을 너무 허겁지겁 먹었다고, 공부를 못한다고, 심부름을 안 듣는다고 때린다. 이러한 일은 일반 가정에서 흔히 있는 일이다. 그러나 이런 일을 다루는 부모의 반응이 다르다. 일반 가정에서 부모는 이런 일들로 아동을 심하게 구타하지 않는다. 학대하는 부모는 양육기술이 부족하고 경제적 압박이나 가정의 파탄 등으로 디스트레스를 받는 부모이고 아동들은 부모의 성질을 건드리는 어떤 행동을 할 수 있다. 그러나 아동들에 대한 부모의 기대나 요구가 지나친 것으로 보이며, 비현실적이다. 부모는 자신의 화를 아동에게 폭발하는 경우가 많았고 아동도 이것을 알고 있었다. 이렇게 볼 때 아동학대는 힘의 불균형 구조 속에서 발생하는 부당한 행위로 해석할 수 있다.

아동 학대는 아동의 자유로움과 창조성을 파괴하여 정상적인 발달을 해칠 뿐만 아니라 힘의 불균형 속에서 심한 억압과 디스트레스를 경험함으로써 이러한 불균형적인 힘의 관계를 아동들은 일찍이 습득하고 그 안에서 생존하는 법과 그것을 생활 세계에 적용하면서 살아가는 법을 터득해 가게 한다. 그것이 자기 보호 본능을 키워가는 방식으로 극대화되어 평범한 아이들과 차별되는 삶의 방식을 형성해간다. 아동들이 학대로 인해 얻게 된 심리적 상흔은 공통적으로 나타났다. 그 중에 가장 뚜렷한 것은 정서적 불안정과 사고의 혼란, 부정적인 자기평가이다. 아동들은 부모로부터 억압과 거부 모욕을 받아 심리적으로 위축되고 자존감을 잃게 된다. 따라서 이들은 행동과 말에 자신이 없고, 눈치를 보게 된다. 때로는 외부인이나 친구들에게 공격적이 되고 화를 터뜨리는데 이것은 학대를 받으면서 속에 담아 둔 분한 감정의 발로인 것으로 보인다. 분한 감정은 학대자의 행동이 지나치다는 것을 본능적으로 깨닫는 데에서 온다. 예를 들면 술 마시고 홧김에 때리기 시작하는 아버지의 행위를 잘못되었다고 느낄 때, 예전의 잘못을 들추어내어 때린 때 등 분명히 뭔가 잘못되었음을 직감하고 있다. 그러나 그런 화풀이에도 반항할 수 없고 도망가거나 하지 못하기 때문에 아동 스스로 방어를 포기하고 화가 풀릴 때까지 맞는 것 밖에는 별다른 도리가 없다는 것을 알고 있다. 그래야 살아남을 수 있다고 보기 때문이다. 이런 상황들은 아동의 사고에 혼란을 가져온다. 분하고 억울한 감정을 누르면서 그래도 내 잘못이야 라고 타일러야 하는 모순적인 상황에 처해 감정을 어떻게 처리해야 할 지 모른다. 또한 학대받은 아동의 대부분은 매우 부정적 자아상을 가지고 있는데 이는 주로 학대 상황에서 부모로부터 받은 모욕, 비난, 꾸지람에 근거하여 자신의 정체성을 만들어가고 있기 때문이다. 따라서 그들은 부모로부터 인정받기 원하는 불가능한 소원을 가지고 살아가며 부정적으로 자기 평가를 내리고 살아간다.

학대받은 아동들이 보는 세상은 단 두 가지 종류의 사람이 살고 있는데 하나는 자신을 해칠 수 있는 사람과 다른 하나는 그렇지 않은 사람이다. 즉 학대적 사람과 비학대적 사람이라는 이분법적 사고가 세계와 인간을 보는 눈으로 일찍이 자리 잡는다. 아동 학대는 타인과의 관계에도 매우 큰 영향을 미치는데 대표적으로 친구들과의 관계 방식에서 나타난다. 그들이 친구들로부터 고립되고 왕따가 되는 것은 과잉 자기보호 본능의 발로로 타인을 전혀 신뢰하지 않고, 타인의 의도를 호전적이고 적대적인 것으로 왜곡해 버리는 경향 때문이다. 친구를 신뢰하지 않고 친구로부터 인정받고 존중받는 것을 전혀 기대하지 않기 때문에 속사정을 털어놓거나 하지 않는다. 그냥 노는 친구 이상을 바라지 않으며 친구의 중요성을 크게 인식하지 못한다. 다만 친구들과 자신들의 처지는 확연히 구분할 수 있으며 친구에 대해 무관심한 태도를 보인다.

이 연구에서 가장 특이한 점은 학대 받은 아동들이 매우 가족 지향적이라는 점을 발견한 것이다. 일반인의 통념이나 본 연구자의 가설로는 학대 받은 아동들은 가족에 대한 기대나 희망을 버렸을 거라는 것이었는데 의외로 아동들은 가족에 대해 진심으로 걱정하며 잘되기를 소망하였다. 그것은 자신을 학대한 부모에 대해서도 마찬가지였다. 부모가 학대했다고 해서 무조건 미워하거나 거부하는 것이 아니라 부모의 건강을 걱정하거나 가족의 상황이 나쁜 것을 걱정하면서 상황이 좀 나아지기를 바라고 있었다. 이점이 바로 학대받은 아동들의 세계와 일반 아동의 경험 세계를 구별해 주는 점이라고 본다. 학대받은 아동은 같은 나이 또래의 일반 아동보다 일찍 가족에 대한 개념이 생겨난다. 그리고 자신을 독립된 개별적 존재로서 보기보다는 가족의 일원으로 보는 의식이 더 강하다. 그런 만큼 아동의 걱정, 바램 등이 가족 지향적으로 형성되어 있다. 특히 자신의 의미를 가족 안에서 찾고 평가하는 경우가 많았다. 현재는 가족 안에서 매우 미미하고 중요하지 않은 존재임을 자각하고 이를 앞으로 더 나아진 가족 안에서, 혹은 미래의 가족 안에서 보상받고자 한다. 행복한 가정의 의미 또는 좋은 부모가 된다는 것의 의미에 대해 학대를 경험하지 못한 아동보다 훨씬 더 빨리 그리고 심각하게 생각한다. 가족에 대해 희망을 가지는 것은 가족이 파괴되거나 따뜻한 가정을 가져보지 못한 데서 오는 자연적인 욕구일 수 있다. 또한 이는 자신들의 불안정한 실존적 생활 감각을 설명해주고 이를 바꾸어 줄 출구를 찾는 한 방식으로 지니게 된 소망이라고 볼 수 있다.

때로 현상학적 연구에서는 자료에 대한 상상적인 변환(imaginative variation)을 시도하도록 권유한다. 이 방식은 자료를 서로 다른 견해나 다른 참조 틀에 넣어 다시금 조사해 보는 것이다. 현상학자들은 개인적 경험, 관찰 및 다른 사람의 경험에 대해 반성하면서 시나 소설, 잡기, 영화에 표현된 경험까지 살펴본다. 이것은 여러 각도의 견해로 자료를 시험해 보는 것이다. 다음 사례에서처럼 결론과 논의는 다른 선행연구의 결과와 이어지기도 한다. 결론을 제시할 때 참고 사례에서는 아동 학대에 대한 핵심적인 주제를 한 마디로 표현하고 이를 뒷받침할 여러 주제들을 제시하였다. 이어서 논의를 통해 아동 학대 상담에 유용한 자료를 덧붙이고 있다.

결론 및 논의(97-98)

아동학대의 경험을 아동의 입장에서 살펴보기 위하여 현상학적 연구방법을 사용하여 위와 같은 연구 결과를 얻었다. 아동 학대의 의미는 힘의 불균형 구조에서 오는 인간관계의 심각한 파손이다. 아동들은 이 세계에서 안전에 위협을 느끼고 탈출구가 없는 포로와 같은 상태로 자신의 방어를 체념하고 살아간다. 학대행위는 일반 훈육과는 완전히 구분되며 아동들도 이를 감지하고 있다. 학대 경험을 이해하는 과정에서 아동들은 이분법적인 사고를 만들어 학대를 모두 자신의 탓으로 돌려 부모를 보호하고 부모의 행위를 정당화시켰다.

학대의 영향은 아동의 자유로운 심성을 억압하고 창조성을 파괴하여 정상적인 발달을 해칠 뿐만 아니라 아동들은 자신의 불안정한 실존을 일찍이 깨닫고 그 안에서 생존하는 법과 그것을 생활 세계에 적용하면서 살아가는 법을 터득해가게 한다. 외부에서 보면 정서적 불안정이나 사고의 혼란, 부정적인 자기 정체성의 확립으로 보여진다. 그러나 아동 편에서 보면 이런 사고나 행동은 험난하고 위협적인 세계 안에서 살아가기 위한 최선의 생존전략일 수 있다. 자기 방어를 포기하는 것도 도망가면 더 위험한 상황에 부딪히기 때문에 살아남기 위한 하나의 대처 방식이다. 학대 사실을 숨기는 것도 가족 비밀을 지켜 수치를 드러내지 않고 폭로가 가져올 파장을 최소화하고자 하는 마음에서이다.

본 연구는 아동 편에서 경험하고 바라보는 학대의 의미를 밝힘으로써 몇 가지 상담에서 사용할 수 있는 주요한 주제들을 찾아내었다. 먼저 학대 사건 자체와 관련되어서 아동들은 학대 사실을 숨기거나 축소하려는 노력을 한다. 오히려 부모와 자녀의 역할이 뒤바뀐 것이다. Briere(1992)는 아동이 학대경험의 의미를 만드는 과정에서 온전히 자기중심적이고 이분법적인 사고를 한다고 주장한다. 이 사고는 상처를 주는 부모가 나쁠 수 없으므로 상처받는 자신이 나쁘다는 것이다. 부모에 대해 싫은 감정을 가지거나 속상한 마음이 드는 자신이 학대받아 마땅한 아이라는 생각을 가지게 된다. 상담에서는 이러한 학대 경험을 재해석하고 아동이 지닌 의미와 다른 의미를 부여하는 작업을 해야 한다.

상담자들이 이러한 아동의 행동이나 방어 양식을 부정적인 시각에서 바라보기 보다는 아동이 살아남기 위한 훌륭한 생존 전략으로 해석할 수 있다. 또한 학대사실에 대해 자유롭게 말할 수 있는 허용의 분위기와 그 사실을 말하는 것이 부모에 대한 배신행위가 아니라는 것을 밝힐 필요가 있다. 다른 연구에서도 아동들이 평상시 슬프고 낙심하며 모욕을 느껴 실제로는 아무 잘못도 없으면서 언제나 자신의 잘못이라고 생각하는 경향이 있다고 본다(곽영숙 · 홍강의, 1992). 먼저 아동들이 안전함을 느끼도록 자유롭고 편안한 공간을 만들어주고 그 안에서 자신의 생각을 표현하도록 도울 필요가 있다. 아동들은 어느 정도 신뢰 관계가 구축되면 그동안 표현하지 못한 것들을 밝히면서 큰 도움을 얻는다. 학대받은 아동들은 인간관계 안에서 상처를 받왔기 때문에 먼저 경계 태세를 갖추고 마음을 열려고 하지 않는다. 그들은 먼저 상대가 자신을 해칠 존재인지 아닌지를 가늠해 보는 것이다. 그러므로 상담자가 이런 아동들과 상담할 때 무엇보다 중요한 점은 아동의 이런 경계심을 존중하며 스스로 관계의 거리를 조정할 수 있도록 통제권을 넘겨주어야 할 것이다. 특히 학대자인 부모를 비난하거나 가족에 대한 험담을 하는 것은 관계 형성에 치명적인 오류를 남기는 일이다. 아동이 부모에 대해 지닌 사랑뿐만 아니라 학대한 부모가 자녀에 대해 가지는 사랑의 깊이는 외부인이 이해할 수 없는 정도로 매우 깊을 수 있다는 사실을 잊어서는 안 될 것이다.

아동들은 가족을 매우 소중히 생각하는데 이러한 가족에 대한 생각을 존중해 주는 것도 중요한 과제로 보인다. 아동이 가족에 대하여 가지고 있는 그들 나름대로의 사랑과 헌신을 결코 가볍게 보면 안 된다. 이를 간과해서는 진정으로 그들을 도울 수 없을 것이다. 학대받은 아동들이 단순히 반사회적인 인물로 자라리라는 패배적 기대를 접고 이들이 그들 나름대로 발달시켜온 생존 전략을 보다 적응을 위한 그들의 강점으로 바라볼 수 있는 시각의 전환이 필요하다.

타 연구에서는 학대받은 아동들은 정서적 부적응을 경험한다고 보고한다(김혜영, 1990). 정서적 부적응은 전문가의 입장을 반영한 평가다. 아동의 입장에서는 자신이 처한 상황을 이해하는 것이 어렵고 혼란스럽다. 맞으면 억울하고 분한 감정을 느끼지만 때린 부모를 탓할 수 없는 아동은 자신의 감정을 어떻게 해야 할지 알 수 없는 난관에 빠진다.

건강한 아동의 발달 환경 중 가장 중요한 것은 부모의 따뜻함과 수용이다(Rohner, 1986). 학대받은 아동들은 이러한 발달 환경이 조성되지 않았다. 감정의 경험이나 감정적 표현의 수준, 감정이 일어나는 것을 조절하는 능력은 일찍이 부모와 자녀 사이의 정서적 상호교류의 맥락에서 배우는 것이다(Thompson, 1990). 학대라는 심히 왜곡된 부정적인 감정 교류의 상황에서 아동은 자신의 감정을 효과적으로 처리할 능력을 상실하게 된다. 상담에서는 아동의 정서적 표출

방식을 다루어 감정을 처리할 수 있는 능력을 길러줄 수 있다. 학대 사건은 일종의 외상과 같다. 아동에게 긍정적으로 정서적 교류를 할 수 있는 환경을 제공하고 학대 사건에 대한 부정적 정서를 허용하는 안전한 맥락이 조성되어야 한다.

다른 연구에서도 잦은 구타를 경험한 아동일수록 자아존중감이 낮은 것으로 나타났다(황찬구, 1988). 본 연구에서도 아동의 자존감은 매우 낮았으며 자신에 대한 부정적인 평가를 학대자를 기준으로 내리고 있다. 아동은 학대로 인해 자신의 과실이나 무가치성을 강조하는 경험들에 의미를 부여하고 대신 자신의 장점은 간과하고 만다. 아동의 자존감을 높이기 위해서 상담자는 학대 경험에 대한 다른 의미를 찾도록 도우면서 아동들이 학대자를 절대적 존재로 받아들이는 것에서 벗어나도록 도와야 한다.

지금까지 살펴본 현상학의 방법론은 어떻게 보면 현상에 대한 구체적인 기술보다는 철학적 자세와 태도 혹은 탐구의 양식에 더 가깝다. 현상학에서는 "진정한 의미에서 비교적 빨리 터득할 수 있는 일련의 탐구 절차라고 할만한 '방법'은 없다"(신경림, 2000: 62). 이때 '방법'이란 기술이란 말과 동의어로 쓰였다. 즉 무엇인가를 만들어내기 위해 고안된 전문적이며 실천적인 절차를 말한다. 현상학적 연구는 발견 지향적이기 때문에 미리 고정된 범주나 절차 혹은 기술, 개념들을 구성하려는 어떠한 경향도 피하고자 한다(*ibid.*). 만일 사전에 고안된 어떤 일련의 절차나 고정 기술이 있다면 그것은 현상학적 연구와 맞지 않는 틀이다. 따라서 현상학적 연구에서는 자유롭고 창의적인 사고를 바탕으로 특정 현상에 대한 연구자의 독특한 시각이 불러오는 통찰과 인식을 담아낼 수 있어야 한다.

〈사례〉
학대받은 아동에 대한 현상학적 연구

저자: 고미영
출처: 한국사회복지학 2004. 56(1) pp. 71-102

(원문 저자로서 원문에서 삭제되었거나 바뀐 내용을 본 저술의 목적과 부합하도록 편집하였음.)

참고문헌

곽영숙・홍강의 1992. 아동학대의 개념과 원인 김광일 편, 가정폭력 서울: 탐구당.

김혜영 1990. "아동학대 관련 변인에 관한 연구-가출아동과 일반아동간의 비교-. 이화여자대학교 석사 학위 논문.

밴매넌, 맥스, 2000. 『체험연구』 신경림 역. 현문사.

양진향 2001. "한국여성의 음식양생에 관한 체험연구" 이화여자대학교 박사학위 논문.

황찬구 1988. 아동구타의 자아존중감에 관한 연구, 한양대학교 석사학위논문.

Briere, J. 1992. Methodoglogical issues in the study of sexual abuse effects. *Journal of Consulting and Clinical Pyschology.* Vol 60(2): 196-203.

Giorgi, A. 1985. *Phenomenology and psychological research.* Pittsburgh, PA: Duquesne University Press.

Rohner, R. P. 1986. *The warmth dimension: Foundations of parental acceptance-rejection theory.* Beverly Hills, CA: Sage.

Thompson, R. A. 1990. Emotion and self-regulation. In R.

Thompston(Ed.), *Nebraska Symposium on Motivation: Vol 36. Socioemotional development* (pp. 367-467). Lincoln: University of Nebraska Press.

제11장 근거이론 연구(Grounded Theory)

근거이론 연구의 개관 | 연구 방법

근거이론 연구의 개관

근거이론 연구가 처음 질적 연구 영역에 등장한 것은 1967년 Glaser와 Strauss의 『근거이론의 발견』이라는 책을 통해서이다. 이후 근거이론은 지속적으로 후속 연구를 통해 질적 연구의 한 방법론으로 자리매김하였고, 오늘날까지 가장 탄탄한 질적 연구 방법론으로 사용되어 온다. 근거이론은 상징적 상호작용에 기반을 두며 현실은 사람들 사이에서 타협되고 계속 발전해 간다는 관점에서 출발하였다. 그러나 근거이론이 잘 알려지게 된 것은 근거이론에서 사용하는 분석 방법이 질적 연구의 전반에 걸쳐 널리 이용되는 데에 기인한다(Charmaz, 2003).

근거이론의 가장 큰 장점은 바로 유연하고 실제적인 분석 과정을 위한 도구를 제공한 것이다. 근거이론은 사람들을 연구함에 있어서 실제로 살고 있는 사람들의 경험을 자세히 근접하여 연구한다. 미리 알려진 이론이나 기존의 사회 구조를 거부하고 행위 주체자들의 행위와 상호작용 혹은 사회적 과정으로부터 수집된 자료를 근거로 이론을 형성하는 것이 특징이다. 연구자가 자료 수집과 분석을 하는 당사자이며 자신이 도구로서 활약하고 대상자들의 내부적 관점을 드러내고자 연구하는 것은 다른 질적 연구와 다를 바 없다.

근거이론에서 연구 질문은 "과정 및 시간의 경과에 따른 변화에 관심을 나타내는 것이며 자료를 수집하고 분석하는 방법은 현실이 사회적으로 구성되는 방식을 이해하고자 하는 의지를 반영하고 있다"(신경림 외 역, Richards & Morse, 2007: 73). 근거이론 연구는 자료에 근거한 또는 자료로부터 이끌어낸 중간 수준 정도의 실질적인 이론을 만들어내는 것을 목적이다. 이 목적에 대한 진술은 근거이론 연구를 다른 질적 연구와 확연히 구분시키는 점이다. 이때 근거라는 말의 의미는 "사람들이 자신의 경험을 통해 실제적이며 구체적인 현실적 기반을 가진다"는 것이다(김영천, 2012: 56). 초기에 근거이론이라는 용어보다 현실기반이론이라는 용어로 많이 쓰인 이유도 바로 현실과의 밀접한 연결에서 이 연구의 특징을 삼았기 때문이다.

근거이론 연구의 가정은 이론적 민감성을 가지고 자료를 수집하고 분석하여 이 자료에 근거한 새로운 이론을 만들어낼 수 있다는 것이다. "이 실질적인 이론은 연구하는 현상으로부터 귀납적으로 도출된 것이다. 즉 체계적인 자료 수집과 연구 현상에 속한 자료의 분석을 통해 발견되고 발전되어서 잠정적으로 증명된 이론이다"(Charmaz, 2000: 522). 이때 만들어진 이론은 새로 발견된 개념들을 가지고 경험적인 자료를 종합하고 해석할 뿐만 아니라 그것이 도출되어 나오는 진행상에서의 관계들을 명확히 보여주는 것이다. Strauss와 Corbin(1990: 23)은 근거 이론 연구는 기존의 이론을 가지고 그것을 증명하는데 있지 않고 오히려 연구의 영역으로부터 시작하여 그 영역에 적절한 이론이 만들어지도록 연구하는 것이라고 말했다. 이때 나온 실질적 이론은 거대 이론은 아니지만 전문적 실천의 단면을 드러내거나 실제 세계에 대해 혹은 "사회적 삶의 조각"을 보여주는 이론이다(Charmaz 2000: 522).

근거 이론 방법은 자료 수집과 분석을 동시에 진행하는 것이 특징이다. 이것은 연구의 방향을 잡아주는데 도움이 된다. 분석에서 나온 개념들을 보충해줄 자료를 수집하도록 초점을 맞추어 주기도 하고 거꾸로 수집된 자료를 통해 분석을 더 세련되게 할 수 있게 해준다. 따라서 근거 이론 연구자들은 일찍이 분석을 시작하여 자료 수집의 방향을 좁혀가고 반대로 이런 초점에 맞추어 수집된 자료를 이용하여 진행 중인 분석을 완성해간다. 그 결과 대상자들의 세계와 그 세계를 어떻게 구성하게 되었는지의 과정에 대한 분석을 시도하고자 한다(Charmaz, 2005). 다른 질적 연구와 달리 과정에 대한 해석의 강조가 근거이론 연구의 특징이라고 볼 수 있다. 근거이론에서는 먼저 대상자들의 의미나 행동, 세계에 대한 이해를 그려내고자 한다. 그 후에는 그러한 경험적 관계들에 대한 추상적인 해석을 제공하며 그들이 한 분석이 내포한 의미에 관한 조건적인 진술을 만들어낸다(Charmaz, 2005).

처음 Glaser(1978)가 근거이론을 제시할 당시 그는 철저하게 실증주의적 입장을 견지하였다. 그는 자료와 그 자료를 분석하는 연구자를 철저히 분리된 것으로 간주하였다. 따라서 자료는 오직 "객관적으로만 다루어져야 한다"는 주장을 하였다. 객관적인 자료처리를 위해서는 연구자들이 많은 사례들을 살펴보아야 한다고 보았다. 연구자가 많은 사례들을 살펴봄으로써 연구자의 경험적인 세계를 이해하는 능력이 향상되고 연구하는 현상에 대한 분별력이 점점 더 좋아지리라는 확신을 가졌다. 하지만 오늘날 구성주의자의 관점에서 보면 이것은 연구자의 객관적인 위치에 대한 자신의 가정과 해석을 더 확고히 하는 것에 불과한 것이다. 어떤 분석도 중립적이지 않다는 견해가 지금은 더 우세한 편이다. 이것은 연구자가 자신의 해석이나 분석이 중립적이라고 주장하는 것과 별개로 포스트모던 시대의 사상과 관점은 이런 주장을 받아들이지 않는다. 우리는 모든 연구를 먼저 시작하고 여기에서 벌써 연구자의 선택과 입장 견해를 사용할 수밖에 없다는 것이다(Schwandt, 2000).

모든 연구 과정은 연구자를 통해 조성되는 것이며 연구자는 아무런 방해나 문제없이 중립적인 입장에서 연구를 진행하는 것이 아니다. 따라서 연구자는 자신의 출발한 시점에 가졌던 가정이나 전제를 명확히 밝힐 필요가 있다. Strauss(1987: 6)는 근거이론은 "자료와 밀접한 관련성 속에서 개발되어야 할 뿐만 아니라 연구자가 자신을 근거이론을 발달시키는 도구로서 충분히 인식하면서 개발해야 한다"고 하였다. 모든 사회 과학에서 연구자는 자료를 생각하는 방식이 있으며 그것을 개념화 즉 자료에 의거하여 생각해내고 결과를 도출하는 방식을 가지고 있다. 아무리 유사한 기법이 사용된다 할지라도 연구자가 자료를 어떻게 정의하고 어떤 전략을 사용하는가에 따라서 다른 결과를 도출한다. 따라서 연구자 자신이 어떻게 연구의 질문에 맞게 결과를 정리하고 표현하게 될지를 정하게 되고 그것에 따라서 연구의 윤곽을 잡아가게 될 것이다.

연구 방법

근거이론은 보통 "여기서 무엇이 진행되고 있는가?"라는 질문으로 시작한다. 질문 자체가 진행 과정에 대해 조사할 것을 암시한다. 연구자는 연구 참여자들이 현재 상황에서 무엇을 하는지 또한 어떤 변화를 하고자 하는지를 이해하고자 한다. "근거이론 연구는 변화가 기대되는 경험을 바탕으로 이루어지며, 건강과 비즈니스 연구처럼 변화와 과정에 대한 이해가 중심이 되는 연구 영역에서 많이 행해진다"(신경림 역, Richards & Morse, 2007: 74). 다음 사례는 국내에서 진행된 소아암 부모들의 자조집단의 문제를 제기하여 자조집단에 참여한 사람들이 어떤 경험을 하고 어떤 변화를 겪었는지를 찾아내고자 근거이론을 사용하여 접근하고 있다.

문제 제기(407-8)

사회복지실천, 그중에서도 의료사회복지실천에서는 다양한 만성질환자와 그 가족의 적응이 주요한 관심영역이었으며, 그들의 적응을 향상시키기 위한 다양한 방법을 모색해왔다. 최근의 경향은 의료사회복지사의 일방적 서비스 전달이 아니라, 환자와 가족 스스로 문제를 해결할 수 있도록 하는 능력고취(empowerment)가 적응력 향상을 위한 실천의 지향점이 되고 있다. 만성질환자의 자조집단도 그런 맥락에서 재조명이 가능한데, 아직 국내에서는 자조집단 활동에 대한 연구는 매우 미비한 실정이다. 이에, 본 연구에서는 대표적인 만성 난치성 질환인 소아암을 중심으로 그들의 부모모임 리더의 관점에서 자조집단 참여 경험을 이해하고자 한다.

소아암은 만성적 질환의 특성을 가지면서 동시에 다른 만성질환과는 차이가 있다. 대표적인 소아암의 하나인 소아백혈병의 경우 재발이 없을 때에 치료기간만 2-3년이며, 지속적인 추적관찰을 통해 완치를 판정받으려면 치료종료 후 5년이 지나야 한다.

이렇게 긴 치료기간 동안 환자인 아동은 물론 다른 가족 구성원들에게도 많은 어려움이 따른다. 높은 치료율에도 불구하고 자칫하면 사망의 위험이 따르기에 심리적 부담감을 크며, 다른 만성질환아동 가족과 마찬가지로 환아돌보기, 투약, 가족역학의 변화, 소외감, 열등감, 스트레스, 죄책감 등의 어려움이 있다. 또한, 입퇴원을 반복하면서 가정에서 보호를 받게 됨에 따라 가정에서의 돌봄이 중요해지며, 그에 따라 질병에 대한 지식, 식사에 대한 정보, 응급처치, 간병에 대한 신체적, 정서적 어려움 등 가족에게 요구되는 보호부담이 많아진다.

이 때문에 소아암 가족에 개입하는 의료사회복지사들과 소아암 자녀를 둔 부모들은 자조집단을 결성하여 질병과 간병에 대한 정보를 나누고, 정서적 위안을 공유함으로써 어려움을 감소시키려고 하였고, 그 결과 현재 서울에만 9개의 소아암 부모모임이 결성되어 활동하고 있다.

의료사회사업실천에서 자조집단 모델이 여러 가지 만성질환자들의 심리사회적 재활에 활발하게 사용되고 있다. 당뇨, 암, 신장병, 비만, 루푸스, 정신분열증 등 다양한 질병에서 환자 자신들 뿐 아니라 그 환자의 가족들이 모여 서로 정보를 교환하고 지지를 제공하는 자조모델이 발전하여 왔으며, 만성질환자의 심리사회적 적응을 돕는 효과적인 실천방법으로 인식되어 왔다. 소아암 가족들 역시 심리사회적인 스트레스를 겪고 있긴 하지만, 대부분은 정신적으로 "건강한" 사람에 해당하기 때문에 심리치료 서비스보다는(Chesler, 1993), 그들의 문제해결 능력을 강화하는 자조집단 형성과 같은 사회복지서비스가 더 적절할 수 있다.

그러나, 국내의 많은 자조집단들이 형성되었다가 소멸되기도 하며 유명무실한 상태에 있는 것이 현실이다.[1] 이는 자조집단의 운영에 있어 어려운 점이 많다는 사실을 반영하는 것이다. 자조집단은 필요성과 효과성은 크지만, 운영되고 유지되기는 쉽지 않다는 것이다. 이런 이유로 자조집단에 개입하고자 하는 사회복지사들은 집단의 운영을 유지하고, 효과성을 담보하기 위한 방법을 찾기에 노력해 왔는데, 그런 방법 중 중요한 것 하나가 집단 리더를 잘 선출해야 하는 것임을 알게 되었다. 이에 따라 사회복지사들은 자조집단의 조직과 활동에 대해 지침을 제공하고, 성원들을 교육하고, 집단유지에 필요한 자원을 제공하며, 집단 리더의 소진(burn-out)을 막기 위해 다양한 방식의 개입과 지지를 제공함으로써 리더들을 직간접적으로 지원하여왔다(김진숙, 2003). 이 과정에서 자조집단 운영과 관련된 대다수의 정보는 외국의 사례로부터 얻어진 것으로 국내의 자조집단에는 그대로

1) 2002년 서울소재 종합병원을 기반으로 활동하고 있는 만성질환자 자조집단을 조사한 바 있다. 이때 약 140여 개의 집단을 발견하였는데, 실제 활동을 조사한 결과 '회장' 단독으로 활동하고 있거나 활동이 중단된 집단이 절반 이상이었다.

적용했을 때 그다지 적절하지 않은 경우도 많았다. 이는 서구문화권과 우리나라를 포함한 아시아문화권에서 리더십을 비롯한 자조집단의 여러 측면에서 차이를 보이기 때문이다. 자조집단의 결성에 있어 아시아문화권에서는 체면문화 때문에 자신의 문제를 인정하고 개인적 경험을 나누는 소집단 과정보다는 전반적인 복지혜택을 향상시키려는 목적에 더 많은 사람들이 동기화된다고 지적되기도 한다(Oka, 1998). 서구문화의 자조집단들이 상호지지하기 위해 모임을 결성하고, 원조 과정에서 서로의 경험을 기반으로 지식을 공유하며, 소집단 과정을 강조하고, 전문가와 자조집단이 서로 독립적이라는 점(Lee, 1999)과 차이를 보이는데, 이러한 차이는 의료환경 및 복지제도 등 각 나라의 환경과 문화적 차이에서 비롯된 것으로 보인다. 따라서, 정서적 지지를 주요 내용으로 하는 소집단 모델을 활용하는 서구 자조집단 모형의 리더십과 우리나라의 자조집단 리더십도 동일하지 않으리라는 것을 예상해 볼 수 있다.

또한, 소아암을 포함한 만성질환자 자조집단의 역사가 상대적으로 길지 않은 우리나라에서는 바람직한 자조집단의 성공사례가 많지 않으며, 자조집단에 대한 정확한 이해와 바람직한 자조집단의 모델을 만들어보고자 하는 집단 리더들에게 제공되고 있는 정보들은 우리나라 실정에 적합한 객관적이고 유용한 기준이 아닌 외국의 사례나 일반적인 집단 이론에 근거한 것이 대부분이다. 또한, 이들을 직접적으로 조언하고 지원하고 있는 의료사회복지사들 역시 국내 자조집단 리더십에 대해 일반적인 집단의 리더십에 준하여 이해하고 있으며, 자조집단 리더십에 관하여 이론과 현실의 괴리와 혼란을 느끼고 있는 현실이다(김진숙, 2003). 이러한 점은 국내 자조집단의 리더들의 고유한 특성이나 경험에 대하여 과학적인 이해가 필요함을 절대적으로 강조하게 되는 이유가 된다.

연구의 목적(408, 409)

이 연구는 우리나라의 자조집단의 특성과 참여과정에서 발생하는 어려움, 이것을 해결하고자 하는 전략, 그리고 집단의 리더십 등을 집단 리더들의 관점에서 그들이 경험하는 것을 소아암 부모모임을 중심으로 질적 연구과정을 통해 살펴보고자 한다.

따라서, 본 연구는 소아암 부모모임을 중심으로 국내의 현실이 반영된 자조집단을 살펴보고, 그 집단의 리더가 어떠한 경험을 하는지 사회문화적인 맥락에서 이해하고자 한다.

대부분 근거이론 연구의 자료는 인터뷰와 관찰로부터 나온 것이다. 보통 자료를 만들어내는 방식 자체로도 연구자들이 무엇을 배울 수 있는지를 제한할 수 있다. 어떤 자료이든지 이론의 근거를 제공할 수 있는 범위 내에서 자료를 만들어내야 한다. 분명히 인터뷰는 어떤 주제에 대해서는 중요한 자료 산출의 방식이 되지만 단순히 인터뷰만을 이론 정립의 근거로 삼는 데에는 문제가 있다. 왜냐하면 인터뷰는 사건 자체가 어떻게 전개되는 지에 대한 전체적 그림보다는 대답을 해준 사람들의 관심과 견해에 치중한 자료를 제공하기 때문이다. 따라서 근거 이론은 내용과 범위가 방대하고 과정에 대한 수준 높은 자료의 수집을 권한다. 다양한 종류의 문헌들, 문학작품, 이전에 행해진 연구들은 잠재적으로 소중한 자료로 사용한다. 자료는 수집되는 대로 체계적으로 정리하여 끊임없이 비교와 반성을 하도록 한다. 이 과정은 이론의 발견과 모순된 자료를 찾아내는 데에 유익하다. 또한 현장 방문을 수시로 자주 할 것도 권한다. 단 한번 시도된 구조화된 인터뷰가 위험한 이유는 사람들의 삶은 현장이라는 맥락을 떠날 수 없고, 짧은 인터뷰를 통해서는 복잡한 삶의 맥락을 다 파악하기 어렵기 때문이다.

맥락을 적절히 드러내고 과정의 전개를 깊이 있게 조사하기 위하여 연구자는 다각도로 수집된 자료가 인도해 주는 것을 잘 따라가야 한다. 단순히 말해진 것보다 더 깊은 의미와 행동을 이해하기 위해서는 초점이 맞추어진 문제 영역에 대한 꾸준하고 귀납적인 분석을 시행해야 한다. Glaser와 Strauss(1967)는 편지 모음이나 인터뷰 자료, 연설문 자료, 소설 등을 모두 수집하고 이것을 자료 기록지를 통해 정리하고 보관해 둘 것을 제안했다. 이 다양한 종류의 문헌들은 새로운 아이디어를 끌어내기 위해 좋은 재료들이 되어 준다. 체계적이 아니라도 우발적으로 혹은 임의로 마주친 자료라도 소홀히 다루지 말고, 그 맥락과 관련된 방대한 문헌의 수집도 꾸준히 진행해야 한다.

자료 수집은 이론적 샘플링(theoretical sampling)으로 이루어지는데 분석자는 자신의 이론을 완성해 가기 위해 자료를 수집하고, 코딩하고, 분석을 동시에 진행하여 뒤이어 어떤 자료가 수집되어야 하고 어디에서 그것을 찾을지 결정하는데 도움을 얻도록 한다(Glaser & Strauss, 1967: 45). "우리들이 수집한 자료들 안에 결함이나 이론의 구멍난 곳이 어딘지 찾아내야 한다. 그럼 다시 현장으로 되돌아가 빠져 있는 부분의 자료를 찾아 보충하고 이 개념적 결함을 메꾸어 나가도록 하는 것이 이론적인 샘플링 방식이다"(Charmaz, 2000: 519). 최초의 샘플은 논리적으로 연구 문제에 가장 적절해 보이는 것으로 현장 관찰이나 인터뷰를 통해 선택한다. 연구 현상이나 현장의 실제를 풍부히 보여 주는 자료를 수집하는 것이 가장 첫 번째 단계이다. 이 자료들을 체계적으로 기록해 나가는 것이 맥락적 조건을 알려주고 다른 분석의 차원들을 연결시킬 수 있는 비교 가능한 자료를 얻는 좋은 방법이다. 다음에서 이 사례에서의 자료 수집 방법과 연구 참여자를 볼 수 있다.

자료수집(410)

자료수집 기간은 2004년 7월 24일부터 20042년 9월 24일까지 총 2개월간 이었다. 자료 수집은 본 연구자가 직접 비구조적이고 개방적인 질문을 통해 1시간에서 5시간정도 심층 면담을 하였다. 면담은 연구 참여 동의서에 합의를 받은 후 시작하였으며, 참여자의 표현을 생생하게 빠짐없이 기록하기 위해 참여자의 동의하에 녹음기를 사용하였다. 면담의 방법은 연구 참여자가 하고 싶은 이야기를 충분히 하도록 시간을 제한하지 않으며, 면담 시 질문은 공식적이고 순서적이라기보다는 면접상황에 따라 유연하게 자신들의 경험에 대해 이야기하도록 하였다. 이 과정에서 본 연구의 주제와 부합하는 내용에 대해서는 보다 상세하게 질문하였다. 면담장소는 참여자가 편안하게 생각하며 참여자의 프라이버시가 지켜지고 면담내용의 비밀이 보장될 수 있는 곳으로 자택 방문, 병원의 면담실, 조용한 찻집이나 식당, 성당 봉사자실 등에서 이루어졌다. 면담내용은 익명으로 처리되었으며 연구이외의 목적으로는 사용하지 않음을 약속하였고, 자료의 정확한 의미를 확인하기 위해 다시 면담하거나 전화나 전자메일을 할 경우가 있음을 문서로 확인하였다. 첫 질문은 "어떻게 부모모임에 참여하게 되었는가?"였으며, 본 연구에서 주로 사용한 핵심질문은 '부모모임 임원으로 활동하는 것은 어떠한 경험인가'였다.

연구 참여자(409-410)

근거이론에서 참여자 선정은 이론적으로 적합한 대상자를 인위적으로 표집하는 것이다(Strauss and Corbin, 1998). 소아암 부모모임 리더들의 경험을 탐색하기 위해 본 연구는 서울과 경기 지역에 소재하고 있는 10개 대학병원의 소아암 부모모임에서 회장이나 부회장, 총무 등 임원을 역임하였거나 활동 중인 부모를 연구대상으로 하였다. 이를 위해 각 부모모임 임원진의 명단을 구하여 수록된 24명 중 연구의 취지를 설명하고 이에 대하여 동의한 참여자만을 대상으로 더 이상 새로운 의미 있는 진술이 발견되지 않는 포화시점까지 표집하여 9개 병원 총 15명에 대해 인터뷰를 실시하였다. 지역적인 한계를 둔 이유는 소아암의 특성상 치료병원이 대도시에 위치한다는 것과 소아암 치료병원 중 절반이상이 서울과 경기 지역에 위치한다는 것, 또 지역별로 부모모임 임원의 경험에 문화적 차이[2]가 있을 수 있는 가능성 때문이다.

면접은 각 1회씩 60분에서 300분까지 진행되었다.

자료가 조금씩 더 모아지고 분석이 동시에 이루어지면서 이론적인 질문들이 만들어지는데 이것에 대해 답해 주는 경험적인 자료를 많이 얻을수록 연구자는 이후에 나올 분석의 설득력을 더욱 높여갈 수 있다. 따라서 자료는 이론적 민감성(theoretical sensitivity)에 의해 찾아질 수 있는 것이다. 이론적 민감성은 연구자가 이론을 찾기 위하여 끊임없이 자료로부터 나타나는 개념과 그 개념들 사

2) 서울과 경기 지역의 병원은 지방에서 올라온 환자들도 많은 반면, 다른 지역의 병원들은 위치하고 있는 지역의 환자가 중심이 된다. 또한 환자수에 있어서도 많은 차이를 보이기 때문에 모임의 특성이 다를 것으로 예상되어졌다.

이의 통합 혹은 합성을 모색하면서 자료와 상호작용을 시도하는 것이다. 이론적 민감성은 연구자의 이론에 대한 통찰력을 요구한다. 즉 자료 자체로서는 불충분하다. 자료들은 이론적으로 만들어진 질문에 대해 답이 되어야 하고 그러한 질문들에 대해 무엇인가 말해야 한다.

이론적 샘플링을 완성해 가는 과정에는 여러 사람들, 현장, 사건, 그밖에 매우 다양한 많은 것이 포함된다. 이론적인 분별력이나 방향 지시, 또한 전개가 없이 자료 자체로는 아주 평범한 서술에 그치고 마는 결과를 낳게 될 것이다(Silverman, 2000). 이 여러 다양한 집단을 비교하는 것은 이론적 범주들이 만들어질 때, 서로 유사성과 차이점이 쉽게 드러나도록 해준다. 다시 말하면 여러 다양한 집단으로부터 자료를 수집함으로써 새로 만들어지는 범주들의 강도를 시험해 볼 수 있게 된다.

근거 이론의 가장 기본적인 분석 과정은 지속적 비교 분석법이다. 지속적 비교 분석법은 연구자가 의미 단위로 잘라낸 자료들을 서로 계속 비교해 가면서 임시적인 범주와 영역들을 이끌어내기 위해서 사용된다. 이 지속적 비교 분석법은 근거 이론의 가장 기본적인 요소이다. 분석은 한 사건과 다른 사건을 지속적으로 비교해 가면서 각각의 모든 사건들을 현재 새롭게 나타나는 개념적 범주와 비교해 가고, 비슷한 범주들을 모아서 적은 수의 고도의 개념적 범주로 축소해 간다. 이 과정을 지속하면서 전체적인 틀 혹은 잠정적인 이론을 개발해 간다. Strauss와 Corbin(1990:7)은 "범주들은 개발되고 있는 이론의 초석이다. 이 범주들은 이론이 엮어질 수 있는 수단을 제공한다"라고 하였다. 이 과정에서 수행하는 것이 바로 코딩작업이다. 코딩은 개방코딩, 축코딩, 그리고 선택적 코딩으로 구분된다(Strauss & Corbin, 1990). 자료를 분석해 가는 과정에서 어떤 통찰이 떠오르던지 간에 지속적으로 메모를 작성한다. 특별히 범주와 영역들 중에서 혹은 범주와 범주 혹은 영역과 영역사이에 서로 연결되어지는 것을 메모로 남겨둔다.

분석방법(410-411)

녹음된 자료는 필사하여 이를 원자료로 사용하였으며, 자료 분석의 절차는 스트라우스와 코빈(Strauss and Corbin, 1998)이 제시한 개방코딩, 축코딩, 선택코딩에 따라 분석하였고 자료수집과 함께 동시에 이루어졌다. 각 단계별 과정을 설명하면 대략 다음과 같다.

첫 번째 개방코딩 단계는 근거자료를 통해 개념을 발견하고 명명하여 유사하거나 의미상 관련되어 있다고 여겨지는 사고나 사건, 물체, 작용/상호작용을 하위범주로 묶은 후 범주화하는 과정이다(Strauss and Corbin, 1998). 본 연구에서는 면담한 내용을 한 줄씩 분석해 나가는 줄 단위 분석방법을 사용하였다.

축코딩 단계는 각 범주들 간의 관계를 보다 포괄적으로 설명하기 위해 인과적 상황, 중심현상, 맥락적 조건, 중재적 조건, 작용/상호작용 전략, 결과라는 근거이론의 틀에 맞추어 분석하고 시간의 흐름에 따라 작용/상호작용을 순서적으로 연결하여 과정분석을 실시하였다.

마지막으로 선택적 코딩 단계에서는 이야기 윤곽과 각 범주 간에 반복적으로 나타나는 관계를 정형화하여 유형분석을 하였다.

이론 정립은 핵심 범주의 정의와 관련된다. 핵심 범주는 모든 다른 범주들이 서로 연결되거나 포함되어질 수 있는 가장 주요한 개념적 요소를 말한다. Strauss(1987: 36)는 핵심 범주는 “가장 중심에 있어야 한다. 즉 다른 범주들이나 영역들과 가장 많이 연결되어야 하고, 자료에 가장 많이 나타나야 하며 이론을 발전시켜야 한다”고 주장하였다. 범주들과 영역들은 가정과 명제를 통해 연결해 간다. 근거 이론에서 이론을 발전시키는 과정의 일부로써 범주와 영역들이 서로 연결되어져 간다. 이런 범주와 영역들이 발전되어 가는 과정을 다음과 같이 분석된 결과를 통해 볼 수 있다.

분석결과

소아암 부모모임 리더들의 참여 경험의 개념과 범주화 : 개방코딩(411-15)

소아암 부모모임의 리더들이 자조집단 활동에서 경험한 것을 유사한 개념을 중심으로 분류하였다. 인터뷰를 통해 얻은 자료를 근거로 지속적인 질문과 비교분석의 과정을 거쳐 최종적으로 94개의 개념과 26개의 하위 범주와 17개의 범주가 도출 되었다.

소아암 부모모임 리더들의 자조집단 참여경험의 패러다임 모형 : 축코딩(421-26)

근거이론에서 축코딩은 범주나 하위범주를 연관지어 새로운 패러다임 모형으로 자료를 조합하는 것이다. 패러다임 모형은 인과적 조건, 중심현상, 맥락, 중재적 조건, 작용/상호작용 전략, 결과로 구조화된다(Strauss와 Corbin, 1998). 본 연구의 주제인 ‘소아암 부모모임 리더들의 자조집단 참여경험’의 패러다임 모형은 다음과 같다.

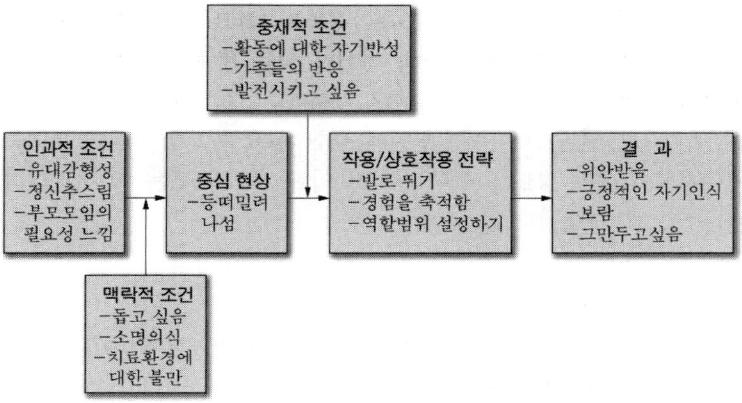

[그림 1] 소아암 부모모임 리더들의 자조집단 참여경험 패러다임 모형

(1) 인과적 조건

인과적 조건은 어떤 현상이 일어나게 된 원인이나 조건을 설명해 주는 것이다(Strauss and Corbin, 1998). 본 연구에서는 '유대감 형성', '정신을 추스림', '부모모임이 필요성 느낌'이 중심현상인 '등떠밀려 나섬'에 선행되는 인과적 조건인 것으로 나타났으며, 이들의 속성과 차원은 다음과 같다.

〈표 1〉 인과적 조건의 속성과 차원

하위범주	범주	속성	차원
소아암 부모로서의 고통스러운 경험	유대감 형성	강도	강함-약함
가족처럼 느껴짐			
정신을 추스림	정신을 추스림	강도	강함-약함
부모모임의 도움을 받음	부모모임의 필요성 느낌	강도	강함-약함
모임의 힘을 느낌			

'유대감 형성'은 부모들에 따라 한가족이라는 강한 의식에서부터 갈

은 경험을 한 동료 정도의 덜 강한 정도를 나타내는 차이를 보였다. '정신을 추스림'은 속성상 강약의 차이가 있는 범주이나 리더가 되기 위해서는 반드시 '정신을 추스림'이 강해야 리더가 될 수 있는 필수적 조건으로 나타났다. '부모모임에 대한 필요성 느낌'이라는 범주는 참여자들에 따라 강도에 있어 강하고 약한 차이가 있는 것으로 나타났다.

(2) 맥락적 조건

맥락적 조건은 중심현상이 발생하는 구조적 장으로서 작용/상호작용 전략이 취해지는 일련의 조건이다(Strauss and Corbin, 1998). 본 연구에서는 '돕고싶음'과 '소명의식', '치료환경에 대한 불만'이 중심현상인 '등떠밀려 나섬'을 발생하도록 하고 작용/상호작용 전략을 취하도록 하는 맥락으로 나타났다. 이들의 속성과 차원은 다음과 같다.

〈표 2〉 맥락적 조건의 속성과 차원

하위범주	범주	속성	차원
현재에 대한 감사	돕고 싶음	강도	강함-약함
도와주고 싶음			
내가 할 일이라고 생각함	소명의식	강도	강함-약함
기존단체에 대한 문제의식	치료환경에 대한 불만	정도	큼-작음
의료진에 대한 불만			
사회 및 국가 정책에 대한 불만			

'돕고 싶음'과 '소명의식', '치료환경에 대한 불만'이라는 범주는 참여자들에 따라 강도와 정도에 있어서 차이를 보였다. '돕고 싶음'이라는 범주는 현재에 얼마나 감사하느냐, 다른 사람들은 도와주고 싶은 마음은 어떠냐에 있어 강하고 약한 차이를 보였으며, '소명의식'은 내 일이고 내가 반드시 해야 하는 일이라는 생각에 있어 강하고 약한 차이를 보였다. 특히 종교적 배경이 기독교적인 참여자들에게서 '하나님이 내가 이 일을 하도록 시련을 주시고 이끄신 것'이라고 생각하는

소명의식이 강하게 나타났다. '치료환경에 대한 불만'은 치료환경이 개선되어야 한다고 생각에 있어 정도의 속성으로 크고 작은 차원을 갖는 것으로 나타났다.

(3) 중심현상

중심현상이란 참여자가 일련의 전략을 통해 조절하거나 해결하려는 중심생각이나 사건을 말한다(Strauss and Corbin, 1998). 본 연구의 참여자들이 경험하는 중심현상은 '등떠밀려 나섬'이었다. '등떠밀려 나섬'의 속성과 차원은 다음과 같다.

〈표 3〉 중심현상의 속성과 차원

하위범주	범주	속성	차원
나서기 어려움	등떠밀려 나섬	관여도	적극적-소극적
해내기 버거움			

이러한 '등떠밀려 나섬'이라는 중심현상은 참여자들에 따라 적극적으로 몰입하는가 소극적으로 참여하는가의 차이가 있는 것으로 나타났다.

(4) 중재적 조건

중재적 조건은 어떤 현상과 관련된 보다 광범위한 구조적 상황을 말하며, 주어진 상황 또는 맥락적 조건 속에서 작용/상호작용 전략을 촉진하거나 억제하는 방향으로 작용하는 범주를 의미한다(Strauss and Corbin, 1998). 본 연구에서는 전략에 영향을 주는 범주로 '활동에 대한 자기반성', '가족들의 반응', '발전시키고 싶음'이 나타났고 이들의 속성과 차원은 다음과 같다.

〈표 4〉 중재적 조건의 속성과 차원

하위범주	범주	속성	차원
가족에게 미안함 부모회원들에게 미안함	활동에 대한 자기반성	본질	있음- 없음
부모회 활동에 대한 가족들의 태도	가족들의 반응	본질	긍정적-부정적
전문가가 필요하다고 느낌 투병중인 아이들을 위한 꿈	발전시키고 싶음	강도	강함-약함

'활동에 대한 자기반성', '가족들의 반응', '발전시키고 싶음'이라는 범주들은 작용/상호작용 전략의 각 범주를 촉진하거나 억제하는 중재적 조건이다. 즉, 활동에 대한 자기반성이 긍정적인가 부정적인가, 가족들의 반응이 긍정적인가 부정적인가, 발전시키고 싶은 마음이 강한가 약한가에 따라 작용/상호작용 전략이 다르게 나타나게 되는 것이다.

(5) 작용/상호작용 전략

작용/상호작용 전략은 특정하게 인지된 상황들 아래서 현상을 다루고 조절하고 실행하며 거기에 대처하도록 고안된 전략들이다(Strauss and Corbin, 1998). 작용/상호작용 전략은 자연적이며 연속적으로 발생하며 목적을 지니는 목표지향적인 속성이 있다. 본 연구에서는 참여자들은 '발로 뛰기', '경험을 축적하기', '역할범위 설정하기'라는 전략을 통하여 '등떠밀려 나섬'이라는 중심현상을 조절하는 것으로 나타났다.

〈표 5〉 작용/상호작용 전략의 속성과 차원

하위범주	범주	속성	차원
모임을 이끌어 감	발로 뛰기	관여도	적극적-소극적
익숙해져감	경험축적하기	정도	많음-적음
몰입하기 어려움	역할범위 설정하기	본질	넓음-좁음

위와 같은 '발로 뛰기', '경험축적하기', '역할범위 설정하기'라는 범주는 '등떠밀려 나섬'의 현상을 조절하는 작용/상호작용 전략이다. 즉, 발로 뛰는 것이 적극적인가 소극적인가, 경험축적이 많은가 적은가, 역할범위 설정이 넓은가 좁은가에 따라 '등떠밀려 나섬' 현상이 촉진되기도 하고 억제되기도 하는 것이다.

(6) 결과

결과는 다양한 작용/상호작용 전략을 통해 중심현상이 조절되면서 나타나는 것이다(Strauss and Corbin, 1998). 본 연구에서는 '위안받음', '긍정적인 자기인식', '보람', '그만두고 싶음'이 결과로 나타났다. 참여자들은 '정신을 추스르고 유대감 형성과 부모모임의 필요성 느낌'을 시작으로 '돕고 싶고 내게 주어진 일이라는 소명의식과 치료환경에 대한 불만'의 맥락에서 '등떠밀려 나섬'과 같은 부모모임 리더가 되는 중심현상을 조절하기 위해 '자신을 돌아보고, 가족들의 반응과 발전하기를 바라는 마음'의 중재로 '발로 뛰고, 경험을 축적하고, 역할범위를 설정하는' 전략을 활용하여 '위안을 받게 되고 긍정적으로 변한 자신을 인식하며, 보람을 느끼고 그만두기'를 희망하는 것으로 나타났다.

〈표 6〉 결과의 속성과 차원

하위범주	범주	속성	차원
개인적인 위안이 됨	위안받음	정도	큼-작음
내가 변했다고 느낌	긍정적인 자기인식	본질	있음-없음
개인적인 만족감 보람을 느낌	보람	정도	큼-작음
부모모임에 대한 한계를 느낌 그만두고 싶음	그만두고 싶음	강도	강함-약함

위에서 살펴본 '위안받음', '긍정적인 자기인식', '보람', '그만두고 싶음'이라는 결과들은 속성에 따라 다른 차원을 나타냈다. 즉, '위안받

음'은 크고 작음, '긍정적인 자기인식'은 있고 없음, '보람'은 크고 작음, '그만두고 싶음'이 강함과 약함의 다른 차원을 갖는 것을 나타났다.

소아암 부모모임 리더들의 자조집단 참여경험 과정: 축코딩 (426-427)

과정분석은 과정과 구조의 상호작용으로 시간이 지나면서 현상에 대한 반응, 대처, 조절에 관계하는 작용/상호작용의 연속적인 연결을 의미한다. 본 연구에서 연구대상자들이 '등떠밀려 나서서 모임 이끌어가기'라는 현상에 소아암 부모가 되는 시점부터의 경험 과정을 분석한 결과 '소아암 부모로서의 정체성 유지 단계', '문제의식 형성단계', '뛰어들기 단계', '경험축적하기 단계', '긍정적인 변화 단계'로 나타났다.

첫 번째 단계인 '소아암 부모로서의 정체성 유지 단계'는 부모모임의 리더가 되기 위해 전제조건이 되는 단계이다. 소아암 부모로서의 정체성은 자녀가 소아암으로 진단받는 순간 시작되는 것이 아니라 소아암이라는 질병을 진정으로 수용함으로써 생기며 치료받는 동안에 점점 강화된다. 특히 소아암 부모모임 리더들은 이러한 정체성이 자녀의 치료 동안에만 존재하는 것이 아니라 자녀의 치료가 종결되거나 사망한 이후에도 계속된다.

두 번째 단계는 '문제의식 형성 단계'이다. 대개의 소아암 부모들은 치료 기간 동안에 여러 가지의 어려움과 부담을 갖게 되고 그것을 해결하고자 하는 과정에서 치료에 방해가 되고 개인적으로 해결할 수 없는 다양한 환경적인 요인들을 접하게 된다. 이러한 것들을 비판적으로 받아들이느냐, 수용하느냐에 따라 그 다음 단계인 뛰어들기 단계에 영향을 준다. 하지만, 문제의식이 있어야만 부모모임의 리더가 되는 것은 아니다. 문제의식을 가지고 부모모임을 결성하여 리더가 되기도 하고, 이미 결성되어 있는 부모모임의 리더가 되어 깊이 활동하면서 여러 가지 문제의식을 갖게 되기도 한다.

세 번째 단계는 '뛰어들기 단계'로 이 단계는 참여자들이 실제로 리더로서 활동하는 단계이다. 등떠밀려 부담감을 가지고 시작한 일이지만 환아가족에게 정보를 제공하고 위로하는 일에서부터 유관단체와의 협력, 정부에 정책건의 등의 역할을 수행하면서 소아암 가족들이 처해있는 현실에 대하여 더 많이 관여하게 되고 많은 것을 알아가는 단계이다.

네 번째는 '경험축적하기 단계'로 활동의 기간이나 몰입이 커지면서 다른 모임들로부터 정보를 구하기도 하고 직접 체험한 것을 집단운영에 반영하면서 활동에 더욱 익숙해지는 시기이다. 시간적 여유가 없고 운영비용이 부족하고 아이들의 재발이나 죽음을 직면해야 하는 일처럼 해내기 버거운 일들도 하나둘씩 해결방법을 찾아가는 단계이다. 다섯 번째는 '긍정적인 변화 단계'이다. 이 단계는 자신의 내적인 변화가 따르는 단계로 앞서 살펴본 일련의 단계들을 거쳐 자신이 적극적이고 이타적이며 시야가 넓고 강한 사람으로 변화되었고, 자녀를 잃은 슬픔이나 개인적으로 어려운 상황 속에서 위안과 보람을 얻었으며, 자녀의 암투병이라는 시련을 겪었으나 그것이 결국 자신의 삶을 긍정적인 것으로 만들었다고 평가하게 하는 단계이다.

소아암 부모모임 리더들의 자조집단 참여 경험의 이야기 윤곽 : 선택코딩(427-428)

이야기 윤곽은 핵심범주를 다른 범주에 체계적으로 연관시켜 관련성을 확인하고 다듬고 개발할 필요가 있는 범주를 기술하는 과정으로 서술적 문장을 적는 것이다(Strauss와 Corbin, 1998). 소아암 부모모임 리더들의 자조집단 참여 경험의 이야기 윤곽은 다음과 같다.

소아암 부모모임 리더들은 자녀가 소아암으로 진단받고 막막하기만 할 때, 내 아이를 살리려면 나부터 정신차려야 한다는 생각을 하면서 치료과정을 지냈다. 치료를 받다보니 도와준다는 단체나 병원이나 사회 속에서 부딪히는 문제가 한두 가지가 아니라는 것을 알게 되고 한 병실에서 투병하는 다른 아이들의 부모들과 우리는 한배를 탔다는 유대감 형성을 갖게 되었다. 치료를 받으면서 또 치료를 끝내고 그동안 도와준 사람들과 자녀가 살았다는 사실에 감사하여 다른 부모들을 위해 거들고 싶고 도와주고 싶다고 느꼈다. 동시에, 이런 시련을 경험하여 잘 극복해낸 것은 다른 사람을 위해 뭔가 해야만 하는 소명이라고 생각했다. 부모모임으로부터 도움을 받았기에 혹은 모여야 힘이 생긴다는 생각에 모임이 반드시 필요하다고 느꼈으나 권리를 찾기 위해 나섰을 때 병원이나 의료진으로부터 받을 불이익이나 모임을 위해 들여야 하는 시간이나 노력이 나서기 어렵고 해내기가 버거워 보였다. 그러나 고양이 목에 방울달러 가는 것처럼 아무도 나서지 않는 상황에서 의료진이나 다른 부모들의 권유와 등떠밈에 의해 리더가 될 수밖에 없었다. 리더가 되어서는 하나부터 열까지 발로 뛰면서 모임을 이끌어 나갔다. 리더로 활동하다 보니 모임의 힘을 느끼게도 되고, 다른 모임의 열성적인 리더들을 보면서 자신의 활동을 되돌아보게도 되어 더욱 적극적으로 활동하게 되었고 아이들과 가족들을 위해 부모모임과 그 연합체를 발전시키고 싶은 마음이 간절해졌다. 그러나 모임에 들여야 하는 시간과 비용 등 개인적인 희생이 많이 따라야 했고 그런 상황에 대해 가족들은 이해해 주기도 하지만 암투병이라는 사실과 그 때의 고통스러움을 잊고 싶어 소아암과 관련된 활동은 안 했으면 하고 눈치를 주기도 했다. 이러한 상황 때문에 부모모임 활동에 완전히 몰입하기는 힘들었고 생활의 전부가 될 수 없다는 것도 알게 되었다. 그리하여 역할범위를 설정하여 할 수 있는 범위 내에서 모임활동을 유지해 나가고자 하였고, 점차 경험을 축적함으로써 여러 가지 어려움을 극복해 나가고자 하였다. 활동은 늘 보람된 것만은 아니었다. 활동하는 가운데 부모모임 내부에서 임원들끼리 갈등을 겪기도 하고 환자를 대변하지 못하는 것 같기도 하였다. 이렇게 부모모임에 대한 한계를 느끼게 되고 또 계속해서 들어오는 신환들에게 뚜렷한 도움을 주지 못하는 것 같이 느껴지면서 다른 사람에게 자리를 내놓고 싶어졌다. 하지만, 부모모임에 리더로서 활동하면서 자녀를 잃은 슬픔이나 오랜 투병으로 어려워진 상황에 대해 위안을 얻었으며, 아이들이 즐거워하는 모습과 다른 부모들이 건네는 격려의 말에 보람을 느꼈다. 이를 통해 결국 소아암이라는 고통스러운 경험이 자신이 적극적이고 이타적이며 강한 사람으로 변화시켰다고 자신을 평가하였다.

분석의 한 영역으로 최근에 Adele Clarke(2005)에 의해 개발된 상황분석이 있다. 상황분석에서는 상황, 즉 맥락과 인간, 그들 간의 관계, 행동과 상호작용에 초점을 맞추고 있다. 이는 광범위하게 여겨지는 연구의 복잡한 상황을 분석하는 데에 사용한다. 과정 중심의 근거 이론과는 상당히 다르며 담화와 행위자에 대하여, 혹은 행동과 구조, 이미지, 텍스트와 배경을 드러내도록 상황 자체를 하나의 분석 단위로 간주한다.

Glaser와 Strauss(1967)는 이론을 평가하는 네 가지 영역을 제안하였다. 첫 번째는 적합성이다. 적합성은 이론이 조사하고 있는 실재적인 영역의 현실과 얼마나 밀접하게 관련되어 있는지를 보는 것이다. 두 번째는 이해력이다. 이해력은 그 실재 영역 안에 있는 평범한 사람들이 그 이론을 이해하고 사용할 수 있어야 한다는 점이다. 세 번째 일반성은 근거이론의 범주들이 감각적 면을 잃을 정도로 너무 추상적이어서는 안되며, 그렇다고 변화무쌍한 일상의 상황과 다변적인 조건들을 인도하지 못할 정도로 너무 덜 추상적이어서도 안 된다(*ibid.*, 242). 마지막은 통제성이다. 통제성은 이론이 충분히 강력하고 명확하여 적용할만한 곳에 충분히 적용해 갈 수 있는 통제력을 지녀야 한다는 것이다. 결론적으로 근거이론은 자료에 적합해야 하고 유용한 설명을 제공해야 하며, 실제 문제와 적절히 관련되어 있어야 하고, 다른 후속 연구에 의해 수정될 수 있는 힘이 있어야 한다(Glaser, 1978). 사례의 마지막에서 새로 발견된 이론이 얼마나 유용할지에 대해 설득력 있게 제시되는 것이 적절한 마무리가 될 것이다.

결론(430)

본 연구에서는 소아암 부모모임 리더들의 자조집단 참여경험을 이해하고, 이 경험 현상을 설명하기 위한 이론을 구축하고자 하였다. 이를 위해 9개 병원 소아암 부모모임 전·현임 리더들을 대상으로 심층면접을 실시하였고 근거이론 접근을 통해 그 결과를 분석하였다. 분석결과, 소아암 부모모임 리더들의 자조집단 참여경험은 등떠밀려 나서서 자신이 설정한 역할범위 안에서 발로 뛰고 경험을 축적해 나가는 과정인 것으로 나타났다. 이러한 '등떠밀려 나섬'은 자신이 소아암 자녀를 둔 부모라는 정체성을 치료 후나 자녀의 사망 후까지 유지하고 다른 부모들과 유대감을 형성하며 부모모임의 필요성을 느끼면서 시작된다. 필요한 일이지만 해내기가 버겁기에 나서기 쉽지 않은 일에 다른 부모들이나 의료진에 의해 리더가 되어 모임을 이끌어 나가게 된다. 여기에는 의료 환경을 비롯한 소아암과 관련된 사회서비스와 정책 등에 대한 불만과 내가 해야 하는 일이라는 소명의식, 봉사하는 사람들을 거들고 다른 사람을 돕고 싶은 마음이 중요한 조건이 된다. 또한, 활동에 대한 자기평가와 가족들의 반응, 그리고 부모모임을 발전시키고 싶은 마음에 의해 등떠밀려 나선 과정의 전략이 달라지는 것을 발견할 수 있었다. 이들은 발로 뛰며 경험을 축적하지만 일상생활과 병행해 나가야 한다는 사실을 깨달아 역할범위를 정하기도 하였다. 그 결과 심리적 위안을 받기도 하였고 긍정적인 모습으로 변해 있는 자신을 발견하기도 하였으며, 보람을 느끼기도 하였다. 동시에 부모모임의 한계를 느끼고 부모모임의 발전을 위해 임원을 그만두고 싶어 하는 경우도 있었다. 이러한 결과들은 리더들에 따라 다양한 형태로 나타났지만 부모모임의 리더로서의 역할은 해내기 어려운 일이며 자발적으로는 나서기 힘들다는 것은 공통적으로 경험하고 있었다. 이 경험 과정은 소아암 부모로서의 정체성 유지 단계, 문제인식 단계, 뛰어들기단계, 경험축적 단계, 긍정적인 변화 단계로 구분되었으며, 등떠밀려 나서게 된 리더들은 '헌신적가족형', '순수봉사자형', '모범회원형', '사회운동가형'으로 구분되었다.

논의(430-2)

먼저 경험의 중심현상인 '등떠밀려 나섬'과 관련된 논의이다. 이 범주는 자조집단의 리더가 되는 일은 상당한 부담이 되는 일이라는 것을 설명해 준다. 이는 자조집단이 운영되기 위해서는 구성원들로부터 리더십이 생겨야 한다는 자조집단의 의의를 흔들 수 있는 중요한 사항이다. 이러한 점 때문에 자조집단은 전문가의 개입이 없어야 한다는 이론적 구분에도 불구하고, 전문가가 개입할 수밖에 없는 현실을 설명한다고 하겠다.

두 번째는 유형에 관한 논의이다. 유형을 구분함에 있어 대부분의 리더들은 헌신적가족형과 순수봉사자형에 속하는데 이들의 가장 뚜렷한 차이는 유대감 형성이라는 범주에서 나타났다. 헌신적가족형 리더들은 봉사라는 용어를 사용하기 거부했다. 가족을 돌보는 일은 당연히 해야 할 일이고 봉사가 아니라는 의미에서였다. 그러나 순수봉사자형 리더들은 종교적 생활이 바탕이 되어 대가없이 다른 사람과 나누는 삶이라는 의미에서 봉사를 강조했다. 그 결과 이들은 다른 부모들과의 관계 역동성에도 차이를 보인다. 리더와 다른 부모들이 주고받는 관계에 있는가, 일방적으로 리더가 다른 부모들에게 주는 관계에 있는가 하는 것이다. 또한 헌신적가족형과 사회운동가형을 구분시켜 주는 뚜렷한 범주는 '돕고 싶음'에 있는 것으로 보인다. 헌신적가족형은 내 가족을 거들고 돕는 것이 중요한 반면 사회운동가형은 어려움에 처한 누군가를 돕는 것이 아니라 그 어려움을 근본적으로 없애기 위한 활동이 더 중요하다고 여긴다. 이 두 유형은 부모모임 활동의 방향에 영향을 주고, 때에 따라서 전·현직 임원들 간에 혹은 공동리더십을 갖고 있는 임원들 간에 유형의 차이가 있을 때 부모모임 내 갈등을 유발시키는 주요한 요인이 되기도 한다. 향후 어떤 유형이 집단참여자들에게 더 많은 개인적 이득과 만족을 주는지 연구할 필요가 있을 것이다.

네 번째 논의점은 자조집단의 멤버십과 관련된 것이다. 면접 과정에서 참여자들은 '부모모임에 참여한다'는 것을 '부모모임의 임원이 된다'라는 의미로 사용하였다. 임원이 되기 전에는 일반회원이었음에도 불구하고 참여하지 않았다고 하였으며, 이는 소아암 부모 자조집단의 특징 중 하나가 멤버십이 약하다는 것을 보여주는 것이라고 하겠다. 이러한 현상은 일본의 소아암부모 자조집단이 보여주는 현상과 유사하다(Oka, 2000). 즉, 일본의 자조집단이 집단의 최고 리더와 운영진에게 과도한 업무부담을 부과하고 있으며, 많은 리더들은 자신의 책임을 집단구성원들과 분담하지 않고, 집단에 있어 다른 구성원들의 협력과 참여가 부족하다는 현상이 우리나라 소아암부모 자조집단의 리더십 특성과 일치하고 있는 것이다. 소집단을 기반으로 하는 자조집단과는 달리 소아암 부모집단처럼 50명 이상의 큰 규모를 갖는 자조집단들은 멤버십이 매우 취약하며,[3] 그로인해 리더에게 많은 역할부담이 지워지는 것으로 생각해볼 수 있다. 이러한 자조집단 운영의 어려움은 구심점이 있어야 모임이 운영되고, 그로 인해 몇몇 임원의 책임부담이 커지는 우리나라의 모임 문화특성(정수복, 1996)도 반영

3) 분석에는 제외된 연구자의 연구노트에는 참여자들을 면접하는 과정에서 조사대상이 된 '자조집단은 리더와 몇몇 임원들의 봉사모임이고 회원들은 실체가 없거나 수동적으로 받기만 하거나 행사에만 참석한다'는 사실을 알게 되었다고 적어놓았다.

된 것으로 보인다. 이런 결과로 향후 다른 리더들도 '등떠밀려 나서'게 되는 현상이 반복되며 아무도 나서지 않는다면 집단의 유지조차 어렵게 되리라는 것을 쉽게 예측해 볼 수 있다. 실제로 조사대상이 된 모임들은 모두 현재 회원이 늘지 않고 참여율이 점점 떨어지고 있는 답보상태에 놓여 있었다. 이러한 점은 소아암 부모모임의 리더가 과연 다른 회원들에게 역할모델이 될 수 있는가 하는 의문점을 갖게 한다. 실제로 부모모임의 리더로서 활동하는 것은 리더 자신에게 위안이 되고 긍정적인 변화를 가져오게 하는 것이지만 이들이 많은 일을 해낼수록 다른 부모들에게 리더가 되는 일은 현실적인 어려움에도 불구하고 모든 일을 다 해내야만 한다는 부담감을 더 가중시켜 리더십이 다른 부모에게 전이되고 다른 부모들의 참여를 위축시키는 결과를 가져올 수 있다.

이러한 결과를 통해, 사회복지실천에 있어 자조집단을 형성하거나 운영을 지원하는 사회복지사는 리더의 부담감을 감소시키고 멤버십을 강화할 수 있는 방법들을 적극적으로 고안하는 것이 매우 중요함을 알 수 있다. 자조집단의 리더십은 구성원에게 있어야 한다는 사실을 견지할 때, 사회복지사는 집단의 활동 내용이나 예산 등에 관여하는 것만큼 리더의 부담감 감소와 멤버십 강화에 주력할 필요가 있다. 또한, 소아암 부모모임의 리더들의 자조집단 참여 경험 내용을 이해함에 있어 '등떠밀려 나섬'의 개념들을 분석하였는데, 그것을 통해 리더들이 경험하는 부담감의 실체를 알 수 있었다. 특히, 소아암이라는 특성상 '죽음에 대한 두려움'과 실제 '죽음을 직면해야' 하는 정서적 어려움이 포함된 것이 큰 특징이라고 하겠다. 또한, 경험 과정의 결과로 나타나는 '위안받음'을 통해 자녀사망에 대한 애도 방법으로 자조집단 활동이 활용되고 있음도 알 수 있었다. 이와 같은 내용을 통해, 소아암 가족에게 서비스를 제공하는 사회복지사는 '죽음'이라는 심리사회적 이슈를 다루는 도구로써 자조집단을 활용하는 것도 의미가 있으리라 여겨진다.

근거 이론 연구가 오직 한 가지 방식으로 진행될 수 있다는 것은 큰 오해이다. 근거 이론의 창시자인 Glaser와 Strauss 간에도 시간이 지나면서 연구 방법에 대한 의견이 달라졌다. Strauss는 추상적인 개념과 그에 대한 서술을 발달시키기 위하여 자료 이상의 것을 추구하였다. 이론은 Glaser와 마찬가지로 자료와의 상호작용을 통해 만들어진다고 보았지만 Glaser처럼 도해에 의존하지 않고 개방 코딩을 강조하면서 자료에 연관시킬 수 있는 모든 가능한 우발성을 찾아보도록 권유하였다. 이후 구성주의적 인식론을 지닌 Charmaz(2006)는 이전 객관주의자들의 근거이론 연구를 반대하고 구성주의적 근거이론을 주창하였다. 여기에서는 공유된 경험과 참여자와의 관계를 중시하고 감추어진 입장이나 네트워크, 상황들을 더 관심 있게 본다. 이와 같이 하나의 연구 방법론 안에서도 시대의 변천을 반영하는 변화를 찾아볼 수 있다. 연구자는 이러한 접근들의 차이를 발견하고 자신과 맞는 방법을 적절히 사용할 수 있도록 유연하게 대처해야 한다.

〈사례〉
소아암 부모모임 리더들의 자조집단 참여 경험

저자: 김진숙
출처: 〈한국사회복지학〉 2005년 5월 제57권 제2호. pp 405-434
용어설명: 저자의 허락으로 원문에서 현실기반이론이라고 쓴 용어를 근거이론으로 고침.

참고문헌

김진숙 2003. "만성질환자 자조집단 형성과정에서의 집단성원과 사회복지사의 관계" 서울대학교 대학원 박사학위논문.

정수복 1996. "한국인의 모임". 일상문화연구회편. 『한국인의 일상문화』 서울: 한울.

Chesler, M. A 1993. "Introduction to Psychosocial Issues", *Cancer*, 71. 3245-3250.

Lee, T. K. 1999. "The Relationship between professional and Self-Help Organizations of Parents Children with Disabilities in Hong Kong". Doctoral dessertation. University of Calgary.

Oka, T. 1998. "Self-help group in Hong Kong: An Email Interview with Cecila Chan". *Normalization: the Welfare of People with Disabilities.* 18(10). 51-55.

Oka, T(Ed). 2000. 『A Research Report on Problems Confronting Leaders and Members of Parent Groups』, Tokyo: The Association of Parent Groups.

Strauss, A and Corbin, J. 1998. *Basic of Qualitative research: Grounded Theory Procedures and Techniques.* Newbury Park: Sage.

제12장 사례 연구(Case Study)

사례 연구의 개관 | 연구 방법

사례 연구의 개관

사례 연구라는 용어는 사람들의 오해를 많이 불러일으킨다. 그 이유는 사례 연구가 새로운 것도 아니고 원래 질적 연구로 시작된 장르가 아니기 때문이다. 사례(case)라는 말이 쓰이는 경우가 천차만별이어서 사람들의 뇌리에 스쳐가는 사례는 무수히 많다. 이러한 이유로 질적 연구로서의 사례 연구를 이해하는 데에 많은 혼란이 야기된다. 사례 연구란 한 사람, 한 집단, 한 프로그램, 한 조직이나 한 시간대, 하나의 문화적 사건이나 한 지역사회에 초점 맞추어 깊이 있는 연구 조사를 하는 것이다(Patton, 1990: 54). 무엇을 사례로 묶어서 보는가에 따라 사례 연구의 성격은 달라진다.

질적 연구에서 사례는 다양하게 정의될 수 있다. 하나의 과정으로서 사례 연구를 사용하는 학자들도 있고(Yin, 1994), 연구의 최종 결과물로서 사례 연구를 받아들이기도 한다. 또 어떤 학자들은 분석의 단위로서의 사례를 말한다. 예를 들어 법정 용어로서의 사례 혹은 상담자들이 보는 사례는 분석의 단위라고 볼 수 있다. 따라서 사례를 정의할 때 하나의 경우, 또는 하나의 사건으로서의 사례를 말하는 경우도 있고 과정이나 결과물로서의 사례를 말할 때도 있다.

Stake(2005: 443)는 사례를 방법론적인 선택으로 보기보다는 "무엇을 연구할지에 대한 선택"으로 볼 것을 제안하였다. 즉 연구할 대상의 범위나 영역 혹은 경계를 정하는 데 사례라는 용어를 써야 한다는 뜻이다. 어떠한 방법을 사용하든지와 상관없이 사례를 연구하도록 선택하는 것이 사례 연구이다. 이 말은 사례를 분석하든지 아니면 전체적으로 다루든지와 관계없이, 또는 양적으로든지 질적으로든지, 아니면 이 둘을 혼합하든지 간에 사례에만 초점을 맞추어 연구하는 것이 사례 연구가 된다는 뜻이다. 사례는 경계가 지어진 체계이다(Smith, 1978).

사례는 홀로 자주적으로 존재하는 실체로 볼 수 있고, 다른 주변의 것들로부터 확연히 구분되는 경계를 지닌 단위체이다. 사회과학에서 또는 인문학에서 다루는 다수의 사례는 작동하는 부분과 목적을 가지고 자아를 가지고 있다. 사례는 하나의 체계로도 볼 수 있다. 사례는 체계가 가진 특성들을 가지며 경계를 중심으로 안과 밖으로 확연히 구분될 수 있다. 예를 들면 시간적으로 시작된 시점과 끝나는 점의 경계가 지어질 수 있다. 공간적으로는 어느 특정한 장소 혹은 배경을 가지고 있다. 사례를 구성하는 요소들, 참여자들 역시 한정되어 있다. 따라서 사례는 시간, 장소, 그 안의 구성물에 의하여 유한성을 보여준다. 또한 사례 안에서 일정한 패턴의 활동을 유지하므로 그 활동들의 일관성과 순서를 발견해낼 수 있다. 사례 밖의 중요한 요소들은 배경이라는 것으로 존재한다. 따라서 이런 모든 요소들을 종합해 볼 때 사례는 하나의 특정하며 복잡하게 기능하는 실체를 일컫는다고 말할 수 있다.

분석단위와 상관없이 질적 사례 연구는 맥락과 전체적인 면에서 각 단위에 대해 심도 있고 자세한 서술을 추구한다(Patton, 1990: 54). 사례 연구는 본질적으로 상호교류와 참여를 필요로 한다. 상징적 상호작용자인 Blumer와 같은 사람들은 의미가 사회적인 것이라고 보고 인간의 상호교류에 접근했다. 상호작용은 조사 과정과 내담자의 생활세계 연구에 관여한다. 어떤 연구자들은 사례 연구야말로 인간의 상호작용을 탐구하는 최고의 유일한 방법이라고 여긴다.

사례 연구는 크게 두 가지 유형으로 나뉜다. 하나는 본질적인 사례 연구이고 다른 하나는 도구적인 사례 연구이다(Stake, 2005). 본질적인 사례 연구는 하나의 특정한 사례를 이해하는 것에 총력을 기울인다. 그에 반해 도구적인 사례 연구는 연구되는 사례가 다른 더 많은 사례들의 대표성을 띤다든지 어떤 특성이나 문제를 예증해 주기 때문에 그 사례를 이용하여 다른 어떤 것을 이해하고자 하는 연구이다. 본질적 사례 연구의 사례는 그 특이성이나 평범한 자체 그대로 충분히 배울 것이 있고 연구자들의 관심을 집중시킬만한 가치가 있는 사례이다. 도구적 사례 연구는 그 사례를 연구함으로써 어떤 큰 쟁점에 대한 통찰을 얻을 수 있거나 일반화를 이끌어낼 수 있게 된다. 도구적 사례들은 연구자들이 다른 것을 이해하도록 도움을 주는 사례들이다(Stake, 2005: 445). 종종 이 두 유형은 확연히 구분되는 것이 아니고 서로 겹쳐져서 사용되기도 한다. 특수성에 대한 관심을 가짐과 동시에 일반성에 대해서도 주목을 하는 경우가 많기 때문이다. 다중 사례 연구(multiple case study) 혹은 집합적 사례 연구(collective case study)는 현상이나 모집단 혹은 일반적인 상태를 조사하고자 여러 사례를 함께 연구한다. 즉 여러 사례에 확장시킨 도구적 사례연구의 한 형태라고 볼 수 있다.

이 외에도 사례 연구의 다른 유형은 역사적인 사례나 정치적 사건, 법정 사례들을 조사하기도 한다. 이것은 계통적인 사례 연구에 속하고 이들은 분명한 목적을 지닌다. 때로는 정체성을 찾고자 하고 또 때로는 설명이나 통제를 위한 사례 연구가 있다. 질적인 연구로서의 사례 연구는 다른 질적 연구들처럼 의미와 이해에 관심을 가진다. 사례 연구에서도 연구자는 자료의 수집과 분석의 도구로써 활약하고 귀납적 조사 전략을 택한다. 마지막 결과물이 풍부한 서술로 이루어지는 점도 같다. 하지만 사례 연구를 분석의 단위로 정의할 때에는 사례 연구에서 다른 질적 연구들과 함께 사용하는 것이 용인된다. 예를 들면 민족지학 연구가 가장 흔한 경우라 할 수 있다. 민족지학 사례 연구는 하나의 특정한 문화 집단의 사회문화적인 해석에 초점을 둔 연구이다. 근거이론 연구 역시 하나의 사례 안에서 이론을 성립할 수 있다. 혹은 사람들의 이야기를 내러티브 사례 연구로서 제시할 수 있다. 이런 때 사례 연구는 분석 단위로서 다른 질적 연구와 함께 사용된 경우이다.

그러나 사례 연구는 그 자체로서 하나의 방법론으로서도 사용될 수 있다. 아래 방법론에서 독립된 질적 연구의 한 유형으로서의 사례 연구를 살펴보겠다.

연구 방법

사례 연구는 "사례"를 선정함으로써 시작된다. 연구자는 관심을 가지고 있는 특별한 점을 보여주는 특정한 사람이나 장소, 프로그램, 과정, 공동체 혹은 경계가 있는 어떤 체계를 신중하고 의도적으로 사례로 고른다. 사례 연구를 할 때 가장 힘든 점은 바로 연구할 사례를 잘 선택하는 것이다. 사례 연구에서는 연구자가 제기하는 문제를 이해할 수 있는 상황이나 경우를 찾는 것, 즉 그 문제에 대한 답을 보여 주는 사례를 잘 선택하는 것이 무엇보다 중요하다.

사례 연구는 크게 두 가지 다른 목적으로 나눌 수 있다. 본질적 사례 연구와 도구적 사례 연구이다. 본질적 사례 연구라면 사례를 이미 알고난 뒤에 연구를 시작하게 될 것이다. 그 사례가 너무 독특하거나 배울 점이 많을 때 연구자는 본질적 사례 연구를 택하게 된다. 어떤 경우는 연구할 사례를 선택하는 것이 아니라 사례가 주어지는 때도 있다. 특별한 환자가 방문했거나 특이하고 흥미로운 경우들을 해결해야 하는 경우들이 그렇다. 그러나

도구적인 사례 연구와 다중 사례 연구에서는 사례를 고르게 되는 데 이때 그 상황이나 현상에 대한 가장 많은 이해를 얻을 수 있는 사례를 고르는 것이 매우 중요하다(Yin, 1989). 즉 가장 많이 배울 수 있는 기회를 제공하는 사례를 골라야 한다. 어떤 경우에는 가장 쉽게 접근할 수 있는 사례이거나 가장 오랜 시간을 보낼 수 있는 사례가 될 수도 있다. 그러나 결국 사례를 고르는 데에는 훈련과 경험 그리고 통찰력이 필요하다. 연구자들이 겪는 현실적인 문제들, 즉 시간과 예산의 제약 등이 어떤 사례를 선택할지에 대해 큰 영향을 미친다. 도구적인 사례 연구에서 대표적인 사례를 고르는 것이 바람직하기는 하지만 그 사례의 접근성이나 개방성 여부가 더 중요한 요소가 된다. 따라서 가장 대표적인 사례를 고르는 것보다는 가장 많은 것을 배울 수 있는 사례를 고르는 것이 좋다(Stake, 2005).

다음의 사례에서는 임파워먼트 실천을 정신장애인의 회복과 재활에서 중요한 문제로 보는 연구자들이 임파워먼트 실천에 대해 배우고자 사례를 선정하여 연구한 것을 보여 준다.

문제 제기(64)

1995년 정신보건법의 제정으로 지역사회정신보건사업의 기틀이 마련된 이후, 정신장애인의 재활과 사회복귀를 목적으로 설립된 사회복귀시설은 일상생활과 주거를 위한 서비스 그리고 만성정신장애인의 직업재활 등 정신장애인의 자립적 생활능력 향상에 초점을 둔 다양한 서비스를 제공함으로써 지역사회 정신보건의 중심적 역할을 해왔다. 1997년 4개소에서 2008년 현재 전국 130여개 이상으로 사회복귀시설의 양적인 성장이 이루어졌을 뿐만 아니라 만성정신장애인의 재활과 회복을 위한 다양한 변화를 시도해 왔다.

최근에는 탈시설화의 주요한 가치개념으로서 정신장애인의 권리와 임파워먼트에 대한 관심이 실천과 연구영역에서 높아지고 있다(한국정신보건사회사업학회, 2000; 이경아, 2001). 사회복귀시설들은 의료적 모델의 서비스와 시설수용의 경험으로 무기력해진 정신장애인들이 스스로 치료와 재활의 주체가 되도록 이들을 동기화할 필요성을 느껴왔다. 특히 최근에 임파워먼트 모델의 도입으로 많은 사회복귀시설들이 관심을 가지고 나름대로 서비스 방향의 전환을 시도하고 있다. 지역사회 정신보건 사업은 최소한의 규제와 정상화 이론의 적용, 사회통합을 이념으로 삼는다(정원철, 2000). 이러한 이념은 정신장애인들이 스스로 삶에 대한 통제력을 회복하고 지역 사회에서 생존을 위협하는 문제들에 스스로 대처하도록 하는 임파워먼트 모델의 기본적 이론을 실천할 근거를 제공한다. 따라서 실천 현장에서는 정신장애인과 가족을 중심으로 한 자조적인 운동과 더불어 클럽하우스 모델이나 강점중심 접근과 같은 임파워먼트 실천 접근들이 다양한 형태로 시도되고 있다. 또한 정신장애인의 사회적 낙인, 삶의 질, 사회통합, 권리의식, 강점중심, 회복과 같은 임파워먼트 관련 요인들에 대해서도 관심이 점차로 확대되고 있다(양옥경 외, 2001; 이유리, 2001; 유소연, 2004; 이선영, 2004; 이봉임, 2005).

이처럼 정신보건 서비스 영역에서 임파워먼트 실천에 대한 관심은 크게 증대되고 있으나 이에 대한 연구는 현재 부족한 상태이다. 특히 실천현장에 임파워먼트 모델을 직접 적용한 연구물들은 비교적 최근에서야 이루어지고 있으나(이용표, 2004; 최명민, 2004; 성희자, 2005; 이은희, 2005) 아직 그 수는 많지 않은 편이다. 이러한 연구들은 임파워먼트 실천 적용이라고 하는 중요성을 가지고 있음에도 불구하고 실천의 개입방법과 효과성 검증방법 간의 괴리가 관찰된다고 보고하고 있다(양옥경·최명민, 2007). 즉 임파워먼트를 총체적이고 통합적으로 접근해야하는 개념으로 보고 실천의 과정을 전체적으로 재구성하기보다는 기존의 치료패러다임에서 활용하고 있던 것에 '임파워먼트적' 요소를 일부 가미하여 실천하거나, 해석만을 '임파워먼트적'으로 하고 있다는 것이다. 또한 임파워먼트 실천의 과정 혹은 결과를 양적으로 측정하거나 참여자의 인터뷰에 제한된 질적 연구를 실시함으로써 임파워먼트 실천이 이루어지는 전체적인 맥락을 이해하는 데에는 큰 한계가 가진다.

연구 문제(65)

이 연구는 기관 전체가 임파워먼트 실천으로의 전환을 시도하고 있는 한 사회복귀시설에 대한 질적 사례연구이다. 임파워먼트 실천에 대한 연구는 통합적이고 맥락적인 이해를 위한 상세하고 풍부한 자료 수집과 서술을 필요로 한다. 따라서 이 연구에서는 총체적인 자연 상태의 자료들을 수집하여 평가하는 질적 사례 연구를 적용하였다. 특히 질적 사례 연구는 표면화된 양적인 자료의 수집으로 충족되지 못하는 실천 현장의 맥락을 반영하며 보다 깊이 있는 정보를 얻을 수 있다는 장점이 있다. 더욱이 본 연구는 임파워먼트 실천을 실제 적용하고 있는 시설이 소수인 우리나라 현실에서 기관차원에서 임파워먼트 실천을 적용하고 있는 하나의 사회복귀시설을 대상으로 하여 긴 시간동안의 경험에 대한 연구를 실시하는 것이므로 전형적인 하나의 사례에 대한 종단적인 연구일 때 적합한 단일사례연구방법을 적용하였다.

사례에서 연구자는 활동이나 기능과 같은 사례의 본질과 역사적인 배경, 물리적인 배경과 다른 맥락들을 조사한다. 또는 그 사례를 파악할 수 있는 다른 사례나 정보제공자들을 찾기도 한다. 사례는 "독특하거나" 혹은 "전형적인" 사례일 수도 있다. 사례의 독특성은 전통적인 과학적 이론에서 추구하는 것은 아니다.

질적 연구자들 중에도 일반화를 제공하는 연구가 독특한 사례보다 더 가치 있는 것으로 여기는 경우가 있다. 그러나 사례는 일반적인 실천의 면모를 보여 주거나 혹은 전혀 이전에 보지 못했던 새로운 면을 보여 줄 수도 있다.

연구 영역(68-9)

사례연구는 "하나의 실체, 현상 혹은 사회적 단위에 대한 집중적이며 전체적인 기술과 분석"을 할 수 있는 질적 연구방법 중의 하나이다(Merriam, 1998). 사례연구는 일상적 사건들의 전체적이며 의미 있는 특성을 그대로 보존하도록 하면서 복잡한 사회적 현상에 대한 이해를 끌어내도록 해준다(Yin, 1994). 사례연구는 사례에 소속된 현상의 중요한 속성을 심층적으로 탐구할 수 있고, 이를 통해 실천과정에서 생성되는 실천의 의미를 발견해낼 수 있다는 점에서도 의의가 있다.

사례연구는 특정 사례의 장점과 단점에 대한 조사로 평가연구에서도 사용되고 있다(Stake, 1995). 특히, 질적 평가연구로써 사례연구는 실천 활동과 과정에 대한 상세하고 풍부한 서술을 제공하고 맥락에 근거한 해석적 주장을 제시함으로써 사례에 대한 종합적 판단을 내릴 수 있는 기준을 제공할 수 있다(Stake, 1995)는 점에서 장점이 있다. 본 연구는 정신장애인 사회복귀시설에서의 임파워먼트 실천 적용과정에 대한 연구이다. 이를 위해 본 연구에서는 질적 사례연구방법을 활용하였는데, 질적 사례연구방법을 활용한 이유는 다음과 같다.

첫째, 양적연구에서는 '무엇이', '얼마나' 변화했는가에 초점을 두고 있는가와 달리 질적 사례연구에서는 '어떻게', '왜' 변화하고 있는가에 대한 답을 찾기 위한 목적을 가지고 있다. 이 연구는 정신장애인 사회복귀시설에서 임파워먼트 실천이 "어떻게" 적용되고 있으며, 참여자들은 어떠한 경험을 하고 있는가를 찾고자 하였다. 이러한 목적을 고려할 때, 정신장애인 사회복귀시설이 '어떻게' 변화하고 있는가에 대한 풍부한 답을 제공해줄 수 있는 질적 사례연구가 적합하다고 판단하였다.

둘째, 임파워먼트는 다차원적인 개념이며 대상과 상황과 시간에 따른 역동성과 맥락성을 가지는 개념(Rappaport, 1984; Zimmerman, 1995)이다. 따라서, 임파워먼트 실천적용에 대한 연구는 다양한 환경과 맥락을 통합적으로 이해할 수 있어야 하며, 이러한 측면에서 질적 사례연구는 가장 적합한 연구방법이 될 수 있다.

셋째, 질적 사례연구는 아직 알려지지 않은 새롭게 발생하는 양상에 관심을 둔다. 이는 질적 사례연구가 자가발견적(heuristic) 접근방법의 결과로써 기존의 이론이나 실천모델이라는 제한된 범위에서 벗어난 새로운 대안을 찾는 통로를 제공할 수 있기 때문이다(Sherman and Reid, 1994). 질적 사례연구는 사례의 호전이나 성과가 아니라 적절하고 유용한 정보를 제공할 수 있는 기준을 제시하는 것이다 (Patton, 1980).

이 연구의 목적도 기존의 임파워먼트 실천이론이나 실천모델을 적용하고 그 성과를 평가하고자 하는 것이 아니라, 실제로 임파워먼트 실천 적용과정에서 기관, 서비스제공자 및 이용자가 어떠한 변화의 과정을 경험하고 있는가를 탐색함으로써 임파워먼트 실천의 새로운 양상과 함의를 찾고자 하는 것이다. 이와 같은 점에서 이 연구는 질적 사례연구방법을 선택하였으며, 연구목적과 관련된 풍부한 정보를 바탕으로 정신장애인 임파워먼트 실천에 대한 풍부한 이해를 찾고자 하였다.

무엇을 경계로 정할 것인가 하는 문제를 제외하면 사례 연구는 다른 질적 연구와 거의 다를 바 없다. 사례는 하나지만 그 안의 구조는 여러 부분이나 집단 혹은 상황들, 차원과 영역들로 나눌 수 있다. 각 부분들은 이해할 수 있는 상호 복잡한 관계의 맥락 속에 묶여있다. 사례 연구는 바로 이러한 인간관계나 사회적 현상의 복잡성을 조사한다. 어느 하나의 원인을 추구하기보다는 다각적으로 얽혀 있는, 혹은 다변적인 상황과 맥락들, 우연히 발생한 사건들을 조사한다. 따라서 사건의 순서나 일치를 서술하고 서로 연관되어 얽힌 맥락들을 드러낸다. 연구자들은 이런 사례 안의 다양한 활동들을 서술하고자 한다.

사례에서 어떤 행위나 기능들을 관찰하고 알아내는 일은 쉬운 일이 아니다. 많은 연구자들은 현장에서 평범하게 일어나는 일들과 가치를 담은 표현들을 알아차리는 것이 결코 쉽지 않다고 말한다. 연구의 질문은 현장을 잘 알게 되고 배우고자 하는 영역을 탐색한 후에 더욱 명확해진다.

연구 질문(71)

먼저, 서비스제공자들에게는 다음과 같은 연구 질문들을 하였다. "임파워먼트 실천을 시행하면서 느끼고 경험하신대로 말씀해 주십시오." 이어서 세부하위질문으로 "임파워먼트 실천이 어떠한 과정으로 이루어졌습니까?", "임파워먼트 실천을 하면서 기관이 어떻게 달라지고 있는 것으로 보십니까?" "임파워먼트 실천을 하면서 회원들은 어떠합니까?", "임파워먼트 실천을 함에 있어서 본인 개인적으로는 어떤 경험을 하고 있으며, 어떠한 의미를 가집니까?" "기관에서 임파워먼트 실천을 하면서 앞으로 어떠한 점들이 필요합니까?" 등을 질문하였으며, 상황에 따라 좀 더 세부적인 질문들을 활용하였다.

다음으로 서비스이용자들에게는 다음과 같은 연구 질문을 하였다. 우선 기관에서의 일반적인 생활에 대한 질문으로 시작하여 최근의 변화, 그리고 임파워먼트 실천에 대한 질문으로 이어갔다. 구체적인 질문으로는 "이곳에서의 생활이 어떠한지 말씀해 주십시오", "최근에 기관에서의 달라지고 있다고 느끼시는 점들이 있습니까?", "최근에 직원이나 프로그램이 달라지고 있다고 느끼시는 점들이 있습니까?" "기관의 임파워먼트 실천에 대해서 어떻게 알고 계십니까?", "최근의 변화에 대해 본인은 어떠한 경험을 하고 계신가요, 변화하는 점이 있습니까?" "앞으로 기대되는 점들은 무엇인가요?" 등이 활용되었으며, 각각의 상황에 따라 연구 질문과 연결될 수 있는 하위질문들을 하였다.

연구자는 무엇인가를 배울 수 있는가 혹은 이론이나 실천을 발전시킬 매우 중요한 어떤 지식을 얻을 수 있을 것인가를 계속 질문해야 한다. 정보를 추구하고, 찾아내고, 보고하는 연구의 전반적인 과정은 상호작용으로 보는 것이 적절하다. 얼마나 자세히 그리고 오랫동안 사례를 조사할지에 대해서는 전략적인 결정이 필요하며 누구와의 상호작용을 통해 가능한지를 결정한다. 사례 연구의 실행에서는 내담자가 살아가는 세계가 대부분의 실천가들의 세계와 매우 다르므로 쉽게 그 안에 들어가거나 그것을 이해하리라고 생각해서는 안 된다. Geertz(1979)의 '심층 기술'이나 Denzin이 말하는 '행위 견본'은 모두 사례 연구에서 어느 특정한 시간 틀 안에서 개인들 간의 상호작용에 대해 자세하고 완벽한 서술을 하는 것을 말한다. 모든 것을 다 이해할 수는 없으므로 연구자는 어느 시점에서 조사를 그만두게 될지 결정해야 한다. 가끔 집단의 규모가 너무 큰 사례는 그 집단 안의 몇몇 주요한 구성원들을 골라서 인터뷰하거나 연구해야 한다. 이때 누구를 선정하며, 언제 어떤 행동을 관찰할지도 결정해야 한다.

현장에서는 쟁점을 발전시켜 나가기 위해 관찰된 자료에서 혹은 인터뷰를 통해 얻은 자료를 통찰해야 한다. 문헌 연구도 자료를 보완할 수 있는 좋은 방식이다. 연구자들은 연구 현장에 오래 머무르면서 개인적으로 특정 사례 내의 활동과 작용을 접촉하며 반영하고 무엇이 진행되는지에 대한 서술과 의미를 계속 수정한다. 연구자들은 자연 그대로의 상태로 현장에서 일어나는 가치 있는 사건들에 주목하면서 그 안에 있는 사람들과 지속적으로 상호작용해야 한다.

자료 수집(70-72)

첫째, 심층면접은 2008년도 3월부터 10월까지 연구 참여에 동의를 한 서비스제공자 6명, 서비스이용자 12명을 대상으로 시행되었다. 서비스제공자들과 서비스이용자들에 대한 심층면접은 반구조화된 면접지를 활용하여 이루어졌으며, 면접 장소는 연구대상기관이었다. 대체적인 심층면접시간은 한 회당 약 40분에서 120분까지 다양하였으며 자료의 보완이 필요한 경우 추가면접을 실시하였다. 모든 심층면접내용은 서비스제공자들과 서비스이용자들에게 동의를 구한 후 녹음되었으며, 녹음된 파일은 분석을 위하여 녹취되었다. 면접자들은 사전에 연구 질문을 공유하고 검토하였다. 면접 후에는 비언어적인 사항과 면접과정 중 관찰 내용 등을 기록하였고 이후 회의를 통해 심층면접 과정 중 전반적인 인상과 관찰내용 등을 공유하였다.

둘째, 참여관찰은 연구자들이 2007년 7월부터 2008년 7월까지 한 달에 1~2회씩 기관을 정기적으로 방문하면서 진행하였다. 참여 관찰은 집단 상담을 비롯한 다시서기, 직업 찾기, 목표 세우기 등의 다양한 프로그램과, 아침 모임, 자치회의, 팀장 회의와 같은 각종 회의, 그리고 사례 회의와 직원교육 및 수퍼비전 등의 직원들의 모임까지 이 시설에서 진행되는 모든 활동을 대상으로 실시하였다. 그 외에도 이 시설과 같은 타 사회복귀시설장들이 한두 달에 한번 씩 모인 시설장 모임에 참여하고 다른 시설도 함께 방문하여 참여 관찰을 실시하였다.

셋째, 문헌자료 분석은 연구자들이 조직 운영과 사례진행을 조사하기 위해 기관에서 발행하는 소식지와 사례 기록을 살펴보았고 사회복귀시설과 관련된 문헌을 인터넷이나 학위 논문, 학술 논문 등에서 구하여 검토하였다. 또한, 시설장 모임에 대한 관찰과 타 시설 방문을 통하여 본 기관이 지역과 타 시설과의 관계를 어떻게 정립해 나아가는지를 살펴보았다. 이러한 모임에서 시설장들과 틈틈이 임파워먼트 실천에 대해서 공식적 대화를 나누었으며 현장의 생각들을 경청하였다. 이런 모든 참여관찰이나 대화는 현장 메모로 작성하여 기록으로 남겼다. 메모를 작성하면서 분석에 도움이 되는 개념들을 많이 발견하였고, 사례를 전반적으로 개관할 때 중요한 정보들의 출처가 되었다.

자료는 처음 대하는 순간부터 코딩이 안 된 상태에서라도 지속적으로 해석을 진행한다. 자료를 코딩하고 그 자료들을 관리하며 해석하는 것들은 다른 질적 연구와 마찬가지로 진행시켜 간다. 연구자는 자료를 기록과 표로 정리하면서 분류와 패턴화를 시도하고 자료를 서로 교차시킨 반영도 한다. 관찰된 쟁점이나 관점, 혹은 유용성에 대한 해석을 시도하고 또한 그와 다른 경우들에 대한 해석도 한다.

분석 방법(72)

이 연구에서는 자료분석은 사례연구에서 많이 활용되고 있는 주제별 분석을 실시하였다. 주제 분석은 특정한 이론적 틀을 따라가기보다는 자료를 읽으면서 나타나는 중심 주제를 찾고, 이 주제를 근거로 다시 자료들을 재검토하면서 관련된 소주제들을 발견하는 과정을 통해서 중심개념들을 도출하는 것이다(Cresswell, 1998). 이 과정에서 사례의 내용을 축약하고 주제의 의미를 드러내도록 연구자의 통찰과 해석을 사용한다. 이때 연구자들은 주제들을 중심으로 사례에 대한 자세한 기술과 주장을 곁들일 수 있다(Stake, 1995).

이 연구에서 3명의 연구자들은 먼저, 각자 면접기록을 여러 번 정독하면서 자료에서 반복적으로 나타나는 주제들을 찾고 개념을 추출하였다. 이어서 추출된 개념들을 재검토하고 다시 한번 녹취록을 검토하면서 핵심 주제의 개념들을 찾아 나아갔다. 각각 사례에 대한 녹취자료를 살펴보면서 전반적인 사례의 줄거리를 스케치하고, 이러한 사례가 기존의 사례와 다른 점들을 비교하면서 다음 사례의 면접에서 더 탐색해야 할 영역들을 탐색하였다. 연구자들은 토론을 하면서 이렇게 도출된 주제들을 다시 한번 확인하고 수정 보완하였으며, 재차 녹취록을 정독하면서 수정된 주제들이 사례의 이슈들을 잘 반영하는지 재검토하였다.

질적 연구자의 중요한 과제는 현장의 자료를 텍스트로 만들고 또한 그것을 독자나 연구 소비자들에게 유용한 정보로 의미 있게 바꾸는 것이다. 최종 연구의 결과물에서는 자신이 선정한 사례에 대한 방대하고 풍부한 서술을 제공해야 한다. 연구자의 경험과 지식을 다른 사람에게 어떻게 효과적으로 전달하느냐 하는 문제는 연구자에게 큰 도전이다. 연구 결과를 보고하는 양식은 연구자의 개성과 학문적 배경 등을 고려하면서 결정한다. 사례에서 얻은 결과를 최종적으로 어떻게 정리하여 서술할지, 얼마나 많은 양으로 또는 얼마나 상세하게 보고할지에 대한 것은 신중히 생각하여 처리하도록 한다. 참고 사례에서는 연구 결과를 세 영역으로 구분하여 제시하였다. 먼저 연구한 시설의 역사와 문화를 기술하였고 이어서 임파워먼트 실천과정에 대하여 마지막으로 임파워먼트 실천경험에 대해 영역을 나누어 서술하였다. 그 중에 하나인 실천 경험의 일부를 다음에 소개한다.

연구 결과(77-80)

3) 임파워먼트 실천경험

(1) 시설장

① 외부와의 개방적이고 적극적인 상호작용

임파워먼트 실천을 해 나가고자 하는 과정에서 리더로서 첫 번째로 부딪친 어려움은 기관에 적합한 실천 모델을 찾는 것이었다. 기존 실천방식의 문제점에 대해서는 인식했지만 그에 대한 대안을 찾는 것은 쉽지 않았다. 선행연구나 타기관의 경우 임파워먼트 실천이 주로 구조화된 프로그램으로만 운영되고 있어서 기관 차원에서 임파워먼트 실천을 하고 있는 모델이 될만한 기관이 없었고 또한 긴 시간 동안 형성해온 기존 틀을 어떻게, 어디에서부터 바꾸어야 할지 너무나 막연했다고 한다. 기관에 맞는 임파워먼트 실천을 찾기 위해 리더로서 가장 많은 노력을 기울인 것은 외부로부터 다양한 교육과 수퍼비전을 받는 것이었다. 이를 통해 조직에 대한 평가, 임파워먼트 실천에 대한 이론 및 철학적 기반, 강점중심의 실천접근 등에 대한 이해를 높이고자 노력했다. 이러한 노력은 기관에 맞는 임파워먼트 실천을 찾아가는 데 있어서 많은 자극이 되었으며 다양한 대안을 제시해 주었다.

이와 같이 외부 자원에 대한 적극적인 활용과 참여, 그리고 그에 대한 열려진 자세는 이 기관이 변화할 수 있는 가장 큰 원동력으로 작용하였다. 시설장은 스스로 다양한 외부교육을 찾아다니며 참여하였을 뿐만 아니라, 도움이 될 수 있는 가능한 모든 외부 자원에 대해서 적극적으로 연계하고 활용하였다. 그 과정에서 기관의 부정적인 모습에 대해서도 가리지 않고 드러내면서 도움이 될 수 있는 피드백을 적극적으로 요청하였으며 제시되는 다양한 대안들에 대해 실제적으로 적용하고 시도하려고 하는 노력을 하였다. 이러한 외부와의 개방적이고 적극적인 상호작용은 정체된 기관에 변화의 물꼬를 트는데 큰 역할을 하였다.

> "외부와의 소통이 많이 컸었던 것 같아요. 여러 사람들의 수퍼비전을 받으며 직접 실천해보면서 많이 도움을 받았던 것 같아요. 작년 혼동기 때 붙잡아주신 분들이 없었다면 그냥 1년 사업으로 끝났겠죠. 그런데 외부 선생님들의 끌어주시는 도움 덕분에 1년 이상 지속되게 되었고 이런 변화를 가져올 수 있게 된 거죠." (시설장)

무엇보다 교육과 수퍼비전이 가장 도움이 되었던 것은 그를 통해 리더와 직원들이 활발하게 의사소통하고 합의를 이끌어내는 소통의 기회가 되었다는 것이다. 즉 임파워먼트 실천이 각자에게, 또 이 기관에서 어떠한 의미를 가지는지 합의해 내고 어떠한 방향을 목표로, 어떻게 구체적으로 실현해 나갈지를 함께 모색해 나가고 실제적인 적용을 통해 상호 피드백해가는 과정이 가장 큰 도움이 되었다. 그리고 이러한 의사소통의 과정에 외부 자원의 적극적인 참여는 리더와 직원들 간의 수직적 관계를 보다 수평적으로 만들어주는 지렛대의 역할이 되었다.

> "그 때 직원들이 계속 그 과제하느라 매일 보고 계속 모여서 직원들 소통에도 자연스럽게 도움이 되지 않았나 생각도 들구요…" (직원 2)
>
> "혼란스러웠던 것들을 많이 나눴고, 제가 한 12년간 저의 강한 면 때문에 직원들이 많이 힘들었을 텐데, 아주 강하고 아주 권위적이고 아주 업무중심적인 게 (외부의)슈퍼비전을 받고 더 편하게 만나서 약간의 소통을 할 수 있지 않았나 싶어요. 이 사업에 대해 힘들어하는 것에 대해 같이 궁리하면서 답을 찾아가는 시간이었고, 나

도 직원들이 어떤 게 힘든지 알게 되고 이해할 수 있었던 것 같아요. 이런 시간이 없었더라면 내가 이 사업을 하겠다고 벌여놓고서는 왜 직원들이 못 따라오는지 이해할 수도 없었을 테고, 말은 강점관점 프로그램이지만 직원들에게는 과업 중심적으로 끌어왔겠죠...." (시설장)

② 전면적인 체질 개선의 필요성을 인식하게 됨

시설장이 임파워먼트 실천을 시도하게된 것은 그것이 기존의 재활중심모델을 보완할 수 있는 하나의 수단이 될 수 있다고 생각했기 때문이다. 이는 시설장 스스로 표현하기를, "이미 입고 있는 옷 위에 멋있는 금테를 하나 두르는 것"이었다. 하지만 임파워먼트 실천에 대한 교육과 수퍼비전을 받는 과정을 통해 그것이 기관의 문화와 관계, 서비스 체계를 전면적으로 바꾸어야 하는, "옷을 모두 갈아입어야하는 과정"이라는 것을 인식하면서 초기에 많은 혼란스러움을 느끼게 됐다.

특히 본 기관의 큰 특징 중 하나는 강한 리더십을 가지고 있다는 것인데, 시설장으로서 질서, 규칙, 통제, 성과를 중요시 여기는 특성이 강하여 이는 직원과 회원, 그리고 기관 전체의 중요한 문화적 요소가 되어 왔다. 이러한 시설장의 특성은 임파워먼트 실천의 가장 주요한 장애물로 종종 지적되었으며 이러한 시설장의 권위적인 리더십 형태가 바뀌지 않는 한 임파워먼트의 가치와 문화를 받아들이기는 쉽지 않을 것이라는 시선이 지배적이었다.

".. 문제를 어렴풋이 알고 시작하니까 이게 우리 기관과 안 맞는데 선택한 건 아닐까, 기존의 틀을 벗기에는 많은 변화가 요구되는데 과연 그걸 할 수 있을까, 이런 혼돈의 시간들이 있었고, 우리 기관에 안 맞는 걸 괜히 해서 발을 잘못 들여놓은 건 아닌가 하는 생각을 했죠. 왜냐하면 조금만 바꾸면 되는 것인 줄 알았는데, 기관 전체의 문화·혁신 또 장기간에 걸쳐서 해야 한다는 것을 서서히 알게 되면서, 이게 생각했던 것보다 복잡하고 문화의 문제이고 철학의 문제이고... 이런걸 깨닫게 됐죠." (시설장)

"처음에는 어려웠어요 왜냐면 시설장님도 전혀 바꿀 마음이 없는

데 그 옷을 입겠다 하시면서 뭔가 바꾸기를 기대하고 또 결과물을 내기를 원하는데 그건 또 아닌 거 같고 그래서 혼란스러웠어요..." (직원 1)

③ 일상의 작은 변화들을 통해 확신을 가지게 됨

시설장은 초기의 많은 혼란을 경험하면서 작은 것에서부터 임파워먼트 실천을 조심스럽게 적용해 나가기 시작하였다. 즉 임파워먼트 실천이 바람직한 방향이라는 것을 동의하지만 그것이 과연 이 기관에 맞는 것인지, 혹은 할 수 있을 것인가에 대한 의문을 가지고 시작했다고 한다. 하지만 임파워먼트 실천을 조금씩 시도해 가는 과정에서 회원들에게 나타난 변화를 하나씩 보게 되면서 비로소 변화에 대한 확신을 가지게 되었다고 한다. 즉 회원에게 결정권을 위임하고 자발적으로 참여할 수 있는 기회를 확대하고, 강점을 지지하는 과정에서 일상의 작은 변화들이 기대 이상의 성과로 나타났다고 한다. 그리고 이러한 작은 변화를 하나씩 경험해 가는 과정을 통해 이는 시설장에게 임파워먼트 실천에 대한 신뢰가 생기고 더 많은 변화를 추구하는 자극과 동기가 되었다.

"**씨 같은 분에게 리더를 맡겼는데 알아서 잘 하더라구요. 그래서 저도 프로그램 자체를 진행하는데 팀장회의나 자체회의를 회원분들에게 다이렉트로 인계를 해도 아주 잘 하시더라구요, 오히려 지금에는 제가 따라 들어갈 뿐이고. 그래서 그런 것들이 상당부분 가능해 지더라구요. 그래서 회원분들에게 믿고 맡기면 잘 하시는구나 하는 것을 깨닫게 됐죠" (시설장).

"회원분들이 알아서 하시면서 즐거워하고 또 리더들이 잘 하니까 저도 별로 걱정이 안됐어요. 예를 들어서 산책을 하기로 했는데 못하게 됐으면 또 본인들이 알아서 다 진행을 하시니까, 또한 자신들이 기획한 프로그램인 만큼 매우 신나하시니까 좋은 것 같아요". (시설장)

"뭐, (변화가) 여러 가지가 있었죠. 양파껍질이 조금씩 벗겨지듯이 그렇게 조그만 변화들이 많이 있었죠... 자체 회의할 때 제가 가만히 있어도 알아서 잘 하시는 것들을 보면서 '아, 뭔가가 되고 있

구나' 하고 생각하게 됐죠.." (시설장)

④ 시설장의 변화가 기관 변화의 동력이 됨

본 기관에서 임파워먼트 실천이 시작되고 변화를 가져올 수 있었던 것은 무엇보다도 시설장의 주도적인 노력이 컸기 때문이다. 시설장이 임파워먼트 실천의 중요성을 인식하고 변화를 위한 노력을 주도해 가면서, 다양한 외부의 자극과 내부의 논의과정을 이끌어냄으로써 직원과 회원, 기관 전체의 변화를 이끌어내는 강한 동력이 되었다. 특히 시설장이 보여주는 강한 실천력은 임파워먼트가 단지 추상적인 논의로써 끝나는 것이 아니라 실천을 통해 발전시켜 나가는 큰 힘이 되었다.

그리고 무엇보다도 임파워먼트 실천을 통해 시설장 스스로가 변해가는 모습이 직원과 회원들에게 큰 자극이 되었다. 즉, 이전의 권위적이고 통제적인 리더십을 보면서 외부에서 뿐만 내부 직원들조차도 임파워먼트 실천에 대한 부정적인 전망을 갖고 있었다. 하지만 임파워먼트 실천을 통해 이전 보다 자율적이고 지지적인 리더십으로 변해가는 모습을 보면서 이는 직원들과 회원에게 많은 자극이 되었을 뿐만 아니라 기관의 전체 문화를 바꾸어나가는데도 중요한 요인이 되었다. 직원들은 이러한 시설장의 변화를 통해 비로소 임파워먼트 실천에 대한 희망과 확신을 가지는데 큰 힘이 되었다고 이야기한다.

"오히려 더... 교육을 받으면서 시설장이 제일 많이 바뀐 거 같더라구요 그러니까 우리가 막 이렇게 바꾸고 싶어도 사실상 시설장님이 바뀌지 않으면 그 한계를 느끼고 있었는데 근데 그게 교육을 할수록 느낀 거였는데... 교육을 받고 시설장님이 굉장히 마음이 열리고 뭔가 할려는 의욕도 많이 보이셔서 그 즐거움을 영향을 받고 저희도 즐겁게 자연스럽게 받게 됐어요.....그래서 만약에 저희가 어느 정도 임파워먼트가 됐다면 그것은 반대로 시설장님이 그만큼 많이 했기 때문에 우리도 그만큼 그렇게 할 수 있었던 게 아닌가 생각해요." (직원 2)

"저는 어우러기가 잘 되는 일이라면 뭐든지 할 수 있죠, 저도 시설장인데... 제가 그 때는 과업중심모델을 할 때 그게 정답이라고 생각했던 거죠. 그 때는 환자를 그냥 내버려두면 안 된다라는 사고방식 때문에 나름 열심히 채찍질 한 거죠. 지금은 '아, 이런 방법이 아니어도 되는구나...' 라고 생각하게 된거죠. 그리고 내가 클라이언트의 입장이었을 때는 억지로 강압적으로 하는 것 보다는 이렇게 이렇게 하는 게 좋겠구나 하는 생각을 하게 됐죠." (시설장)

중략...

(90-3)

본 연구는 질적 사례연구를 통하여 S사회복귀시설에서 시도된 임파워먼트 실천 적용과정을 살펴보았다. 특히 구성원간의 상호작용의 과정에 주목하여 임파워먼트 실천 적용의 맥락을 통합적으로 이해해 보고자 하였다. 본 연구를 통하여 임파워먼트 실천 적용에서의 몇 가지 논의점을 제시하면 다음과 같다.

첫째, 임파워먼트 실천은 함께 가야하는 과정이다. 본 기관에서 임파워먼트 실천을 적용하게 된 것은 10여년 간의 기관 운영 과정에서 기존의 재활모델을 조금 더 발전시킬 수 있는 하나의 수단으로써 시설장의 주도하에 이루어지게 되었다. 하지만 리더, 서비스제공자, 서비스이용자 간에 임파워먼트 실천에 대한 충분한 논의와 합의가 이뤄지지 않은 상태에서 일방적으로 시작됨으로써 초기에 많은 혼란을 경험하게 되었다.

시설장의 경우 기관 전체의 문화와 체계를 바꾸어야 하는 과정임을 인식하게 되면서 상당히 혼란스러워 했다. 직원들은 하나의 사업으로써 일방적으로 내몰리게 되면서 과연 이것이 우리 기관에 필요한 것인지 혹은 기존의 문화와 체계를 바꾸면서까지 해나갈 수 있을 것인가에 대한 우려가 컸다. 또한 직원 간에 임파워먼트 실천에 대한 이해도 각각 달랐기 때문에 본 기관에서 임파워먼트 실천을 어떠한 방향으로, 어떻게 적용해야 할지에 대한 혼란의 시간들이 있었다. 한편 서비스 이용자인 회원의 경우 가장 중요한 주체임에도 불구하고 의견 수렴 과정에서 배제된 채 직원으로부터 새로운 변화들에 대해 일방적으로 통보받게 되었다. 따라서 회원들은 초기에는 어떠한 일들이 일어나고 있는지에 대해서 전혀 알지 못했을 뿐만 아니라 그러한 변화에 또다시 적응하고 순응해 가는 수동적인 모습들을 보였다.

따라서 본 기관에서 임파워먼트 실천을 적용하고자 한 첫 해에는 이러한 서로의 다양한 이해와 관점이 서로 부딪히고 때로는 충돌하면서 함께 조율해 나가는 데에만 많은 시간과 에너지를 투입해야하는 지나한 과정이었다. 그리고 그러한 과정을 통해 구성원 간의 다양한 속도와 방식을 어느 정도 맞추어 나가게 되었다. 중요한 것은 임파워먼트 실천이 보다 실제적이고 실용적인 지식과 실천의 가치가 되기 위해서는 기관의 구성원들이 '함께 만들어 나가는 과정'에 대한 공통된 이해가 전제되어야 함을 본 기관의 경험을 통해 확인할 수 있다.

둘째, 모든 변화는 구성원 간의 상호작용의 과정을 통해 일어난다. 본 기관에서 위와 같은 혼란을 해결해 나갈 수 있었던 가장 중요한 요인은 외부로부터 받은 피드백에 대한 적극적이고 열려진 마음과 구성원들 간의 지속적인 의사소통이라고 하는 상호작용의 과정을 통해서이다. 이러한 상호작용의 과정은 다양한 관점과 견해, 그리고 경험들을 서로 교환하고 피드백하며 발전시켜 나갈 수 있는 중요한 기회들이 되었다. 이 과정은 기존의 임파워먼트 실천에 관해 얻어왔던 지식을 그대로 적용한 것이 아니라 기관 안에서 새로운 지식으로 구성해 가는 과정을 거쳤음을 보여주는 것이다. 이는 임파워먼트가 모든 대상과 상황을 포괄하는 단 하나의 기준으로 존재하는 것은 아니라 대상과 상황과 시간에 따른 역동성과 맥락성을 가지는 개념이라는 것을(Rappaport, 1984; Zimmerman, 1995) 고려할 때 더욱 중요한 과정이다.

본 기관의 리더와 서비스제공자, 그리고 서비스이용자는 자신이 변할 수 있었던 가장 큰 원동력을 서로에게로 돌리고 있었다. 리더는 서비스제공자와 이용자 간의 관계가 바뀌고 이용자의 성장을 보면서,

서비스제공자들은 리더의 관점과 조직운영의 방식이 바뀌어가고 이용자의 주체적인 모습을 보면서, 그리고 서비스이용자는 제공자들의 태도와 서비스 운영방식의 변화를 보면서 그것이 자신이 더 변화할 수 있었던 중요한 자극과 동기가 되었다고 하였다. 물론 이러한 변화는 어느 순간 획기적으로 일어났다기보다는 서로가 알지 못하는 사이에 일상의 사소한 것들로부터 매우 서서히 일어났다. 하지만 서로가 보여주는 일상의 사소한 작은 변화들은 임파워먼트 실천으로 나아갈 수 있도록 하는 큰 힘이 되었다. 이러한 과정을 통해 본 기관에서는 기존의 보편화된 지식과 진리보다는 새로운 실천적 가치와 실용적 지식을 구성해가는 상호작용이 일어났음을 알 수 있다(김은희, 2004).

셋째, 임파워먼트 실천은 협력적 관계와 소통, 참여와 기여, 선택과 자율을 통해 나타났다. 공동체적 공존은 다양한 사회적 맥락에서 공동의 목표를 가진 구성원들 간의 다양하고 이질적인 접근을 수용하는 협력적 상호작용과 담론을 통하여 이루어진다(김은희, 2004). 본 기관의 구성원들은 임파워먼트 실천에서 중요한 요인을 가장 먼저 공동체 안에서의 관계적인 요소로 보았다. 즉 서로에 대해 믿고 신뢰하며, 환자로서가 아닌 협력자로서, 그리고 서로의 관점과 의미들을 존중하고 소통하고자 하는 노력이 매우 중요하다고 하였다. 특히 전문가로서 기준과 틀에 따라 환자역할을 부여했던 불균형적인 관계에서 벗어나서 서비스 이용자의 개별적인 삶의 목표, 가치, 의미들에 귀를 기울이고 존중하는 것이 매우 중요하였다. 이는 정신장애인이 환자로서 전통적인 서비스 체계 안에서 경험해온 무력감을 전환하고 힘을 경험하는데 있어서 매우 중요한 요소라고 할 수 있다(Barr and Cochran, 1992; Sullivan, 1994; Salzer, 1997).

하지만 이러한 관계의 변화는 단순히 생각을 바꾼다고 저절로 이루어지는 것이 아니라 실제적인 참여와 기여를 통해서 이루어졌다. 서비스이용자가 주도적으로 참여할 수 있는 실제적인 기회를 제공하고 그를 통해 타인에게 의미 있는 기여를 함으로써 서비스 이용자 스스로, 그리고 이용자를 바라보는 서비스 제공자의 관점이 바뀌어가고 이는 보다 신뢰적인 관계를 형성하는데 중요한 바탕이 되었다. 그리고 그 과정에 있어서 자발적인 선택과 자율적인 참여에 대한 존중은 서비스이용자로 하여금 존중받고 있다고 느끼게 하며, 변화에 대한 동기를 높이고 자신의 선택에 대한 책임을 갖게 하는 중요한 요인이 되었다. 서비스 제공자들은 이용자들의 변화를 목격하면서 이전의 제한적 실천 방식에 대한 반성과 고찰을 하기 시작하였다. 이러한 변화는 S사회복귀시설이라는 맥락 내에서 대인간의 협상과 반성을 통해 지금까지와는 다른 새로운 의미를 만들어내는 과정이 있었음을 보여준 것이다(김은희, 2002).

넷째, 임파워먼트 실천을 통한 가장 큰 변화는 모든 구성원이 관계경험을 통해 자신에 대한 긍정적 인식이 높아지고 성장의 경험을 하였다는 것이다. 이러한 변화는 특히 서비스 제공자들에게 두드러지게 나타났는데 이들은 임파워먼트 실천을 통해 얻은 가장 중요한 변화가 자신이 성장해 나가는 경험이라고 하였다. 무엇보다 서비스이용자와의 관계가 보다 편안해지고 보람을 느끼면서 실천에 대한 자신감과 만족감이 높아졌다. 즉 이전에는 전문가로서 서비스이용자들을 이끌고 채워줘야 한다는 부담이 커서 쉽게 업무소진을 느꼈다. 또한 부정적 결과에 대해 서비스이용자를 비난하는 가운데에서도 자신의 책임을 다하지 못한 부담이 있었다. 하지만 서비스 이용자의 선택과 참여를 존중하고 신뢰했을 때 더 이상 이용자는 부담이 아닌 실천의 협력자가 되었으며 그들이 보여주는 긍정적인 반응을 통해 내가 그들의 삶에 실제적인 기여를 하고 있다는 실천에 대한 만족감이 높아지고 그것이 오히려 힘을 주는 에너지원이 되어 주었다. 이는 더 나아가 서비스제공자 자신을 비롯한 모든 인간에 대한 믿음을 얻게 해주었고 삶에 대한 보람과 의미를 느끼게 해주는 성숙의 경험이 되었다.

한편 서비스이용자들은 공동체적인 분위기 안에서 자신들의 역할을 부여받고 서비스제공자 및 동료들과의 협력적인 관계를 인식하면서 자신들도 성장하고 있다는 느낌을 가졌다. 서비스 제공자와의 상호작용에서도 보다 주체적인 역할을 수행할 기회를 얻을 수 있었다. 이는 기존의 정신보건체계 안에서 전문가에 의해 만들어진 정체성을 그대로 수용함으로써 스스로를 '환자', '장애인' 혹은 '학생'으로 지칭하는 데에서 이제는 자기중심적 인식으로 전환하고 정체성을 재구성할 수 있는 통로를 열어가는 과정이 되었다. 그러나 이러한 과정이 아직도 확고히 자리 잡은 것은 아니다. 인간의 행위는 사회적인 구성작업과 대화를 통해 만들어진 현실 속에서 이루어진다(Anderson & Goolishian, 1985, 1988). 아직까지 서비스 이용자들은 서비스 제공자에 비해 임파워먼트 현실을 실감나게 받아들이지 못하는 면이 있다. 이는 위로부터 시작된 변화에 대해 수동적으로 적응해 나가는 과정에서의 새로운 지식을 만들어 내기까지에는 좀 더 많은 경험이 필요하기 때문인 것으로 보인다. 서비스 이용자들이 보다 자기 주도적이고 서비스 제공자와의 수평적 관계로 전환되기까지는 더 많은 시간을 필요로 하는 것으로 보인다.

위에서 정리된 결과는 사례에서 배운 핵심 부분을 정리한 것이다. 때로는 가장 핵심이 되는 관찰이나 해석의 근거가 되는 자료를 삼각화를 통해 신뢰성을 높이기도 한다. 삼각화는 의미를 명확히 하기 위한 다각화된 지각과 관찰이나 해석에 대한 반복 가능성을 검증하는 절차로 사용된다. 그러나 반드시 관찰이나 해석이 정확히 일치하는 것을 찾는 것이 아니라 사례에 대한 다양한 견해를 들음으로써 의미를 더 명확히 하는 데에 도움을 받을 수 있다. 위의 사례에서는 다른 학자들이 찾았던 경험을 통해 이번 사례와 비교함으로써 삼각화를 보여 주었다. 마지막으로 논의에서는 연구 결과를 정리하고 이를 어떻게 적용할지를 제시하고 있다.

논의(93-4)

이 연구를 통하여 임파워먼트 실천의 적용과정은 '자율, 협력, 참여를 유발하는 공동체 문화를 함께 만들어가는 지속적인 상호과정'임을 확인할 수 있었다. 이 연구의 결과를 토대로 임파워먼트 실천을 시도하고자 하는 기관을 위한 실천적 제언을 몇 가지 한다면 먼저 임파워먼트 실천은 기존의 문화에 대한 전반적인 전환을 필요로 한다. 이는 임파워먼트 실천이 임파워먼트적 요소를 일부 가미하는 것이나 어떠한 정형화된 모델을 일방적으로 적용하는 것이 아니기 때문이다. S 시설도 처음 임파워먼트 실천을 시작할 때 같은 실수를 범하고 혼란을 경험하였다. 임파워먼트 실천은 기관의 문화를 선택과 자율, 협력적 관계와 소통, 참여와 기여 등의 '공동체 문화'로 바꾸어 나가는 것이어야 한다. 또한 임파워먼트 실천 적용과정은 기관의 역사와 문화, 체계라고 하는 맥락에서 구성원 간의 '상호작용을 통하여 함께 만들어 나가야' 한다. 이는 구성원들이 가진 이질적인 관점과 견해들이 때로는 부딪히고 모아지기도하는 협상과 반성을 통한 창조적인 과정을 필히 거쳐야 하며, 이를 위해서는 끊임없이 의사소통하고 상호작용할 수 있는 통로가 열려 있어야 함을 의미한다. 이를 위해서는 내부자적인 시각만으로는 한계가 있으며 외부의 전문가나 질적 연구자들의 참여를 통하여 기관문화에 대한 전반적인 검토와 논의의 과정이 중요하다. 서비스제공자와 이용자 모두의 가치와 관점의 변화를 위한 지속적인 교육, 슈퍼비전, 의사소통이 이루어져야 하며 이를 통해 임파워먼트 가치에 대한 공유가 이루어져야 한다. 또한 외부자원을 적극적으로 수용하되 자신의 기관에 맞도록 고쳐가는 과정을 거쳐야 한다. 기존의 이론들은 임파워먼트의 철학과 적용 방식에 대해 나름대로 의미 있는 제안을 하고 있다. 그러나 이러한 제안들 역시 그것을 산출해낸 맥락에서 의미를 띤다. 맥락이 바뀔 때 동일한 개념이라도 새롭게 이해되거나 새로운 의미를 얻을 수 있다. 따라서 어떤 기관이 임파워먼트 실천을 적용하고자 한다면 각 기관이 지닌 맥락을 바탕으로 임파워먼트를 새롭게 해석하는 변형의 과정이 필요하다.

임파워먼트 실천의 적용과정은 단기간의 성과를 요구하는 것이 아니라 많은 시간과 노력, 그리고 인내를 요구하는 '지속적인 과정'을 통해 이루어진다. 이는 가시적인 성과를 중요시 여기는 사회복지실천 현장에서 분명히 쉽지 않은 일이다. 하지만 임파워먼트 실천에 대한 의지를 가지고 지속적으로 노력함으로써 얻어지는 결과는 단기간에 쌓여가는 성과 그 이상의 변화를 가져오게 된다. 즉 서비스 제공자와 이용자간의 협력적인 관계를 통하여 이용자 스스로 힘이 높아지고 내적으로 성장해가며 실제적인 자원과 지지를 획득함으로써 이는 재활과 회복의 가장 큰 원동력이 될 수 있다.

그리고 임파워먼트 실천적용에 있어서는 강점에 기반한 개별화된 접근, 선택과 참여의 확대라고 하는 원칙이 무엇보다 강조되어야 한다. 이는 각 개인의 목표설정, 목표추구의 방식, 평가의 과정을 전체적인 프로그램 구조, 그리고 일상의 활동들과 하나의 연결고리로 이루어가는 통합성을 지향하는 것이다. 이것을 어디서, 무엇부터 시작할 것인가는 기관의 맥락과 구성원들의 합의로부터 출발하여야 하며, 중요한 것은 가능한 일상의 작은 시도들을 통해 구성원들이 임파워먼트의 효과를 실제적으로 경험하고 이를 통해 더 큰 시도를 위한 동기화가 이루어지는 것이 중요한 변화의 원동력이 될 수 있다.

도구적인 사례 연구의 경우 연구자들은 일반화를 피하지 않고 피할 수도 없다. "이 연구자들은 그들의 사례에서 일어난 일을 앞으로 올 시간과 다른 상황에도 일반화시킬 수 있기를 원한다" (Stake, 2005: 450). 사람들은 하나의 사례에서도 많은 것을 배울 수 있다(Merriam, 1998). 독자들은 연구자를 통해 대리 경험을 제공받는다. 연구자가 보고 듣고 느끼고 해석하여 서술한 것을 독자들이 이해하기도 하지만 자신만의 해석을 할 수도 있다. 독자들은 연구자가 거쳐 간 경로를 비슷하게 밟으면서 그 사례를 둘러싼 복잡한 의미들을 깨달을 수 있게 된다. 이러한 대리 경험은 연구자의 서술이 풍부하고 상세할수록 더욱 생생해질 것이다.

사례 연구의 방법들은 결국 한정된 보고서 안에 사례에 관한 최대한의 명확한 서술을 담아내야 한다. 따라서 복잡한 의미를 파악하여 명확하고 생생하게 전달하는 글쓰기 기술이 매우 중요하다. Erickson(1986)은 일반적인 것은 특정한 것 안에 있기 때문에 특정한 사례로부터 배운 것을 그와 비슷한 상황으로 옮겨갈 수 있다고 주장하였다. 이와 비슷하게 Blumer(1969: 149)도 "평범한 무엇을 배우고 찾아내기 위해서는 특이하고 독특한 표현을 수용하고, 발전시키며 또한 사용할 필요가 있다"고 주장하였다. 독특한 하나의 사례에서도 가치 있는 것들을 찾아내고 그 현장에서 일상적으로 무엇이 일어나는지를 찾아낼 수 있다. 무엇을 자신의 맥락에 적용할 수 있을지를 결정하는 것은 연구자가 아니라 독자 자신이다. 연구자는 현장에서 얻은 통찰과 새롭게 배운 개인적인 의미들을 통해 자신이 얼마나 변화되었는지를 충실히 서술하도록 한다. 독자들은 연구자들이 개인적인 의미들을 제안한 것에 자신의 의미를 가감하고 조절하여 새로운 형태의 지식을 자신의 상황에 맞게 고쳐나가게 된다(Stake, 2000). 따라서 사례 연구의 유용성은 연구자가 아니라 독자에게 맡겨진 작업으로 남게 된다.

〈사례〉

정신장애인 사회복귀시설에서의 임파워먼트 실천경험에 대한 질적 사례연구

저자: 고미영, 하경희, 박정임

출처: 정신보건과 사회사업 Vol. 31. 2009, 4. pp. 63-99.

참고문헌

김은희 2002. "사회적 구성주의 패러다임의 적용을 통한 유아교육 현장의 변화. 레지오 에밀리이." 국제학술대회 『익숙한 것을 새롭게 보기』 9-0140. 서울: 한국어린이 육영회 장지동 교육관.

______2004. "사회적 구성주의 패러다임과 학습 공동체 실천을 위한 기관 수준의 유아교육 과정 변형에 관한 연구" 『유아교육연구』 24(4): 161-198.

성희자 2005. "정신장애인의 임파워먼트 형성 방안". 『보건과 사회과학』 18: 141-164.

양옥경 · 최명민 2007. "사회복지실천모델의 재검토". 『한국사회복지학회 학술대회 자료집』 111-142.

양옥경 · 김정진 · 서미경 · 김미옥 · 김소희 2001. 『사회복지실천론』. 나남출판.

유소연 2004. "정신질환자가 지각하는 낙인정도에 관한 연구". 이화여자대학교 석사학위논문

이경아 2001. "정신보건에서의 사회복지실천이론의 과제". 『한국정신보건사회사업학회 추계학술대회자료집』

이봉임 2005. "재가 정신장애인의 일상생활 인권실태 연구". 이화여자대학교 석사학위논문.

이선영 2004. "생태체계관점에서 본 정신장애인 삶의 질 영향요인 연구". 서울여자대학교 박사학위논문.

이유리 2001. "사회복귀시설 정신장애인의 사회통합 예측 요인에 관한 연

구". 이화여자대학교 석사학위논문.
이용표 2004. "현장과제를 활용한 정신장애인 사회기술훈련 프로그램의 효과: 역량강화와 증상에 관한 훈련효과를 중심으로". 『정신보건과 사회사업』 15: 77-105.
이은희 2005. "만성정신분열병 환자 및 가족에 대한 임파워먼트 모델에 기반한 개입". 『정신보건과 사회사업』 19: 215-244.
정원철 2000. 『정신보건 사회사업론』 서울: 학문사.
최명민 2004. "정신장애인 자원봉사 프로그램의 임파워먼트 효과". 『한국사회복지학』 56(3): 89-112.
한국정신보건사회사업학회 2000. "정신장애인의 복지를 위한 사회운동". 2000춘계학술대회자료집.
Anderson, H. and Goolishian, H. 1985. "Systems Consultation to Agencies Dealing with Domestic Violence', in L. Wynne, S. McDaniel and T. Weber (eds.), *The Family Therapist as Consultant.* New York: Guilford Press.
Anderson, H. and Goolishian, H. 1988. "Human Systems as Linguistic Systems: Evolving Ideas about the Implications for Theory and Practice', *Family Process,* 27: 371-93.
Barr, D., and Cochran, M. 1992. "Understanding and Supporting Empowerment: Redefining the Professional Role." *Empowerment and Family Support* 2-8.
Cresswell, J. W., 1998 *Qualitative inquiry and research design: Choosing among five traditions*, London; Sage Publications, Inc.
McNamee, S. and Gergen, K. J. 1992. *Therapy As Social Construction*, London: Sage Publications.
Merriam, S. B. 1998. *Qualitative Research and Case Study Application in Education.* San Francisco: Jossey-Bass.
Miles, M. B. and Huberman, A. M. 1994. *Qualitative Data Analysis*. CA: Sage.
Patton, M. 1980. *Qualitative Research Methods*. Princeton, NJ: Princeton University Press.
Rappaport, J. 1984. "Studies in Empowerment: Introduction to

the Issue." *Prevention in Human Services* 3: 1-7.

Salzer, M. S. 1997. "Consumer Empowerment in Mental Health Organizations: Concept, Benefits, and Impediments." *Administration and Policy in Mental Health* 24(5): 425-434.

Sherman, E. and Reid, W. J. 1994. *Qualitative Research in Social Work.* New York: Columbia University Press.

Sullivan, W. P. 1994. "A Long and Winding Road: The Process of Recovery from Severe Mental Illness." *Innovaitons and Research* 3: 19-27.

Stake, R. E. 1995. *The Art of Case Study Research.* Thousand Oaks, CA: Sage.

Yin, R. K. 1994. *Case Study Research: Design and Methods.* (2nd ed.). Thousand Oaks, CA: Sage.

Zimmerman, M. A. 1995. "Psychological Empowerment: Issues and Illustrations." *American Journal of Community Psychology* 23: 581-600.

제13장 내러티브 연구(Narrative Study)

내러티브 연구의 개관 | 연구 방법

내러티브 연구의 개관

내러티브 연구, 혹은 내러티브 분석은 포스트모더니즘의 기조와 더불어 점점 더 사회과학 분야에서 사람들의 관심을 끌어들이는 질적 연구 중 하나이다. 그러나 내러티브 연구는 아직도 새로운 생각과 방법, 질문들이 생겨나는 발전 단계에 있다고 보는 것이 옳을 것이다(Chase, 2005: 651). 최근에 내러티브 연구는 다학제적인 분석의 렌즈와 접근법, 전통적이거나 혁신적인 방법들의 혼합물이라 할 만큼 다양한 양상을 띠고 있다. 내러티브는 서사 혹은 이야기로 번역되어 사용되나 여기에서는 원어의 뜻을 훼손하지 않기 위해 그대로 내러티브라는 용어를 쓰고자 한다. 원래 내러티브는 시작과 중간, 그리고 끝을 가진 스토리 형태로 엮어진 일인칭 서술을 말한다. 특히 한 사람이 살아온 경험의 특이한

면들을 전기적으로 서술한 것을 내러티브라고 정의한다. 주로 개인적 경험을 설명하는 것으로 혼용되어 사용되는 용어로는 전기, 생애사, 구술사, 자서전 혹은 내러티브 민족지학 등이 있다.

여러 다른 학문 분야와 이론적인 견해의 차이에도 불구하고 대부분 학자들은 모든 형태의 내러티브는 자신의 경험을 이해하고 의미를 만들어 소통하고자 하는 근본적으로 관심을 공유한다고 본다(Chase, 1995: 1). 이해를 위한 강력한 도구로서 스토리를 보는 것은 어떤 내러티브 이론이라도 부인할 수 없는 사실이다. 한마디로 내러티브는 지난 경험에 대한 회상을 통한 의미 창출의 행위이다(Chase, 2005). 특히 내러티브는 자신과 다른 사람들의 행동을 이해하고자 사건과 사물을 하나의 의미를 담은 전체로 그려내면서 시간의 흐름에 따른 사건들의 변화나 필연적 결말을 제시하는 방법이다(Bruner, 1986).

내러티브는 인간 경험 속에 스며들어 있는 의미를 만들고 전달하는 도구라는 점에서 연구할 가치가 있고 연구의 대상으로 자리잡게 되었다. 연구자들은 내러티브를 하나의 말로 이루어지는 행위로 취급한다. 즉 내러티브는 말을 통해 무엇인가를 해내고 이루어간다. "말하는 사람은 설명하거나 남을 즐겁게 해주고, 정보를 제공하고 또한 자신을 방어하기도 한다. 불평하거나 확인시켜주고 도전하기도 한다. 따라서 누군가 무엇을 말하기 시작할 때 그 화자는 자신이나, 경험, 혹은 현실을 창조하고, 건설하기도 하며 연출을 한다"(Chase, 2005: 657). 사람의 상황을 이해하는 데에 이야기만큼 효과적이고 강력한 도구는 찾기 어려울 것이다. 내러티브 연구는 일인칭의 경험에 대한 서술을 본문(text)으로 삼아 인간을 이해하는 도구로 사용한다. 연구자들은 내러티브에서 화자의 목소리, 즉 그들의 주장과 관점을 찾아낸다. 이 목소리는 화자가 있는 위치, 그의 사회적 위치나 입장을 보여 주며 그가 어떻게 다른 사람과 의사소통하는지를 보여 준다. 그의 설명이 자서전의 형태로 이루어지든지, 생애사나 인터뷰, 일기, 편지 혹은 다른 수집할 수 있는 삶을 정리해 놓은 어떤 형태의 문서로 이루어지든지 간에 그것을 본문으로 삼아 연구자들은 분석을 진행하는 것이 내러티브 연구이다(Clandinin & Connelly, 1994).

내러티브가 일어난 사실 그대로인지 아닌지에 대한 진실 논쟁은 연구자들의 관심사가 아니다. 그보다 연구자들은 사람들이 사용한 내러티브를 통해 자아, 현실, 경험이 어떻게 만들어지고 어떤 해석이나 변형이 가해지는지를 찾고자 한다. 물론 이런 행위의 신뢰성 여부는 화자의 책임이 되겠지만 내러티브 연구는 이야기꾼이 성취해 놓은 그것 자체에 신뢰와 점수를 부여하는 특성을 지닌다(Holstein & Gubrium, 2000).

연구 방법

다양한 접근법

내러티브를 사용하는 방법론적 접근법은 여러 가지가 있다. 각 접근법들은 어떻게 스토리가 탄생되었고, 어떤 언어학적인 도구가 사용되었으며, 어떤 문화적인 맥락이 스토리를 떠받치고 있는지를 조사한다. 가장 흔히 접할 수 있는 것은 심리학적, 사회학적, 언어학적, 전기적 혹은 일대기적 민족지학 접근법들이다. 심리학적인 접근은 이야기의 플롯이나 주인공, 또는 구조나 내용의 순서 등을 살펴보고 개인적인 생각과 동기들을 파악하는 데에 집중한다. 심리학적 접근법은 "연역적 과정, 상황을 드러내는 지식과 인간의 의도를 강조하면서 의미 창출에서의 인지적, 정서적, 동기적 차원을 모두 인정하고자 하는 전체적인 접근법이라 볼 수 있다"(Rossiter, 1999: 78).

어떤 심리학적 접근법은 사람들이 하는 이야기와 삶을 살아가는 방식과의 관계성을 찾아내는데 관심을 두고 있다. 예를 들면 안정되고 높은 심리학적 점수를 얻은 사람들은 삶의 이야기를 긍정적으로 만들어내는 경향이 있고, 불안정되고 낮은 점수를 받은 사람들은 자신의 삶의 이야기를 부정적으로 한다는 것이다. 따라서 사람들이 하는 이야기가 그들이 살아갈 삶의 방향 즉 어떠한 삶을 살아갈지에 영향을 미친다는 것을 밝혀내고자 하는 것이 이 접근법의 핵심이다. 이 학자들은 내러티브는 삶을 조형해주는 힘이라는 점을 강조하고 어떤 이야기는 사람들을 불구로 만들기도 하고 또 다른 이야기는 힘을 부여해 주기도 하며 삶의 문제나 트라우마를 효율적으로 대처하는 자아의 감각을 부여하기도 한다고 주장한다(Rosenwald & Ochberg, 1992: 6). 대표적으로 McAdams(1997)는 삶의 이야기에 담긴 내용이 한 사람의 정체성을 형성해 주며 그 정체성을 발전시키고 변화시켜 준다고 보았다.

사회학자들은 내러티브의 사회적인 면모를 부각시키는 연구를 진행하였다. 이들은 어떤 특정 기관이나 조직, 지역 안에서의 담화나 지엽적 문화적 맥락이 사람들의 정체성 형성에 어떻게 영향을 미치는지를 그들의 내러티브를 통해 살펴보았다. 사회학자들은 내러티브를 삶과 분리될 수 없는 산 경험 자체로 취급한다. 따라서 스토리텔링의 내용뿐만 아니라 스토리텔링이 어떻게 만들어지는가에 관심을 가진다. 이것은 이야기를 하는 사람이 인식할 수 있는 자신을 형성하는데 사용 가능한 자원들이 어떻게 이용되는지에 초점을 맞춘 것이다.

예를 들면 어떤 전형적인 이야기(예를 들면 매맞는 여성, 학대받은 아동, 에이즈 환자)는 절대로 살아온 경험의 복잡성을 모두 망라하여 담을 수 없기 때문에 사람들이 그 공식을 따라서 이야기하기를 거부한다는 것이다. 이는 매일의 경험으로서의 내러티브는 매끈하지 않고 복잡다단하기 때문이다. 이런 점들을 포착한 사회학적 접근은 사람들이 조직이나 상황이 요구하는 데에 맞추어 자신을 조성해 가는 과정을 조명하면서 어떻게 개인의 경험이 박탈당하거나 변화를 겪는지를 보았다. 다음 사례에서는 가족치료라는 상황 속에서 상담자와의 대화를 통해 내담자의 정체성이 어떻게 변화해 갔는지를 살펴본다.

문제제기(463-464)

가족치료는 사람들의 흥미진진한 이야기가 펼쳐지는 이야기의 장(場)이다. 가족치료에 참여한 내담자는 자기 내면의 말과 대화 그리고 정서적, 신체적 감각에 기초하여 이야기를 할 뿐만 아니라 치료자 및 상담에 참석한 다른 사람들과 상호작용을 통해서 이야기를 구성한다. Gale은 가족치료란 내담자가 대인간 및 개인 내적 상호작용 대화에 참여함으로써 자신의 정체성에 대한 새로운 이해와 표현(탄력성, 희망, 능력, 도덕적 가치에 대한 설명 등)을 구축하도록 돕는 것이라고 정의하였다(한국가족치료학회, 2009).

이야기는 상호작용의 토대 위에서 구성된다. 사람들은 이야기를 통해 자신이 경험한 사건과 경험에 대한 주관적인 해석과 의미를 담아서 이야기를 구성한다. 이때 청자는 화자의 이야기에 대한 공감적 반응을 통해 이야기의 구성에 또 다른 주체자로 참여하게 된다. 상담자는 내담자의 문제를 탐색하고 변화를 위한 목표를 설정하고 실행해 나가는 동안 주로 청자로써의 역할을 담당한다. 내담자의 이야기가 상담자와 만들어 내는 공동작품이라는 측면에서 볼 때 치료적 관계는 이야기 구성과 매우 밀접한 연관성을 가진다. 즉 상담자와 내담자 사이에서 일어나는 감정, 태도, 행동을 의미하는 치료적 관계는(김경실, 1997) 두 사람이 함께 이야기를 만들어 가는 과정 그 자체라고 할 수 있을 것이다.

내담자의 이야기 안에는 내담자 자신에 대한 정체성이 규명된다. 정체성은 내담자가 가지고 있는 사건에 대한 의미와 행동의 근거, 미래에 대한 전망을 포함한다. 따라서 상담자는 내담자의 이야기 안에 내재된 정체성을 탐색함으로써 내담자의 욕구와 변화과정을 감지하고 상담자의 상담전략에 반영할 수 있을 것이다. 상담자는 내담자의 언어에 포함되어 있는 자기 정체성을 인지하기위한 민감성을 발전시킬 필요가 있다.

연구 문제(464)

본 연구는 가족치료 상담대화의 이야기를 행위의 관점에서 연구하고 내담자의 정체성의 변화과정을 통해 상담치료의 전개과정을 탐색하는 것이 목적이다. 우선 이야기와 자기정체성의 언어적 행위로서의 특성에 초점을 두고 이론연구를 실시하고 실제 가족치료 대화를 대상으로 '가족치료의 전개구조에 따라 내담자의 이야기 속에서 자기정체성이 어떻게 구현되고 있는지를 알아보고자 한다.

연구의 방법은 말해진 내러티브를 수집하여 분석하는 것으로 진행된다. 내러티브의 수집은 인터뷰를 통해서 연구자가 직접 듣고 녹음하는 것이 대부분이지만 다른 사람과 인터뷰한 녹음된 내용을 사용할 수도 있다. 인터뷰는 미리 질문의 내용을 정하지 않고 개방형으로 진행되거나 구조와 목적을 어느 정도 정해서 진행되는 반구조화된 인터뷰가 있다. 어떤 경우이든지 모두 인터뷰 진행자가 예상하지 못한 경로로 대화가 진행될 것에 대해 준비를 해야 한다. 혹시 질문하는 내용이 명확하지 않거나 대상자가 인터뷰 진행자의 의도를 이해하지 못하는 경우도 발생할 수 있다. 따라서 대상자를 화자로 만들기 위한 노력이 필요하다. 인터뷰를 진행하는 사람의 숙련의 정도가 일정하지 않기 때문에 내러티브 연구는 어느 정도 위험을 감수한다고 볼 수 있다. 얼마나 화자의 역할을 잘 해주는가에 따라 인터뷰 결과의 질이 결정되기 때문이다. 이런 약점에도 불구하고 내러티브는 여전히 많은 것을 알려주고 있다.

내러티브 연구를 진행하는 데 있어서 중요한 문제 중 하나는 연구 대상자들을 어떻게 좋은 화자로 초청할 수 있는가 하는 문제이다. 연구자들이 대상자들에게 묻는 질문은 사회 과정의 일반적인 내용으로 연구자의 관심사를 중심으로 잘 꾸며진 "사회학적 질문"인 경우가 대부분이다(Sacks, 1989: 88). 대상자가 화자로 전환된다는 것은 주도적으로 대상자들이 의미가 담긴 자신의 삶의 이야기를 해 주는 것과 자신에 관해 특별한 어떤 점들에 대해 말해 주는 것이다. 때로는 면접자가 그들의 사회적 상황과 맥락을 고려하면서 넓은 범위의 개방된 질문을 던질 때 좋은 화자를 만날 수도 있다. 그러나 연구자의 준비로 항상 좋은 화자를 만들어내지는 못한다. 대상자들을 화자로 세우기 위한 준비는 한편으로는 화자들이 특이한 점들을 말할 수 있도록 초청해야 한다. 그러나 동시에 다른 한편으로는 이런 요인들을 미리 알 수 있거나 예측할 수 있는 것이 아니기에 연구자가 준비하는 데에는 한계가 있다. 무엇이 들을 만한 가치가 있고 또한 화자로서 말할만한 가치가 있는 것인지는 미리 결정할 수 없는 문제이기에 연구자의 논리는 빗나가는 경우가 많다.

또 다른 문제는 연구자들이 들은 내러티브를 얼마나 잘 전달할 수 있는지의 문제이다. 인터뷰 자료를 근거로 연구하는 내러티브 연구자들은 화자 안에 있는 복잡하며 다양한 목소리를 여러 다양한 경청과 해석의 방법으로 풀어내어 전달해야 한다(Chase, 2005). 연구의 신뢰성과 타당성을 손상시키지 않고 어떤 방식으로 연구자는 다른 사람들의 목소리를 가장 신뢰할만하고 설득력 있게 전달할 수 있는가? 이에 대해 Mishler(1995: 117)는 "연구자는 스토리를 발견하는 것이 아니라 만들어내는 것이라"고 답하고 있다. 즉 연구자는 "우리의 참여자들이 해 준 이야기를 분석을 통해 재서술할 수 있을 뿐이다". 실제로 화자의 목소리는 연구자가 그것을 듣고 해석을 함으로써 연구자의 목소리로 바뀌게 된다. 이것은 내러티브 연구의 쟁점인 목소리, 해석자의 권위, 그리고 표현이라는 문제를 끄집어낸다. 결론적으로 연구자도 이야기

꾼이며 그가 사용하는 개념과 방법, 연구 전략, 자료 샘플, 전사, 내러티브 단위와 구조, 해석된 관점… 등을 사용하여 이야기와 그 의미를 창조하는 것이다. 어느 면에서 스토리는 공동으로 저작되는 것이다. 직접적으로는 인터뷰를 통하여 어떤 특정한 일에 대한 설명을 얻어냄으로써 스토리를 생산하는 것이고 간접적으로는 어떻게 표현해 내는가를 통해서이다. 따라서 연구자는 그가 들은 내러티브를 가지고 새로운 본문과 담론들로 변형시킨다.

자료 수집(469-471)

1) 연구대상

본 연구는 S대학교 가족치료센터에서 실시한 가족치료 1사례를 분석하였다. 연구대상은 가족치료 상담자가 상담이 이루어졌던 당시에 내담자에게 연구자료 활용에 대한 구두동의를 얻어 녹음, 녹화해 두었던 상담 사례들 중에서 연구가 실행된 시점에 내담자들에게 연구과제에 대해 다시 설명하고 연구 참여 동의서에 서명을 받았다.

본 연구에서는 가족치료에 참여한 부부 내담자 중 아내를 연구대상으로 선정하였다. 상담에는 부부와 시부모, 시누이가 참여하였으나 전체적인 상담의 흐름이 아내의 이야기를 중심으로 진행되고 있고 남편의 이야기는 내용이나 분량이 분석을 하기에는 매우 부족하였기 때문이다. 따라서 이후 글쓰기에서는 아내를 내담자로 호칭할 것이다. 상담의 전개구조에 관한 거시적 분석은 전체 회기를 대상으로 실시하고 자기정체성 변화에 대한 정밀분석은 부부가 참여한 상담회기에 초점을 두고 실시하였다.

가족치료 상담은 6개월 동안 총 14회기로 진행되었다. 연구 자료의 녹취된 상담시간은 840분이었으며 전사된 분량은 234쪽이었다.

전사된 자료에서 등장하는 이름은 모두 가명을 사용하였다.

2) 연구방법

본 연구는 대화분석에 기반을 둔 이야기분석 방법론을 통해 실행하였다.

1단계에서는 선행연구에서 구축된 가족치료 대화의 전개구조를 토대로 대화의 기능단계에 따라 내담자의 자기정체성이 어떻게 창출되고 변화되는지 분석하였다. 가족치료는 거시적으로 초기단계, 중간단계, 종결단계로 구성되며 대화의 기능단계에 따라 분위기 조성단계, 가족 사정단계, 인식변화 유도단계, 변화체험단계 그리고 종결단계로 구분된다(조용길 · 유명이 · 박태영, 2008). 내담자는 모든 기능단계에서 자기정체성을 구축하였지만 그 변화양상이 각 세부단계에 따라 극명하게 드러나지는 않았다. 따라서 본 연구에서는 거시구조인 초기단계(분위기 조성단계와 가족사정단계), 중간단계(인식변화 유도단계, 변화체험단계), 종결단계(종결단계)로 구분하여 분석하였다. 초기단계는 1회기에서 5회기까지, 중간단계는 6회기에서 13회기까지 그리고 종결단계는 14회기에 실행되고 있었다.

2단계에서는 각 상담단계에서 나타나는 내담자의 자기정체성 변화를 분석하기 위해 이야기 속에 나타나는 참여자들의 '자리매김(positioning)'과 '행위주도권(agency)'을 분석하였다.

자리매김 분석은 '나는 누구인가?' 그리고 '나는 어떤 사람으로 이해받기를 원하는가'에 대한 탐색을 통해 자기정체성을 연구하는 방법이다(Bamberg, 1999). 연구는 화자가 과거 사건을 이야기로써 어떻게 언어적으로 구현하고 있으며 그 이야기 안에는 화자의 어떤 관점이 내재되어 있는지에 초점을 두고 실행된다(Korobov, 2001).

자리매김은 자기정체성의 사회적 차원의 특성이 언어적 행위로 구현된 것으로 이야기 속에서 '무엇이', '어떻게', '무엇을 위해서' 지금 그렇게 표현되는가?를 통해 발견된다. 자리매김 분석은 상호행위자들이 어떻게 사회적 영역을 규정하고 그 영역 안에서 그들의 개별적인 자리매김을 확정하고 요구하며 지정하고 협상하는지 언어적 발화를 통해 알아낸다.

상담대화 속에서 자리매김 현상은 자기 관련적 측면과 상대자 지향적 측면의 방향성을 가진다. 즉 자기 자신의 규정인자들을 직간접적으로 규정하는 '자기자리매김'과 자신과 이야기하는 대화 상대자에 대한 규정과 지위를 할당하는 '타인자리매김'이 실행된다. 내가 자신에 대해서 자리매김을 하는 것은 자신에게는 물론 상대방에게도 하나의 정체성을 지정하는 것이다. 또한 내가 다른 사람을 어떻게 규정하고 대하는가 하는 방식을 통해서 내 자신의 지위를 규정하기도 한다. 화자의 자기 자리매김은 상대방에 대한 타인 자리매김과 상대방의 나에 대한 타인자리매김을 수용할지 여부에 따라서 영향을 받는다. 자리매김분석은 청자 뿐 아니라 이야기에서 인용하는 다양한 사람들에 의한 타인자리매김 역시 영향력을 가지기 때문에 다층적인 자리매김 관계를 비교분석하여 통합하는 과정으로 실행되었다.

1;1 상담에서는 상담자와 내담자 양자 간의 자리매김 현상이 나타나지만 부부가 참여하는 2인 이상의 내담자가 참여할 경우에는 좀 더 복잡한 구조를 갖는다. 즉 상담자와 내담자들은 상담 참여자들에 대한 각각의 자리매김을 설정한다. 본 연구대상의 경우 이야기하는 아내는 이야기 되고 있는 자신에 대한 자기 자리매김과 동시에 남편과 상담자에 대한 타인 자리매김을 하고 상대방의 자신에 대한 타인자리매김에 의해 영향을 받는다[그림 1]. 연구자료에서 아내는 상담자를 해결자이면서 권위자로 타인자리매김을 함으로써 자신을 외톨이와 피해자로 자기자리매김하면서 상담자로부터 동정과 위로를 요청하고 있다. 또한 부부 사이에서 파워가 아내 쪽으로 기울어져 있었기 때문에 자리매김을 위한 명시적인 상호작용이 적었고 아내의 정체성은 자신이 설정한 자기자리매김과 남편과 상담자에 대한 타인자리매김에 의해 실현되고 있었다.

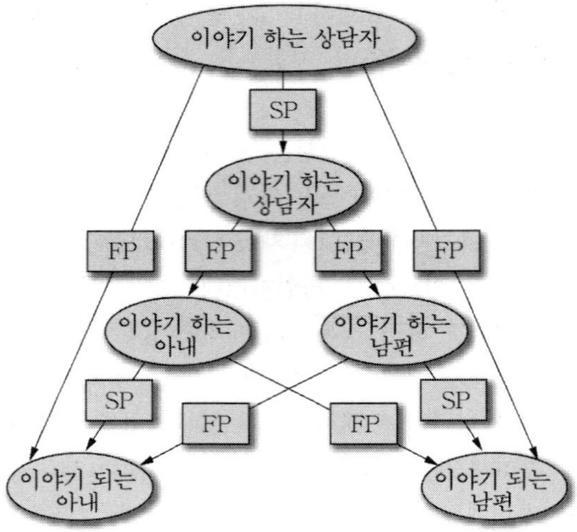

[그림 1] 가족치료 상담에서 나타나는 자리매김/
Positioning in Story of Family Therapy
(SF : 자기 자리매김 / FP : 타인 자리매김)

행위주도권 분석은 화자가 자신의 삶에서 자기 삶의 결정권자로 자신을 체험했다고 느꼈는지에 여부에 주목한다. 행위주도권은 화자의 주도성 뿐 아니라 그가 처한 역사적이고 정치경제적이고 문화적인 삶의 조건과 연관이 될 수 있기 때문에 상황적 요소에 대한 고려가 병행되어야 한다.

전체적인 연구과정은 이론연구와 상담자료 분석을 반복적으로 실시하는 상향식과 하향식 연구방법을 순환적으로 사용함으로써 연구결과의 정교함을 추구하고자 하였다.

풍부한 내용을 가진 내러티브를 분석해 보면 그 안에 시간의 흐름과 상황의 변화에 따라 다양한 정체성을 발견할 수 있다. 포스트모던의 세계에서는 한 개인이 여러 다른 정체성을 가지게 되는 것을 인정한다. 이는 화자가 다양한 세팅을 옮겨 다니면서 발생하거나 대화 맥락의 변화에 따라 일어나기도 한다. 각 세팅은 그 사람이 자신에 대해 말할 기회를 제한하기도 하고 또는 넘치도록 많은 선택권을 제공하기도 하면서 그 사람의 내러티브에 영향을 미친다(Holstein & Gubrium, 2000). 인용된 사례에서는 상담의 단계에 따라 변화해 가는 내담자의 정체성에 대해 제3자의 시각으로 분석한 결과를 보여 준다.

분석 결과(471-4)

가족치료 상담 과정에서 나타난 내담자(아내)의 정체성 변화과정은 [그림 2]와 같이 나타났다

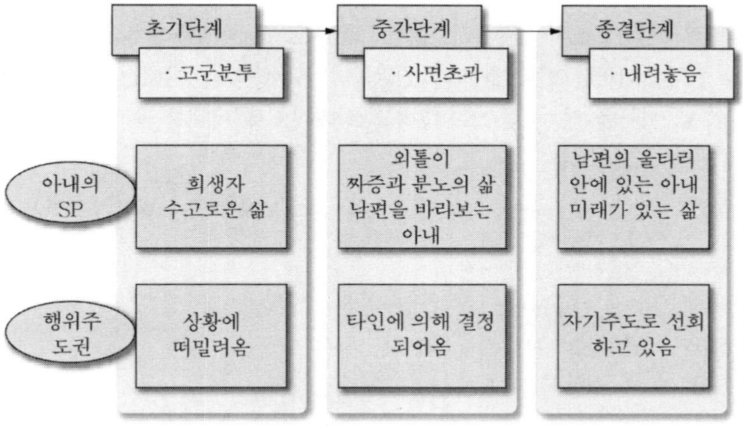

[그림 2] 내담자의 정체성 변화과정 A Change Process of Client's Identity

(1) 초기단계에서 내담자의 정체성 – “고군분투(孤軍奮鬪)”

연구대상자인 부부는 부부갈등이 이혼위기에까지 이르게 되자 상담자를 알고 있던 시누이에 의해 가족치료 상담에 의뢰되었다. 상담 첫 회기에 부부가 함께 참여하였고 남편이 먼저 이야기를 시작했으나 곧 아내에게 차례가 돌아온 후 상담이 종결되기까지 아내의 이야기를 중심으로 상담이 진행되었다.

아내는 이야기 속에서 자신에 대해 ‘희생자’와 ‘수고로운 삶’의 자기자리매김을 하였다. 아내는 자신에 대해 실패한 결혼의 피해자이며 희생자라는 강한 자리매김을 하고 있었다. 남편은 결혼 이후 제대로 된 직장 한번 가져본 적 없이 경제적으로 무능력했고, 시부모는 경제적인 지원을 이유로 며느리를 무시하여 인격적으로 모욕감을 느꼈다. 내담자는 남편과 시부모 간의 갈등이 있음에도 불구하고 시부에게서 생활비를 받기 위해 모욕이나 고된 일도 참아내며 가정을 꾸려나갔다. 그러나 결혼 이후 계속된 스트레스로 인해 건강이 악화되어 각종 질병이 생겼다. 내담자는 자신의 질병이야기에 한의사의 전문적 소견을 포함시킴으로써 결혼으로 인한 희생자로써 자기자리매김을 강화하고 있다. 더구나 아내에 비해 건강하다는 남편의 이야기는 남편을 결혼으로 이득을 본 사람으로 그리고 상대적으로 아내를 희생자로 자리매김을 하고 있다.

부인: [...] 제가 몸이 많이 안 좋아져서. [...] 제가 몸이 많이 약해졌어요. 자꾸 아프고요.

상담가: 결혼하기 전에는요?

부인: 대게 건강했어요.

상담가: 결혼하고 나서 몸이 약해지신 거예요?

부인: 예. 심적으로도 많이

상담가: 구체적으로 어떻게 몸이 안좋으세요?

부인: 신경 쓰면 결혼해서 너무 힘들어서 1년 안됐을 때 심장이 여기가 숨을 못 쉬어가지고 그래서 약을 좀 먹었어요.

상담가: 병원에는 가보셨어요?

부인: 예.

상담가: 뭐라고 그래요?

부인: 홧병이라고 그래요.

상담가: 홧병이요?

부인: 예. 그리고 나서 아이 가지고 나서고 그랬고 숨을 못 쉬어서 아이 낳고도 그랬고, 계속 그랬는데 삼촌이 의사니까 공짜로 좀 해줘요.

상담가: 삼촌이라면 누구?

부인: 예. 저희 삼촌이요. 한의사예요.

상담가: 그래요?

부인: 그래서 약을 먹은 거예요. 가서 침 맞고 그랬어요. 그리고 머리가 많이 아프고..

상담가: 편두통이요?

부인: 예. 그리고 조금만 신경 써도 몸살이 오고, 심할 때는 구역질까지 나요.

상담가: 결혼 전에 부인은 건강하셨는데요?

부인: 예. 1년 내내 감기를 안 달고 살았거든요. 힘들어도.

상담가: 심장계통이 별로 안 좋으신 거예요?

부인: 예. 심장이 많이 스트레스 받아서 쪼인다고 해야 하나?

상담가: 남편께서는 건강 어떠세요?

남편: 모르죠. 그냥..

상담가: 결혼 전엔?

남편: 결혼 전하고는 별로 차이 없어요

아내의 '희생자' 자리매김은 상담의 출발시점에서 사용된 이야기에 의해 예고되고 있다. 상담자가 자신을 많은 가족치료를 성공적으로 이끈 경험이 있는 능력있는 상담가로 소개함으로써 권위 있는 상담가로 자기자리매김하자 남편이 상담자의 자기자리매김을 인정하고 자신을 무능력한 사람으로 자리매김하고 있다. 아내 역시 자신을 '학생'으로 자리매김함으로써 상담자의 자리매김을 수용하고 이어 자신을 '희생자'로 자리매김함으로써 무능한 남편 대신하여 권위자인 상담자로부터 위로와 인정을 받고자 하는 욕구를 표현하고 있다.

상담가: 제가 무서웠어요?
부인: 그냥 시험 보러 온 거 같아요.
상담가: 여기 오면 재미있어요. 여기서 이혼하려고 왔던 부부들도 많이 효과보고, 별별 케이스들도 다 효과보고.. 남편 되신 분이 박철환씨라고 하셨죠? 부인께서는 어떻게 되시죠?
부인: 이소연요.
상담가: 이소연.. 나이가 어떻게 되세요? 남편께서 32세인가요?
남편: 예
상담가: 부인께서는?
부인: 31세요.
상담가: 자녀는요?
남편: 아들 하나 있습니다.
부인: 아들 하나 있습니다.
상담가: 몇 살입니까?
부인: 15개월이요
상담가: 저를 보러 오신 목적이 무엇이시죠? 두 분간의 문제점?
부인: 뭐라고 딱 집어서 말씀드리기가..
상담가: 부부간에 무엇이 문제인가요?
남편: 제가 무능력해요.
상담가: 무능력하세요? 문제점이? 문제점이 일단 남편의 무능력이다. 예를 들면 뭐가 무능력이죠?
남편: 그냥 매사에 자신감도 없고 그냥 주눅만 들고 끈기가 많이 없어진 거 같아요?
상담가: 없어진 거 같다고요?
남편: 예.
상담가: 그전엔 끈기가 있으신 거예요?
남편: 글쎄요. 인내심이 많이 적어진 거 같아요. 모르겠어요. 자꾸 주눅만 들고..

아내의 '희생자' 자리매김은 어떤 험난한 상황에서도 최선을 다해서 살아왔다는 경험이야기를 통해 '수고로운 삶'의 자기 자리매김으로 이어지고 있다. 아내는 직장생활을 할 때도 성실하고 능력있는 사람으로 인정받았었고, 남편이 가장으로써 무책임하게 방관하였지만 자신은 시부모에게 헌신하면서 가정과 아이를 위해 최선을 다하면서 좋은 며느리와 좋은 아내, 좋은 엄마가 되기 위해 최선을 다해 왔다. 내담자는 이야기 안에 자신에 대한 남편의 '완벽한 여자' 타인자리매김을 인용함으로써 자신이 가정과 남편을 위해서 얼마나 헌신적으로 노력해 왔는지를 부각시키고(이재인, 2006), 상대적으로 남편을 무능하고 무책임한 사람으로 타인 자리매김함으로써 자기 자리매김을 뒷받침하고 있다. 자신은 화목한 가정에서 잘 자란 여성인 반면 남편은 안정적이지 못한 가정에서 성장한 개선 가능성이 없는 사람으로, 아내는 상황에 의한 안타까운 희생자로 자리매김되기 때문에 남편에 비해서 자신이 더욱 좋은 이미지를 가지게 되었다.

부인: [...] 저보고 한 번은 그러더라고요. 완벽하다고.
상담가: 아.. 와이프가 완벽하다고요?
부인: 결혼해가지고 시부모님하고도 그 와중에 잘하고, 자기 잘 챙겨주고 그런 게 너무 답답하데요. 그렇게 얘기를 해서 조금 충격을 받았어요. 저는 잘 하려고 하고 잘해 가지고 나쁠 건 없다 생각을 해서 했는데.. 그리고 저는 그래요 이 사람이 직장을 그만두고 나서 엄마하고 시어머니가 기죽지 않게 해라, 그러다 너무 오래 쉬면 기죽어서도 못하고 의욕도 상실한다. 그래서 더 잘해 줬던 거 같아요. 밥 안 먹으면 샌드위치라도 해두고 나가고.. 그런데 그렇게 했던 게 숨이 막히다는 식으로 그러더라구요.
상담가: 화도 안냈어요?
부인: 화 안냈어요. 저는 기다렸어요. 1년을 넘게 기다렸는데 애 낳고 애 낳으면 조금 좋아지겠지 애를 낳는데 안 하더라구요. 그때서야 이제 막일이라도 해야 되지 않냐? 그때 처음 그런 식으로 노골적으로 얘기했어요.

초기단계에서 내담자는 상황에 떠밀려온 삶으로써 행위주도권을 상황에 두고 있다. 내담자는 자신이 희생자가 된 것은 무능한 남편 때문이고 더 거슬러 올라가 실패한 결혼을 하게 한 부모님 때문이라고 이야기하고 있다. 가정형편 때문에 학교를 포기하고, 시댁의 권유로 인정받던 직장도 그만두고, 경제적인 어려움 때문에 시부모의 비위를 맞춰야 하는 상황이 내담자의 등을 떠밀고 있었다. 내담자는 전반적인 이야기 과정에서 주도적인 행위에 대한 언급이 없이 "~하게 되었다"라는 비주도적 행위에 대한 표현을 사용하고 있다. 결혼의 결정과 불행한 결혼생활 모두 자신이 아닌 다른 사람에 의해 만들어진 것으로 묘사하는 등 내담자는 결혼이야기 속에서 행위주도권을 행사하지 못하고 '희생자'의 자기정체감을 드러내고 있다.

부인: 신혼 초에도 별로.. 결혼을 저는 안할 생각으로 살았어요. 별로 하고 싶지 않고. 저는 공부를 더 하고 싶었거든요. 언니 둘이 너무 힘들게 사는 걸 보고..

상담가: 부부관계가?

부인: 아니 그게 아니라 선교단체에 있고 형부는 목회를 하니까 둘이는 아무 문제가 없는데 그 환경이 너무 힘들잖아요. 그 살아가는 게 그거보고 너무 힘들어서 저는 결혼 생각을 별로 안했어요. 근데 나이 들면서 엄마 아빠가 자꾸 권하고 그래서 엄마 아빠 말 들어야겠다 하고선 마음을 먹게 된 거죠.

가족치료 초기단계의 문제사정과정에서 발견된 내담자의 자기정체성은 '고군분투(孤軍奮鬪)' 이야기이다. 내담자는 어떠한 상황 속에서도 특유의 성실함과 책임감을 가지고 완벽을 추구하는 사람이라서 무능한 남편으로 인해 힘겨운 결혼생활을 혼자의 힘으로 유지하려고 무던히도 애써 왔지만 이제는 지치고 병들어 자신이 잘못된 결혼의 희생자가 된 것을 발견하였다.

언어학적 접근은 다른 한편에서는 담론분석(discourse analysis)이라고 불린다(Gee, 1991). 이 접근법에서는 스토리에서 사용한 어투 혹은 발화된 문장에 초점을 맞추는데 화자의 어조와 높낮이, 구두점 등을 자세히 살펴본다. 또 다른 언어학적 접근은 Labov(1982)가 제안한 것으로 그는 내러티브의 구조를 분석하였다. 그는 사람들이 자신의 내러티브를 구조화하는 방식이 있다고 보았다. 예를 들면 말의 시작에 어떤 방식의 오리엔테이션을 하고, 주요 사건들을 어떻게 전개시키고 또한 그 사건들을 순서대로 나열하는 것, 사건의 반전을 제시하고 어떤 결론에 도달하거나 의미를 밝히는 등을 살펴서 내러티브의 구조를 만들어낸다.

이것을 분석하면 사람들의 의도나 그들이 내린 결론이 드러나게 된다고 보았다.

다른 내러티브 연구자들은 내러티브를 어느 특정한 장소와 특별한 청중, 특별한 목적을 가지고 생산된 사회적 상호교류의 맥락 안에서의 행위로 취급한다. 참고 사례에서는 가족치료라는 특별한 목적을 가진 대화 맥락 안에서 상담자와 내담자 사이에 일어나는 특별한 대화적 교류를 다루었다. 이때 누가 청중이며 무엇을 목적으로 내러티브가 사용되는지에 따라 같은 사람의 이야기라도 큰 차이가 있다. 따라서 내러티브는 유연하고 변수가 많으며 그때그때 누구와 교류하는가에 따라 결정되는 속성이 있다. 다른 말로 하자면 자연적인 상황이든지 아니면 인터뷰 상황이든지 간에 내러티브는 공동 연출되는 것이다. 따라서 이런 맥락적인 조건과 미묘한 의사소통의 상황에 대한 더 자세한 연구들이 진행되어 왔는데 이는 특히 언어학적 내러티브 연구의 주제로 떠올랐다.

예를 들면 내담자와 상담자간의 의사소통은 그 내담자가 집으로 돌아와 편안한 상황에서 다른 가족과 말하는 상황과는 매우 다른 사회적 상황을 연출할 것이다. 이런 상황적인 가변성과 청중과의 공동 저작되는 현실을 자세히 그려내는 것도 의미 있는 연구의 분야로 자리 잡았다. 이들은 조직적 맥락에서의 대화보다는 현 사례와 같이 사람들의 삶의 구체적인 면에 초점을 맞춘 강도 높은 인터뷰를 통해 내러티브를 연구한다. 이들은 사람들이 의사소통하는데 어떤 언어적인 실천을 하는지 혹은 이야기가 연구자와 화자 사이의 교류에 의해 어떻게 달라지는지 등의 상세한 면을 파헤친다. 또한 사람들이 역사적, 문화적인 특정 담론과 관련하여 어떻게 개인적 경험의 의미를 이해하는지 또한 어떻게 이런 담론으로부터 자신에 대해, 경험에 대해, 현실에 대해 의미를 이끌어내고, 저항하거나 변형시키는지를 연구한다. 이런 내러티브 연구의 중요한 목적은 사람들이 그들의 대화 환경과 연관되어 내러티브를 사용하는 전략을 짜낸다는 것을 보여 주는 것이다. 그들의 결론은 "사람들의 이야기는 지배적인 담론에 의해 제약을 받기도 하지만 그것에 의해 결정되는 것은 아니라는 것"이다 (Chase, 2005: 659). 참고 사례는 결론에서 치료 환경과 연관된 내러티브 전략을 어떻게 효과적으로 활용할지에 대해 제안하고 있다.

결론(479-481)

이야기는 상호작용이다. 가족치료의 상담자와 내담자는 상담의 장에서 내담자의 자전적 이야기가 탄생되고 성장하는 과정에 동반자이다. 화자인 내담자는 지금-여기에 서서 과거의 자신의 삶을 되돌아보고 이야기를 통해서 재경험한다. 내담자가 만드는 이야기는 내담자의 주관적인 평가과정과 현재 그가 처해 있는 상황에 따라 달라진다. 거꾸로 말하면 내담자가 자신의 주관적인 평가과정이 수정되고, 그가 처한 상황이 변화되면 그의 이야기도 달라질 것이다. 상담은 자신에 대한 이야기가 긍정적이고 미래지향적으로 변화하는 과정이다. 따라서 상담자는 내담자의 이야기가 가진 의미와 가치를 민감하게 읽을 수 있어야 한다.

사람들은 자신의 언어 속에서 '나는 누구인가'에 대한 대답을 준비한다. 내담자의 이야기 안에는 그의 정체감 즉 그의 욕구, 믿음, 가치들이 모여서 그만의 독특한 개성을 드러낼 수 있는 이야기가 있다. 상담자는 내담자의 자기정체성을 탐색함으로써 그가 가진 세상에 대한 관점과 미래에 대한 전망을 읽을 수 있다. 상담과정을 통해 내담자의 이야기 속에서 수시로 변화하는 내담자의 자기정체성은 지금 현재 나는 어떤 사람인가를 말하고 있으며 상담이 어떻게 진행되고 있고 어떤 변화가 필요한지를 말해준다.

이야기 안에 있는 자기정체성 즉 서사적 정체성은 시간적 차원, 사회적 차원 그리고 자기관련적 차원의 특성을 가진다. 본 연구는 내담자의 이야기에 포함된 내담자의 자기정체성이 어떻게 설정되는지 탐색하고자 하였다. 우선 이야기에 관한 이론들을 통해 가족치료에 참여한 내담자의 자기정체성 변화과정에 대해 통찰하고 연구를 위한 틀을 마련하였다. 그리고 상담대화의 거시구조에 따라 내담자의 이야기 속에 자리매김(positioning)과 행위주도성(agency)을 분석하였다. 연구결과 내담자의 자기정체성 변화과정은 고군분투, 사면초가, 내려놓음으로 규명되었다. 내담자는 어려운 상황이 닥치면 피하지 않고 열심히 해결하려고 노력했던 자신의 수고가 다른 사람들의 인정을 받지 못하여 자신과 타인에 대한 분노로 변했음을 대면하였다. 그래서 현실의 수준을 인정하고 기대를 그곳에 맞추며 긍정적인 관점을 가지고 살아가는 사람으로 자기 정체성을 재설정하였다. 이 과정에서 그는 수동적인 성향에서 주체적인 행위자로 즉 행위주도권을 가진 사람으로 변화하고 있었다.

가족치료 상담은 상담자와 내담자가 함께 만들어가는 공동작업이다. 상담자의 초기 과업은 치료적 관계 수립으로 시작되고 이 과업은 종결단계까지 이어진다. 즉 상담자는 전체 상담과정에서 내담자와의 치료적 관계를 형성하며 치료목표 달성에 충실하게 관계를 활용하고자 한다. 치료적 관계를 형성하기 위해 상담자에게 가장 중요하게 요구되는 것은 내담자의 의사소통 기술 즉 공감을 촉진하기 위한 의사소통 기술이다. 상담자는 적극적인 경청은 치료적 관계형성을 위한 주요한 요인이다. 본 연구에서 상담자는 내담자의 정체성변화에 영향을 주고 있음을 확인할 수 있었다. 상담자의 공감반응을 통해서 내담자의 자기정체성 구성 행위가 촉진되고 있었다. 연구자료에서 상담자는 맞장구와 편들기, 유사한 사례 설명하기를 통해 내담자에게 적극적으로 공감을 표현하고 있었다. 내담자의 이야기는 상담이라는 상황의 제도적 특징들에 영향을 받는다. 즉 내담자는 상담 상황에서 해야 할 말과 해서는 안될 말을 구분하고 상담자로부터 위로와 공감을 받아 문제를 해결하려는 상담의 목표를 의식한다. 따라서 상담에서의 이야기는 전형적인 이야기와 다른 특성을 가진다. 예를 들어 상담자에게 자신의 행동의 정당성을 강조하고 희생양으로서의 인정을 요구하는 이야기들이 만들어진다. 이 모든 이야기의 특성들이 청자로써의 상담자의 역할을 통한 공감적 관계형성을 요구하고 있다(유명이, 2007).

가족치료 상담자들은 내담자의 이야기가 가진 의미와 내용에 대해 주목해 왔다. 그러나 상담자의 의사소통 전략과 기술을 향상시키기 위해서는 이야기를 언어적 행위로 대하는 관점이 필요하다. 상담자들이 언어적 민감성을 가지고 언어적 표지에 대한 정밀한 분석을 함으로써 의사소통 기술을 발전시킬 수 있는 많은 자료를 얻을 수 있을 것이다. 그러한 측면에서 가족치료 및 사회복지학과 언어학의 연구교류가 확대된다면 양 학문이 한층 발전될 것이라고 생각된다.

그 밖의 내러티브 연구는 다른 질적 연구와 결합된 형태로 진행된 것들이다. 가장 흔한 형태는 일대기적 민족지학 접근법이다. 민족지학과 내러티브가 결합한 형태로 한 사람의 일대기를 연구하여 보고하는 일종의 민족지학적 연구가 있다. 이는 두 연구의 특징을 모두 살려서 오랫동안 한 사람이나 소수의 몇 사람들에게 관여하면서 그들의 삶의 내러티브를 연구한다. Denzin(1989)은 젠더와 인종, 원가족, 삶의 사건들과 전환점의 경험, 주변 인물들이 얼마나 비중 있게 주인공의 삶에 영향을 끼치고 있는지를 스토리를 통해 분석하였다. 최근에는 다른 사람의 목소리나 삶과 문화를 이해하는 데에 관여하는 연구자와 연구대상자 간의 상호주관성을 더 민감하게 의식하고 다룬 연구들이 있다(Behar, 1993, 2003; Shostak, 2000). 이와 비슷한 형태로 전기적 민족지학 연구는 연구자가 자신의 내러티브에 숨어 있는 문화적으로 중요한 경험들에 대해 해석하고 이를 보고하는 형태를 취한다. 이런 연구는 전통적인 형태의 표현이나 청중을 향한 사회과학적 지향에 반발하여 내러티브를 말하는 것이 아니라 보여 주는 것으로 내러티브 연출을 시도하기도 한다. 따라서 연구자가 하는 내러티브에 대한 분석을 독자의 몫으로 남겨두고, 대신 내러티브를 연극이나 시, 다른 여러 형태의 예술로 제시하는 혁신적 시도를 하기도 한다(Hilbert, 1990).

〈사례〉
가족치료에서 정체성 변화과정에 관한 대화분석적 연구

저자: 유명이
출처: 대림 대학 논문집 34: 463-481

참고문헌

김경실 1997. "상담 및 심리치료에서 치료적 관계". 『인간해석』. 18. 1-20.

유명이 2007. "가족치료 상담자의 공감반응을 위한 언어적 표현에 관한 연구" 『한국가족복지학』, 20. 399-427.

이재인 2006. “서사의 개정과 의식의 변화”. 한국여성학. 22(2). 81-118.

조용길 · 유명이 · 박태영 2008. “가족치료 대화의 구조와 기능에 대한 대화분석적 연구”. 『한국사회복지학』. 60(4). 253-276.

한국가족치료학회 2009. “가족치료 연구와 임상에서의 대화분석 기법”. 한국가족치료학회 워크숍. 서울. 5월.

Bamberg, M. 1999. “Talk and What talk is about: The development of form and content in discourse practices”. Human Development. 42. 247-252.

Korobov, N. 2001. “Reconciling Theory with Method: From Conversation Analysis and Critical Discourse Analysis to Positioning Analysis”, Qualitative Social Research, 2(3). http://www.qualitative-research. net/index.php/fqs/article/view/906

제14장 참여 실행 연구
(Participatory Action Research)

참여 실행 연구의 개관 | 연구 방법

참여 실행 연구의 개관

참여 실행 연구를 하는 연구자의 관심은 효과적이며 사용가능한 개입과 이러한 개입 시도에 대한 평가이다. 그러나 이론적으로 잘 정리된 개입이라고 해서 반드시 실천현장에서 실제로 효과를 나타내는 것은 아니다. 이런 이론과 현장 사이의 분열로 현장 실천가들이 수용할 수 있는 효과적이고 실제적인 개입에 대한 욕구는 상당하다. 참여 실행 연구는 이러한 현장 실천가들의 욕구를 반영한 사회과학의 연구 방법의 하나로 오랜 역사를 가지고 발전해 왔다. 참여 실행 연구는 일종의 여러 비슷한 연구들의 총집합체라고 볼 수 있다. 이 중에는 참여 연구(participatory research), 학급 실행연구(classroom action research), 실행 학습(action learning), 실행 과학(action science), 소프트체계 접근(soft systems approaches)

산업 실행 연구(industrial action research) 등이 있다(Kemmis & McTaggart, 2005).

참여 실행 연구의 시작은 1960년대 기존의 실증주의에 반발하고 연구 참여를 통해 지역사회와 기관에 있는 사람들이 실제적 도움을 얻을 수 있도록 한 것에 있다(Calhoun & Karaganis, 2001, ; Fals-Borda, 2001; Susman & Evered, 1978; (Whyte, 1991). 참여 실행 연구는 질적 연구와 결합하여 인간의 주관성을 강조하면서 참여자들에게 수용되는 연구를 이끌어내는 것을 중요시한다. 따라서 참여자들의 능력을 고취시키고 변화를 불러일으키는 통로를 제공하고자 한다. 실행 연구는 연구와 개입이 동시에 이루어지는 형태로 연구 안에서의 개입을 허용한다. 참여 실행 연구의 목적은 이론과 연구를 통합하여 문화와 맥락에 특별히 주의를 기울이는 개입 방식을 발전시키는 것이다(Nastasi et al., 2000). 이 과정에서 참여자들은 연구의 주역이 되며 단순히 대상자로 남아있지 않는다. 그 결과 참여자들의 능력 고취와 책임감의 고양, 또한 실제적 변화를 이끌어내게 된다.

다음 영역은 참여 실행 연구자들이 관심을 가지는 영역이다(Kemmis & McTaggart, 2005: 565).

* 사람들이 무엇을 하는가
* 어떻게 사람들이 세계와 다른 사람들과 상호작용하는가
* 사람들이 무엇을 의미하고 무엇을 소중히 여기는가
* 사람들이 자신의 세계를 이해하고 해석하는 데 쓰는 담론은 무엇인가

참여 실행 연구는 관련된 이해당사자들의 완전한 참여와 이론과 연구와 실천을 연결하는 순화적인 과정을 특성으로 한다. 이 과정은 하나의 실천을 변화시키고자 하는 사람들이 함께 협력하여 이끌어내는 학습의 사회적 과정이다(Kemmis & McTaggart, 2005). 따라서 이 과정 안에서 사람들은 상호작용하면서 변화를 현장에서 이끌어내고자 새로운 실천 계획을 시도하고 그 계획을 수정해가면서 현장과 가장 일치하는 개입을 찾고자 한다. 한마디로 현장에서의 실천과 연구를 한 과정 안에 통합시켜서 현장에서 직접 실천하는 것과 그에 대한 수정을 연구의 과정 안에 포함시키는 것이다. 참여 실행 연구를 "방법의 상황화 혹은 의식화라고 부른 것에서 알 수 있듯이 자신에 대한 연구는 권리를 빼앗긴 성격과 그러한 불평등이 자리 잡게 된 기제와 상황을 시정할 수 있는 그들의 능력에 대해 인지하게 되면서 이것은 권위부여의 과정이 된다. 연구의 과정은 바로 이러한 지속적인 비판적 의식의 개발하는 과정이다"(Kidd & Kral, 2005: 188).

참여 실행 연구에서 실천은 추상적이 아니라 실제적인 실천이 이루어져야 한다. 실제적이고 물리적이며 구체적인 학습이 이루어져야 하며 특정한 사람들과 특정한 장소에서 특정한 실천이 실행되어야 한다. 이때 수용성의 개념은 단지 대상자들이 그 개입이 유용하고 실행 가능하며 효과적이라고 보는 데에 그치지 않는다. 그보다 이해당사자가 개입을 자신들의 산출물로 보고 책임을 가지고 개입 과정에 통제할 수 있다고 보는 것이다(Nastasi et al., 2000). 수용성의 목적은 통합과 효율을 넘어서 개입 노력의 제도화와 유지까지를 바라본다. 소유권과 능력고취의 결과로 이해당사자들은 외부 전문가의 지원 없이도 개입을 계속해 나아갈 책임을 떠맡는다. 그 결과 참여 실행 연구에서는 실천가의 현재 이루어지고 있는 개입을 변화시키는 데에 초점을 맞추는 것에 주안점을 둔다(Rapaport, 1970).

참여 실행 연구는 그 자체로 하나의 사회적인 과정이다. 이 연구의 '주체'와 '객체' 사이의 사회적 상호작용으로 실천과 연구가 동시에 진행되므로 전 과정은 하나의 사회적 실천의 과정이 된다. 즉 참여 실행 연구는 연구하고, 재구성하고, 그리고 또다시 구성해 가는 순환적 과정을 밟는다. 참여 실행 연구의 성공은 얼마나 참여자들이 충실히 단계를 밟았는가에 달려 있지 않다. 오히려 평가의 기준은 참여자들의 관점으로부터 현상을 이해하고 보다 세련된 형태의 문화에 특정한 이론과 개입을 발전시켰는가에 둔다(Nastasi et al., 2000). 다시 말하면 참여자들이 얼마나 수용할 수 있는 실천인가 혹은 얼마나 실천 상황에 대한 이해를 높였는가를 중요시한다. 일종의 실험적 개입은 관련된 사람들의 협조와 이해를 얻을 수 있을 때 가장 좋은 결과를 기대할 수 있다. 결국 변화의 정당성을 확보하고 유지하기 위해서 실천의 대상이 되는 사람들의 의지와 확실한 관여가 필요한 것이다. 연구 과정에 공개적인 토론을 넣거나 실천에 함께 참여했던 사람들의 의견을 듣고 새로운 계획의 수정에 반영해 가는 것은 협조를 위한 노력의 일환이다. 따라서 참여 실행연구는 "열린 의사소통의 공간"을 필요로 한다(Habermas, 1996).

참여 실행 연구의 특성

참여 실행 연구에서는 참여자들 스스로 목적과 방법을 발전시키며 자신들의 비판적 의식과 변화를 추구하도록 연구가 진행된다. 연구자는 이것을 키워주는 촉매자로서의 역할을 하는 것이다. 연구자들은 자료를 모으고 분석하고 해석의 진실성을 확보하고 일반화를 위한 상세한 방법과 결과에 대한 설명을 하고자 노력한다. 연구자들은 잘 알지 못하는 상황에 뛰어들어 그 특정한 맥락 안에서 사람들이 행동하고 이해하는 그들의 경험에 합류하게 된다. 이때 특히 연구자의 재귀성(reflexivity)이 문제가 된다. 재귀성은 연구자들 간의 자아비판성을 말한다. 이 "재귀적인 접근은 모든 참여 실행 연구를 약간 애매모호한 성격으로 끌고 간다"(Kidd & Karl, 2005: 187). 연구자는 사람들의 삶의 한 중간에 관여하게 된다. 그는 개인적으로 대상자들을 돌보고 개인적으로 관심을 주며 때론 혼란과 좌절에 빠지기도 하며 필요할 때는 침묵해야 한다(Maquire, 1993). 연구자는 개방적이며 동시에 비판적인 태도를 지녀야 한다. 이러한 태도로부터 시작하여 참여 실행 연구는 저절로 그 나름대로의 생명을 띠고 몇 년에 걸쳐 깊고 도전적인 상황들을 발전시켜 나가야 한다. 과연 연구자들이 이해와, 상호작용, 변화, 개인적 성장을 촉진하는 연구 과정에서 얼마나 비판적이며 자기 성찰적인 안목을 가지고 그들의 임무를 수행할 수 있는지가 연구 성공의 관건이 될 수 있다.

일반적으로 참여 실행 연구는 사람들의 지식과 해석적인 범주들(자신과 행위를 해석하는 방식들)을 조사하는 데에 관여하면서 연구자들의 가치관, 선입견 혹은 편견이 함께 개입된다. 이러한 성찰은 자신의 정체성을 만들거나 자신의 지식이 어떻게 행위를 인도해 주거나 제약하는지를 반성적으로 돌아보게 한다. 따라서 참여 실행 연구는 비판적 이론의 패러다임에 가깝다고 볼 수 있다. 참여 실행 연구는 구성주의적이며 변증법적인 성격을 띠고 있다. 자기 성찰을 통해 연구자와 참여자의 가치나 지식 체계가 어떻게 작용하는지를 성찰하는 것은 매우 중요하다. 이것을 통해 사람들은 이해하고 성장하고 능력을 고취시켜 갈 수 있다.

참여 실행 연구를 구성하는 중요한 성격 중 하나는 참여를 강조하는 연구라는 점이다. 이때 진정한 의미에서의 참여는 사람들이 다른 사람이 아닌 자신을 대상으로 실천하는 것이다. 참여 실행 연구는 결국 참여자들이 실제적인 면에서 스스로에게 적용하는 연구이다. 또 다른 참여의 의미는 권력의 분산을 시도하는 것도 있다. 소외된 사람들에 대한 무시와 기회의 박탈 등으로 이들은 어떤 행동도 취할 수 없는 불리한 위치에 놓여 있다. 순수한 참여적 태도는 연구자가 연구에서 행사할 수 있는 권력을 분산시키는 것이다. 연구자와 참여자들은 그들의 참여 형태를 명확히 정의내리고 그것이 실현되도록 함께 노력해야 한다. “참여의 정도와 복합성을 인정하고 어떻게 각 집단이 이러한 관여로 영향을 받고 주는지를” 밝혀야 한다(kidd & Kral, 2005: 189). 특히 “기존의 주류 집단은 자신들이 지닌 지식을 모으고 변화할 수 있는 통로를 차단하는 경향이 있다”(Kidd & Kral, 2005: 188). 참여 실행 연구는 사람들의 자기결정권과 성장을 제한하는 사회적 구조의 비논리성과 비생산성, 불공정성 또는 불만족 등의 제약으로부터 사람들을 해방시키고 회복시키는데 도움을 주고자 한다. 따라서 참여 실행 연구에서는 사람들이 지금까지 실천해 온 상황을 살펴보면서 보다 넓은 맥락의 사회적 구조들에 의해 형성되고 제한되어온 여러 제약들을 바꾸기 위한 노력을 실천 현장에서 시도한다. 참여 실행 연구의 실제적인 목적의 하나는 사람들이 사회 속에서 경험하는 장애나 제약들로부터 해방되거나 회복되도록 돕는 것이다.

사회적인 장애나 제약들은 사람들이 상호작용하는 사회적 매체들을 통해 생겨난 것들이다. 예를 들면 사람들이 사용해 온 언어나 담론, 그들의 일하는 방식, 그리고 권력과 사회적 관계들(동맹관계나 배타적 관계 혹은 합류되거나 소외되는 관계를 맺는 것)을 통해서 그들의 삶에 불평등과 부당함을 경험하게 된다. 따라서 참여 실행 연구는 의도적으로 이러한 비논리적이거나 비생산적이며 부당하고 만족스럽지 못한 세계에 대한 해석과 서술(언어나 담론), 일하는 방식(일)과 다른 사람들과 가지는 관계 양식(권력)에 맞서도록 사람들을 일깨우고 돕는다(Kemmis & McTaggart, 2005). 궁극적으로는 참여 실행 연구를 통해 참여자들의 삶의 변화를 이룰 뿐만 아니라 사회문화적/구조적인 수준에서의 해방적인 변화를 도모한다(Fals-Borda, 1991; Reason & Bradbury, 2001). 연구자들이 수행한 특정한 개입들이 연구자와 실제 상황 속에 있는 다른 사람들을 연결시켜 주면서 그들의 삶에서 능력을 고취하고 부당한 억압과 착취로부터의 해방을 추구하기까지 참여 실행 연구는 어떻게 함께 협력하여 이러한 실천이나 실천에 대한 이해 혹은 상황들을 변화시켜 갈 수 있는지를 고려한다.

사회적 실천으로서의 참여 실행 연구

참여 실행 연구는 계획과 실행 및 관찰, 그리고 반성, 재계획이라는 나선형의 자기 성찰 주기를 따라서 연구가 진행된다. 연구자들은 의사소통 혹은 산출물, 사회적 편성으로 구성된 실천을 계획하고 수행한다. 그들은 이러한 실천이 구체적이며 상징적이고 사회적 성격을 가진 사회적 실천이라는 사실을 민감하게 깨닫는다. 특히 이 사회적 실천은 문화적인 영역, 경제적 영역, 사회정치적인 영역의 사회적인 구조들에 의해 형성되거나 그것들을 형성해 준다. 이러한 사회적인 구조들은 언어와 담론, 일, 그리고 권력과 같은 사회적 매체를 통해 형성되거나 그것들을 형성해 주고 참여자들이 가진 이해와 기술 혹은 가치관들을 변형시키거나 혹은 그것들에 의해 변형되기도 한다. 이 참여자들이 가진 지식의 표현, 즉 인지적 이해나 기술, 사회적 가치나 기준, 감정들은 되돌아와 다시 연구에 영향을 미친다. 결국 이러한 참여자들의 지식은 다시 의사소통과 결과물, 사회적 편성이라는 구체적이며 상징적이고 사회적인 실천을 재구성하게 되는 순환이 이루어진다(Kemmis & McTaggart, 2005: 565). 참여 실행 연구자들은 그들의 의사소통의 행위가, 그들의 연구 성과가 혹은 그들이 시도한 사회적 편성이 서로 뒤얽히고 연루되어서 실제 상황 속에서 어떻게 작용하는지를 알고자 한다.

참여 실행 연구는 사람들이 수행하는 사회적 실천들을 조사하는데 이 실천은 자신과 다른 사람들을 사회적인 교류 안에서 연결해 주는 것이다. 이것은 사람들의 의사소통이나 산출물 혹은 사회적 편성의 방법들을 탐구하도록 하는 과정이며 이러한 것들을 행위나 내용면에서 어떻게 변화시켜서 그들의 사회적 교류를 향상시켜 나갈 수 있을지를 탐구하는 것이다. 따라서 참여 실행 연구자들은 사람들의 행위와 내용을 다시 구성하여 그들의 사회적 상호작용을 새롭게 해 나가도록 한다.

이외에도 참여 실행 연구는 또한 사람들이 자신의 현실을 바꾸기 위해 조사하도록 돕는 목적도 가지고 있다(Fals Borda, 1979). 이 의도적인 사회적 과정을 계획하여 여러 사람들이 집단으로 협력하여 그들의 세계를 변화시키고 순환적인 사회적 관계의 속성에 대해 더 배울 수 있도록 해준다. 이 순환적 관계는 주로 개인적이며 사회적으로 일하는 방식들(일), 자신의 실천에 대한 지식(작업자), 그들의 실천을 조성하고 제한하는 사회적 구조들(작업장), 그리고 그들의 실천이 표현되는 사회적 매체들(그들의 일이 표현되거나 잘못 표현된 담론들) 사이에 일어난다.

마지막으로 참여 실행 연구는 이론과 실천 모두를 변화시키는 것을 추구한다. 연구자들은 이론이나 실천 어느 하나를 더 우월하게 보지 않는다. 그 대신 비판적인 사고를 통해 이론과 실천이 서로 긴밀히 연결되어 발전되어 가도록 노력한다. 따라서 참여 실행 연구에서는 구체적인 상황으로부터 다른 이론과 견해, 담론의 가능성을 탐구하도록 뻗어 가고 반대로 새로운 견해나 이론, 담론이 그 상황에 실제적인 실천을 제공할 수 있는 기회를 탐색한다. 이런 방식으로 참여 실행 연구는 지엽적인 것과 전체적인 것을 함께 연결시켜 나아간다.

연구 방법

참여 실행 연구는 실천과 실제 문제 상황을 해결하는데 기여하기 위하여 상황 속에 있는 참여자들과 함께 공조하고 협력하는 유연한 연구 방법이다. 참여 실행 연구자의 관심은 효과적이며 사용가능한 개입과 이 개입에 대한 평가를 통해 더 나은 실천 개입을 탐구하는 것이다. 또한 참여 실행 연구는 연구 과정에서 참여자들에게 수용되는 연구를 이끌어내는 것으로 그들의 능력을 함양하고 변화를 불러일으키는 통로를 제공하고자 한다. 참여 실행연구는 연구와 개입이 동시에 이루어지는 형태로 연구 안에서의 개입을 허용한다. 따라서 연구의 목적은 이론과 연구를 통합하여 문화와 맥락에 특별히 주의를 기울인 개입 방식을 발전시키는 것이다. 이 과정에서 참여자들은 연구의 주역으로 활약하며 단순히 대상자로만 남아 있지 않는다. 따라서 참여자들의 능력 고취와 책임감의 고양, 또한 실제적 변화를 이끌어내고자 노력하게 된다.

다음 사례는 임파워먼트 실천에 대한 관심은 높으나 실제로 현장에서 실천되지 못함을 문제로 본 연구자와 참여자가 강점 사정이라는 구체적인 방식을 현장에 적용해 본 실천 연구이다.

문제 제기(131-2)

정신보건영역에서는 1990년대 이후 정신장애인이 독립적이며, 스스로 관리하고, 개인에게 의미 있는 활동과 더 나은 삶의 질에 초점을 두는 회복중심의 패러다임이 강조되고 있다. 회복에 대한 여러 질적 연구들(Smith, 2000; Ridgway, 2001; Mancini, 2003)에서 임파워먼트는 회복의 결정적 요인들로 제시되고 있으며 서구의 경우 이미 지난 20여 년 동안 지역사회 정신보건 영역에서의 임파워먼트 실천은 괄목할만하게 확대되어 왔다(Maton and Salem, 1995; Manning, 1998). 이러한 임파워먼트 실천은 서비스 이용자의 목소리를 높이고 실제적인 힘의 획득을 통한 임파워먼트에 기여하는 것으로 나타나고 있으며 기관의 차원에 있어서도 중요한 영향을 미치고 있다(Salzer, 1997).

한편, 정신장애인의 임파워먼트 실천에 대한 연구결과에 따르면, 임파워먼트 실천 요소 중 강점에 기반을 둔 사정이 공통적인 주요 요소로 제시되고 있다(Cowger, 1994; Parsons, 1991; 박미은, 2001; 양옥경·최명민, 2007; 하경희, 2007). 임파워먼트 실천에 있어서 강점사정은 문제와 대처에 있어서의 클라이언트의 관점을 강조하며, 개인과 환경에 대한 이중초점을 유지하게 하고, 클라이언트의 강점, 능력, 동기화를 강화하고 협력적 관계를 유지하게 한다(이윤화, 2000). 특히 사회복지실천에 있어서 사정과 개입은 정확히 분리될 수 없고, 사정결과를 바탕으로 계획 수립과 개입이 이루어지기 때문에 사정의 중요성이 더욱 강조된다(Graybeal, 2001).

이러한 강조들에도 불구하고, 정신장애인을 위한 사회복지실천에서 강점사정과 이에 따른 개입이 이루어지고 있는지에 대해서는 많은 비판이 제기되고 있다(Saleebey, 1997, 박정임, 2002에서 재인용). 특히, 그동안 정신보건 영역에서 활용해 온 문제 중심의 사정과 개입들이 강점을 간과하게 하거나, 강점을 강조하면서도 문제해결에 치우치는 결과를 초래하고 있다는 것이다. 이러한 비판들은 문제 중심의 사정도구나 개입전략들을 활용하는 경향이 강한 우리나라의 실천 현장에도 함의를 제공해 준다.

위와 같이 강점관점에 대한 요구와 관심이 점차 증가하고 있는데 비해 이에 대한 실천적인 연구는 매우 제한적으로 이루어지고 있다(노혜련・유서구・박화옥, 2006; 노혜련, 유성은, 2006; 박정임, 2002). 위의 선행연구들을 통해 강점실천의 중요성 및 전반적인 효과성에 대해서는 밝혀졌으나 실천 현장에서 강점사정을 어떻게 적용해 나가는가에 대한 실천연구는 활발하게 이루어지지 못하고 있다. 사회복지사들이 강점실천의 중요성에 대하여 인식함에도 불구하고, 업무환경 등의 현실적 어려움 때문에 실제 적용에 있어서는 한계를 가질 수밖에 없음을 고려할 때(박정임, 2002; 노혜련 외, 2006), 이에 대한 실천적 연구가 매우 필요한 시점이라 하겠다.

한편 참여 실행 연구는 그 맥락에서 유용한 이론을 발견하고자 한다. 특히 참여자들이 가지고 있는 의미의 이해를 통해 실제적인 지식에 접근하고자 한다. 참여 실행 연구 역시 다른 질적 연구와 마찬가지로 주로 귀납적인 과정을 거친다. 다만 연구 과정이 반복되는 것과 새로운 연구 질문이 과정 중에 나타나는 점이 일반적 질적 연구와의 차이점이다. 참여 실행 연구에서는 문제가 먼저 서술되고 그 이후에 질문과 탐색이 시작된다. 연구자들은 현재까지 알려진 지식으로는 변화를 위한 실제 개입이 충분히 드러나지 않은 문제를 가지고 연구를 시작한다. 참고 사례에서 연구의 출발점에서 잡은 연구 목표는 다음과 같다.

연구 목적(132)

본 연구는 임파워먼트 실천을 지향하는 정신장애인 사회복귀시설들에서 사회복지사들이 강점사정을 적용해 나가는 과정에 초점을 두었으며 그 과정에서 부딪히는 어려움들을 어떻게 해결해 나가는지를 탐구하는데 목적이 있다. 강점사정에 초점을 맞춘 것은 임파워먼트 실천에 있어서 가장 중요한 요소일 뿐만 아니라, 초기 사정과정이 관계를 형성하고 실천의 방향을 제시하는 개입의 첫 단계로서 중요성을 가지기 때문이다. 이러한 연구목적을 수행하기 위해 실행연구방법을 사용하였다. 실행연구는 연구자인 행위 당사자가 주체가 되어 현장을 탐구하여 계속적으로 개선시키려는 과정-지향적 탐구 패러다임이다(이용숙 외, 2004). 특히 보다 나은 서비스를 통해 클라이언트의 성장과 변화를 지향하는 사회복지 실천에서 실행연구는 현장에서 제기되는 실제적인 논제들에 대하여 반성적 성찰을 통해 서비스의 변화와 개선을 가져오는데 기여할 수 있으므로(김미옥, 2009) 강점 사정의 적용과정에서 드러나는 실제적인 어려움을 어떻게 해결해 나가는가를 잘 보여줄 수 있는 연구방법이다.

따라서 본 연구는 임파워먼트 실천을 실행하고자 하는 사회복지사에게 구체적으로 무엇으로부터 시작할 것인가에 대한 의미 있는 실천적 방법을 제시하고자 한다.

참여 실행 연구에서는 "조사대상인 사람들이 문제의 정의와 연구 질문을 찾을 때부터 관여하도록 한다"(Kidd & Kral, 2005: 190). 그 이유는 "지식을 만들어낸 소비자로서 참여자들이 쓸 수 있는 연구 문제를 찾는 것이 중요하기 때문이다"(Small, 1995: 950). 연구자의 목적, 방법, 수단, 행동은 참여자들과 협상하는 가운데 선택되고 또한 수정되어져야 한다. 참여 실행 연구의 목적은 "연구자가 원하는 지식을 강요하지 말고 참여자들의 지식을 끌어내는데 주력해야 한다"(Kidd & Kral, 2005: 189). 위의 사례에서는 실천가들이 힘들어하는 강점 사정을 함께 적용해 가는 것을 연구 목표로 잡고 연구 실행의 초기에서부터 실천가들을 참여시키고 있다.

참여 실행 연구에서 특이한 점은 질문이 방법에 의해 만들어지는 게 아니라 방법이 문제를 중심으로 만들어진다는 것이다. 참여 실행 연구에서는 처음 시작할 때 중요한 것처럼 여겼던 질문들은 때로는 나중에 나타난 질문들로 대체될 수 있다. 이처럼 질문을 계속 찾아내는 것이 참여 실행 연구의 중요한 구성요소가 된다(Kidd & Kral, 2005). 따라서 연구 참여자들의 아이디어는 필수적인 요건이다. 참여 실행 연구에서 연구 초점과 방법은 연구가 진행되면서 바뀔 수 있다. 연구자들은 연구를 진행하면서 연구 문제가 새롭게 떠오르거나 수정될 때 연구의 방향을 새롭게 설정한다. 또한 연구 상황에 대해 새로운 생각이나 정의가 나타나면 그것을 이해하기 위한 새로운 방법을 찾아나서게 된다. 이처럼 참여 실행 연구는 매우 유연한 설계를 가지고 미리 예상하지 못했던 새로운 상황들에 대한 신속히 대처해 나가야 한다.

참여 실행 연구에서 연구는 "자기반영적이며 나선형의 일련의 계획과 행동과 관찰 그리고 다양한 반영"을 통해 진행된다(McTaggart, 1997).

* 변화에 대한 계획

* 실행과 과정에 대한 / 변화의 결과에 대한 관찰
* 과정과 결과에 대한 반영
* 수정된 계획
* 2차 실행과 관찰
* 2차 반영…

이 단계들은 목표를 달성할 때까지 계속 반복적으로 진행된다. 하지만 실제 상황에서는 위의 단계들이 뚜렷이 구분되는 것은 아니다. 계획과 실행 및 관찰, 그리고 반영이라는 구조를 하나의 주기처럼 반복하면서 연구 진행을 조절해 가는 것일 뿐이다. 실제로 이 단계들은 서로 겹치기도 하고 처음 계획이 제대로 실행되지 못하고 급격히 무산되거나 바뀌어 버릴 수도 있다. 따라서 이 과정은 매우 유동적인 것이고, 개방되어 있으며 상황에 대해 민감하게 반응할 수 있다(Kemmis & McTaggart, 2005). 참고 사례는 연구 진행을 다음과 같이 계획하였다.

연구현장(137)

본 연구의 현장은 서울과 경기도에 위치한 정신장애인 사회복귀시설 2개소이다. 연구자들이 이들 기관과 처음 접촉하게 된 것은 기관의 서비스 정책에 임파워먼트 실천을 도입하여 전반적인 전달과정의 전환을 도모하기 위해 외부 전문가들의 도움을 요청한 것이 계기가 되었다. 연구자들이 직원 교육과 슈퍼비전을 제공하면서 임파워먼트의 정착을 도모하던 중에 임파워먼트 실천을 효과적으로 정착시키기 위해 강점사정의 적용이 중요하다고 결론내리고 강점사정을 적용하는 슈퍼비전 과정을 실행연구의 틀에 맞춰 진행할 것을 합의하였다.

연구참여자 및 참여 내용(138)

본 실행연구의 참여자들은 두 기관에 근무하는 11명의 사회복지사(정신보건사회복지사 9명, 사회복지사 2명)와 3명의 연구자이다. 연구참여자인 사회복지사들은 강점사정에 대한 이론교육과 서비스 이용자들을 대상으로 강점사정을 적용하였다. 이들의 적용경험과 결과는 기관별로 월 1회, 2~3 시간의 슈퍼비전 시간에 논의를 통해 강점사정 적용에 대한 평가와 더불어 그 과정에서 사회복지사들이 겪은 어려움들을 함께 나누고 그에 대한 대안을 함께 모색했다. 사회복지사들은 슈퍼비전 시간에 합의한 대안들을 실천현장에 돌아가 적용한 뒤 차기 슈퍼비전 시간에 자기성찰과 나눔을 통해 평가하고 새로운 대안을 수립하는 반복적이고 주기적인 과정을 가졌다. 연구자들은 수퍼바이저(A), 관찰자(B), 자료분석자(C)의 역할을 각각 분담하였다. 연구자 A는 슈퍼비전을 통해 사회복지사들이 자신들의 사정경험을 평가하고 대안을 찾는 과정을 지지하고 촉진하는 역할을 하였다. 연구자 B는 이론교육을 강의하고 슈퍼비전을 참관하며 각 회기에 대한 평가와 다음 회기를 위한 피드백을 제공하였고 관찰노트를 작성하면서 연구를 위한 자료를 수집하였다. 연구자 C는 연구가 진행되는 기간 동안 슈퍼비전 이외에 사정기록 등의 자료를 수집하고 분석을 병행하였고 슈퍼비전과 병행하여 진행된 연구자회의를 통해 연구과정이 연구목적 즉 연구 질문에 대한 답을 찾아가는 경로를 걷고 있는지 검토하여 연구수행 과정을 조정하였다.

연구 설계(137)

액션리서치의 다른 번역인 “현장개선 연구”(최의창, 1998)에서 주는 이미지처럼 실행연구는 객관성이나 이론정립에 대한 관심보다 실천의 개선에 관심을 가지며 반성적 실천의 자기순환과정을 강조한다

(이용숙 외, 2008). 순환적 · 반성적 · 비판적인 탐구의 과정을 거쳐서 이해와 행위가 연결되는 실천적 지식을 산출하는 실행연구의 과정을 커미스와 맥타것(Kemmis와 McTaggart)은 나선형의 자기반성적 연구 사이클 모형으로 나타냈다〈그림 1〉(이용숙 외, 2008 재인용). 현장에서 문제의 발견과 변화를 계획하고(1단계), 이를 실천에 옮기고(2단계), 이러한 과정 및 결과에 대한 성찰(반성)을 통해 새로운 문제점이 발견될 경우 수정된 계획을 수립하고(3단계) 재실천과 관찰 및 반석을 되풀이한다(4단계). 이 작업은 문제가 더 이상 드러나지 않아서 기획된 해결책이 적절히 작용하였다고 생각될 때까지 주기적으로 반복된다. 본 연구에서는 조재식의 수정된 연구모형을 토대로 연구 참여자인 사회복지사와 연구자들이 현장의 경험과 요구에 기반한 연구계획을 수립하고, 직접 계획을 실행에 옮기면서 관찰과 반성의 반복적인 과정을 거쳐 결과를 도출하는 작업을 실행하였다.

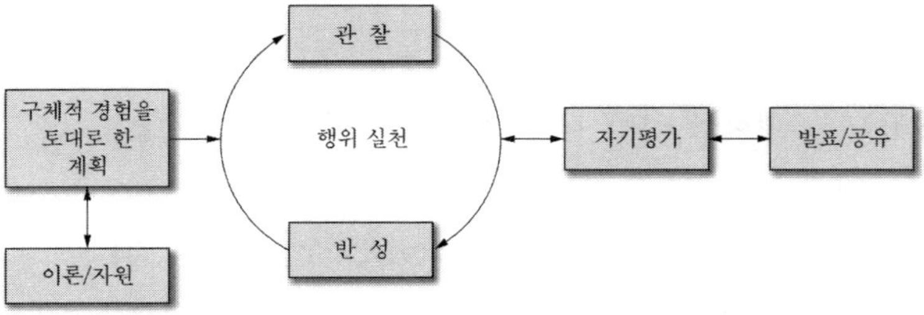

〈그림 1〉 Kemmis와 McTaggart(1988)의 모형을 조재식이 수정한 실행연구 모형(이용숙 외, 2008:36)

참여 실행 연구자들은 연구와 실천을 통합하여 그들의 실천을 위한 지식을 넓히고자 실천현장에 있는 참여자들의 지식을 이용한다. 여러 형태의 합법적이고 가치 있는 지식의 형태와 원천이 있다. 그 중 참여자들의 실제적 경험에서 나온 지식은 참여 실행 연구의 가장 중요한 원천이다. 연구자들이 자신의 이론, 경험, 연구 진행의 기술 등을 가지고 있고 참여자들은 현장에서의 실제 지식과 경험을 가지고 있다. 연구자의 지식과 기술은 분석과정을 통해 필연적으로 사용될 것이다. 이렇게 분석과 자료의 창출에 함께 참여하는 것이 진정한 참여 실행 연구의 성격이다. 이렇게 함으로써 참여자들이 실행에 옮길 수 있고 새로운 반성을 통해 나온 결과를 얻고 궁극적으로 새로운 지식을 생산할 수 있게 된다. 따라서 연구의 성공 여부는 얼마나 연구자와 참여자들이 서로 협력하며 기여하고 책임을 감당하는가에 달려 있다(Kidd & Kral, 2005).

그렇다고 해서 참여 실행 연구는 참여자들을 이해하는 방식으로만 진행되는 것이 아니다. 그보다는 참여자들이 그들의 실천 상황에서 변화와 능력을 고취시켜 갈 수 있는 과정으로서 연구를 진행한다. 따라서 양쪽 다 전문성과 지식을 가진 것으로 간주한다. "다른 전문성으로 서로를 보충해 준다"(Small, 1995: 942). 이러한 개방성과 차별 없이 아이디어를 받아들이는 것은 참여자들의 지식을 합법화하고 지식 생산의 방식으로 인정하는 좋은 것이다. 또한 이러한 지식이 행동을 어떻게 지시해 나아갈 수 있을지를 이해하는 것이다.

참여 실행 연구는 참여자들의 완전한 참여와 이론과 연구와 실천을 연결하는 순환적인 과정을 특성으로 한다. 이 과정은 공식적인 연구로부터 시작되어 점차로 지엽적인 이론을 적용하는 개입의 발달을 인도해 간다. 개입에 대한 평가는 (이후의 연구) 개입 설계를 수정해 가면서 점차로 일반적이고 문화에 민감한 이론의 발전을 야기한다. 연구의 초점은 현재 연구대상자들의 관점으로부터 현상을 이해하고 보다 세련된 형태의 문화에 특정한 이론과 개입을 발전하도록 촉구하는 것이다(Nastasi et al., 2000). 이것을 위해 참여자 관찰, 주요 정보제공자와의 심층 면접, 설문조사들이 자료 수집과 분석 기법으로 사용될 수 있다. 연구의 신뢰성은 그 대상자와 맥락에 장기간 심도 있는 관여를 하는 것과 다양한 자료원(방법, 관점)을 사용하는 것이다.

자료 수집 방법으로 참여 실행 연구는 참여 관찰이나 심층면접과 같은 전통적인 방식 외에도 스토리텔링, 경험나누기, 그림그리기, 사진 전시 등(Ornelas, 1997) 다양한 방식을 모두 다 수용한다. 참여 실행 연구는 말하자면 하나의 연구 방법이라기보다는 지식발전과 변화를 함께 추구하는 맥락을 만드는 것이라 볼 수 있다. 참여 실행 연구는 거시적인 연구로 볼 수 있으며 연구를 발전시켜 나아가는 맥락을 만들어가는 것으로 보는 것이 타당하다.

자료 수집 및 분석 방법(138-139)

본 연구를 위한 기간은 2008년 12월 1일부터 2009년 7월 30일까지이며 이 기간 동안 각 기관마다 총 8회의 슈퍼비전이 실행되었으며 각 회기마다 2~3시간이 소요되었다.

연구결과 분석을 위해 매회 슈퍼비전 진행과정을 녹취 및 전사하였고, 연구자들의 관찰노트와 연구참여자들의 강점사정 실행기록 및 그에 대한 슈퍼비전 기록 역시 연구자료로 수집하였다. 이때 수집된 자료의 분량은 약 150쪽에 달하였다.

연구자료는 질적분석방법인 지속적 비교분석방법(constant comparison)

에 따라 연구질문에 대응하는 주요 개념을 도출하였다. 우선 슈퍼비전에 대한 전사자료를 중심으로 강점사정 적용과정에 대한 주요 개념들을 분석하였다. 그리고 분석결과의 정확성과 정밀도를 높이기 위해 사회복지사들의 강점사정 적용기록과 연구자의 관찰노트를 분석하여 연구결과를 확정지었다. 도출된 개념들은 연구참여자이면서 주요 분석의 대상인 사회복지사들의 경험과 시도에 대해 그들의 행위를 중심으로 명명함으로써 사회복지사들의 강점사정 적용과정을 생동감있게 표현하고자 하였다. 따라서 본 논문에서는 주요한 연구실행이 이루어졌고 주요 분석 대상인 슈퍼비전에 대한 녹취록을 근거자료로 제시할 것이다.

참여 실행 연구의 효과를 가장 잘 측정할 수 있는 척도는 참여자들의 삶에 일어난 변화를 알아보는 것이다. 참여 실행연구는 단지 자료를 수집하는 것을 넘어서야 하며 지식이 목적이 아니라 수단이 되어야 한다(Prilleltensky, 1997). 즉 생산된 지식이 삶의 행위로 연결되고 삶의 조건을 향상시키는데 기여해야 한다. 참여자들이 아는 것에 그치기 않고 이것을 실제 행동으로 옮겨갈 때 참여 실행 연구의 참 의미는 살아난다. 참고 사례에서 현재 겪고 있는 실천의 장애를 극복하려는 부단한 노력은 그 집단의 성장을 도모하는 것으로 이를 행동이라고 볼 수 있다. 행동의 과정과 성장은 점차 문화로 자리 잡게 되어 참여 실행 연구의 요소가 본질적으로 사라지게 되는 것이 이상적이다(Kidd & Kral, 2005). 참여 실행 연구에서 행동이 강조되는 만큼 연구의 목적이나 질문들은 그다지 중요하지 않다. 연구자는 연구의 영역을 점차로 더 넓혀가고 과정을 더 조사해 가면서 이 연구가 행동을 효과적으로 끌어내는지에 관심을 두어야 한다.

연구 결과(160-161)

강점사정은 임파워먼트 실천의 한 요소로서 초기관계를 형성하고 실천의 방향을 제시하는 개입의 첫 단계로서의 중요성을 가진다. 따라서 본 연구의 초점영역은 임파워먼트 실천을 지향하는 정신장애인 사회복귀시설들에서 사회복지사들이 강점사정을 실행하는 과정에서 부딪히는 어려움과 그 어려움을 해결하는 과정이었고, 이에 연구자들은 강점사정 실행과정에 있어 슈퍼바이저, 교육자 및 관찰자 등으로 참여하여 실행연구를 실시하였다.

본 연구결과, 강점사정 실행은 크게 "강점사정 시도"와 "강점사정 적용의 본격화" 과정으로 드러났다. 강점사정 시도 단계에서 이루어진 '참여식 교육'은 서비스 제공자들의 강점사정에 대한 지식적 이해뿐 아니라 서비스 제공자 스스로 강점사정 실행을 결정하는 계기가 되었다. 강점사정을 실행하면서 서비스제공자의 관점 그리고 대화와 기록의 변화가 이루어졌고 이제까지와는 다른 서비스제공자의 자세와 역할이 요구되었으며, 서비스이용자의 개별화된 목표에 기반한 서비스 구조와 체제의 개편이 진행되면서 서비스제공자, 이용자, 그리고 조직 전체의 임파워먼트를 촉진할 수 있었다. 결론적으로 한 기관에서 강점사정을 적용한다는 것은, 단순히 사정의 틀과 서비스 방식을 바꾸는 것 이상을 의미하는 것으로 임파워먼트 실천과 밀접한 연관성을 갖는다(박미은, 2001)는 것이 밝혀졌다.

강점사정 적용과정에서 서비스제공자들은 "강점관점"이라는 새로운 관점, 새로운 역할과 실천전략 등의 변화를 도전받았다. 여러 연구들(양옥경 · 최명민, 2007; Cowger, 1994; Graybeal, 2001; McQuaid et Ehrenreich, 1997)에서도 드러난 바와 같이, 교육이나 정신보건전문요원 수련을 통해 전통적인 병리적 모델에 기반을 둔 심리사회적 사정에 익숙한 사회복지사들에게 있어 강점사정은 결코 쉬운 일이 아니었다. 그러나 강점사정적용에 있어 성패의 주요요인이 서비스제공자인 사회복지사의 관점임(Saleebey, 1996; Cox, 2006)이 공유되면서 스스로의 변화를 위한 강한 동기와 시도를 위한 용기가 필요하였다.

서비스제공자인 사회복지사의 변화는 서로간의 경험과 생각에 대해 공유하고 환류하며 자기 반성적 고찰이 이루어지는 슈퍼비전 시간을 통해 촉진되었다. 서비스제공자들의 관점의 전환은, 예전의 병리적 관점과 익숙한 실천방식으로 되돌아갔다 강점관점을 향해 다시 전진하는 반복적인 과정을 통해 이루어진 나선형적 변화과정이었다. 이러한 현상들은 관점의 변화를 위해 서비스제공자에 대한 지속적인 교육과 슈퍼비전이 요구된다는 선행연구결과들(Saleebey, 1996; Cox, 2006)과 일치하는 것이었다. 따라서 정기적이고 지속적인 슈퍼비전과 사회복지사의 끊임없는 자기반성적 고찰은, 새로운 시도과정에서 겪게 되는 어려움을 해결하고 기관의 상황과 맥락에 적합한 대안을 마련하는 토대가 되었을 뿐 아니라 강점관점으로의 전환을 위해 자극과 지지를 얻는 장이 되었다. 슈퍼비전의 회기가 거듭될수록 수퍼바이저의 역할을 감소되었으며 서비스 제공자들 간의 동료슈퍼비전이 활발하게 이루어짐도 드러났다.

이와 같이 강점사정을 실행하면서 부딪히는 어려움들을 함께 공유하며 대안을 찾고 적용해나가는 일련의 과정은 단기간에 이루어질 수 있는 것이 아니었기에 충분한 시간과 긴 호흡을 필요로 하였다. 단순히 사정 형식을 바꾸는 것이 아닌, 서비스제공자와 이용자 모두의 관점으로부터 기관의 문화에 이르기까지 포괄적인 변화를 가져왔기 때문에 많은 시간과 노력, 그리고 경험의 축척이 요구됨을 인식하는 것이 중요하며 인내심을 가지고 실행과정을 바라보는 것이 필요하다.

궁극적으로 참여 실행 연구를 통해 얻은 결과는 참여자들의 산 경험과 그들의 지식에 연구자들의 전문적 지식을 합친 복합체라고 볼 수 있다. 연구자들은 참여자에게서 그들의 강점과 자신과 세계를 어떻게 알게 되었고 어떻게 문제를 보고 있으며 어떻게 변화를 경험하는지에 대한 지엽적인 지식을 얻게 된다. 참여자들은 또한 연구자가 지닌 전문 지식에 접근할 길을 얻게 된다. 이것은 현존하는 이론으로부터 시작하여 맥락에 근거한 특정 지엽적 이론까지를 포함하는 것이다(Kidd & Kral, 2005). 결과적으로 이런 지엽적 지식이 연구자의 전문 지식과 합쳐져서 이전에는 도저히 넘을 수 없는 장벽이라 할 것에 대해 이해와 체제를 변화시킬 수 있는 힘을 가지게 된다. 이러한 것은 논의 과정을 통해 연구자가 상세히 밝히는 것이 필요하다.

논의(161-162)

본 연구를 통해 아직까지 강점사정적용에 대한 실천연구가 거의 전무한 우리나라 현실에서 강점사정 실행과정을 확인할 수 있었다. 이상의 연구결과를 통하여 다음과 같은 제언을 하고자 한다. 첫째, 본 연구에서도 밝혀진 바와 같이, 강점사정이라는 새로운 시도를 실행함에 있어 슈퍼비전과 서비스제공자들의 자기반성적 고찰의 중요성이 강조된다. 따라서 사회복지사들이 자신들의 경험을 함께 공유하고 그 경험에 대한 반성적 고찰을 통해 실천적 대안을 찾아갈 수 있도록 촉진하는 장인 슈퍼비전이 지속적이고 역동적으로 이루어지는 것이 필요하다. 사회복지실천에 있어서 반성적 실천은 단순히 이론적 지식을 실천에 적용하는 수동적 자세가 아니라 오히려 실천가가 문제 상황을 재구성하고, 불확실한 상황을 해결하고자 노력함으로써 새로운 해결책들을 발견해 나가는 과정이다(Harrison, 1987; Clarke, 1995). 특히 강점사정은 사회복지사 스스로 이전에 가지고 있던 병리적 관점에서 벗어나 강점관점으로 전환해 나가며 전문가 중심의 평가와 개입 틀을 벗어나 서비스 이용자의 독특한 상황 속으로 들어가서 창조적인 대안을 함께 만들어나가는 과정이기 때문에 반성적 고찰에 기반한 실천은 매우 중요하다. 자기반성적 고찰과 공유, 그리고 이에 대한 환류는 일방적인 교육이나 위계적이고 지시적인 슈퍼비전이 아닌, 쌍방향의 교류가 가능한 강점관점에 기반한 지지적 슈퍼비전을 통해 가능하다. 강점관점을 이해하고 있는 수퍼바이저가 지속적으로 서비스제공자들과 함께 대안을 모색하며 공유와 실행을 촉진하며 지지하고 조율해 나가는 과정이 필요하다(한국사랑밭회, 2008). 무엇보다 수퍼바이저와 서비스제공자 간의 신뢰관계를 기반으로 수퍼바이저가 서비스제공자의 실천경험을 존중하며 지지하고 격려하는 것이 필요하다.

둘째, 연구자들과의 협력과 참여는 실천의 원칙을 지키면서도 보다 창의적인 대안들을 발전시켜 나가는데 큰 힘이 될 수 있다. 즉 반성적 실천 과정에서 이론과 실천경험과의 적극적인 교류는 원칙에 입각한 실천, 경험에 대한 깊이 있는 해석, 창조적인 대안의 모색에 있어서 큰 힘을 발휘할 수 있다. 강점관점에 기반한 임파워먼트 실천이 우리 실천현장에 토착화해 나가는데 있어서 현장과 학계의 활발한 교류를 통한 실천과 연구의 통합은 선행연구에서도 강조되고 있다(양옥경 · 최명민, 2007).

셋째, 연구와 실천의 결합을 가장 잘 실현할 수 있는 방법론으로서 실행연구는 매우 유용할 것이다. 실행연구가 가지는 특성 즉, 연구자이면서 실천가로서의 역할, 개인이나 사회적 삶을 개선하고자 하는 목적을 가진다는 점, 유용한 실천적 지식을 산출한다는 점 등은 사회복지실천의 가치 및 목적, 방법론적 측면과도 매우 잘 부합한다. 실행연구의 유용성은 이미 사회복지 실천 영역에서도 조금씩 제안되고 있으나(김정희 · 안정선, 2005; 유영준, 2006; 고미영 외, 2009), 아직까지 이를 적용한 연구는 거의 찾아보기 어렵다. 특히 임파워먼트 실천이 가지는 다차원성과 맥락성을 고려할 때 대상 및 기관의 맥락에 맞는 실천방법들을 모색해 나가야 하는 일련의 과정 속에서 실행연구는 효과적인 실천을 발전시켜 나가는데 매우 유용할 것이다. 더불어 서비스 이용자들을 연구자로서 참여시키는 임파워먼트 연구방법으로서도 활용해 볼 가치가 있을 것이다.

참여 실행 연구에서 연구자는 가장 좋은 해답을 찾아 제공해야 하므로 실천 방법에서 일반적인 제한을 두지 않는다. 참여 실행 연구는 사람들이 행하는 사회적 실천이 어떻게 이 세계 안에서 그들이 살아가는 방식에 작용하는지를 구체적으로 밝히고 보다 나은 쪽으로 바꾸어 가고자 한다. 이러한 실천들이 특정한 환경에서 나온 것임을 이해하게 되면서 참여 실행 연구자들은 현재 모습의 실천을 어떻게 변형시킬 수 있는지에 대한 실마리를 얻고 새로운 실천을 시도해 본다. 만일 현재의 실천이 어느 특정한 의도와 조건, 상황들의 산물이라고 한다면 변모된 의도나 조건, 상황 아래에서는 다른 실천이 나오게 될 것이다. 이와 같이 구체적이고 특수한 방법으로 실천에 초점을 맞추게 됨으로써 연구자들은 미래를 위한 반성이나 토론 혹은 계획을 수정할 기회를 얻게 된다. 모든 실천은 임시적이며 순식간에 사라지는 시간과 공간의 제약을 받는다는 것을 인정하면서 참여 실행 연구자는 어떤 보편적이고 추상적이거나 이상적인 개념이 아닌 실제 상황 속에서 그들의 실천을 변화시켜 가고자 노력한다.

참여 실행 연구의 목적 중 하나는 "다른 어떠한 연구 방법보다 실천에 덜 방해가 되는 목적을 가진다"(Small, 1995: 951). 착취적이지 않으며 참여자들이 쉽게 이해할 수 있고 사용할 수 있는 방식이 선택된다. 질적 연구를 쓰게 되는 것은 이 방식이 대상자를 덜 착취하며 보다 심오하고 복잡한 상황을 더 잘 찾아낼 수 있기 때문이다. 일반화시키기에 어려움이 있는 질적 연구는 참여 실행 연구에서 일반화가 문제시되지 않고 보다 급박한 문제 해결에 주안점을 두기 때문에 더 잘 맞는다고 할 수 있다. 따라서 참여 실행 연구는 실천 현장에서 더 많이 확대되어 사용될 연구의 한 방법이 될 수 있을 것이다.

〈사례〉

정신장애인 사회복귀시설에서 사회복지사의 강점사정 적용에 관한 실행 연구

저자: 이경아 하경희 유명이

출처: 정신보건과 사회사업. 2009. 33(12): 130-166.

참고문헌

고미영·하경희·박정임 2009. "정신장애인 사회복귀시설에서의 임파워먼트 실천경험에 대한 질적 사례연구"『정신보건과 사회사업』 31:63-99.

김미옥 2009. "사회복지학에서의 실행연구 적용과 유용성". 『한국사회복지학』 61(3): 179-204.

김정희·안정선 2005. "사회사업에서의 Participatory action research와 Action research 모델 적용 필요성에 관한 연구". 『임상사회사업연구』 2(3): 113-134

노혜련·유서구·박화옥 2006. "강점관점 사례관리 실천을 통한 실무자들의 변화". 『한국사회복지학회 추계학술대회 자료집』 237-251.

노혜련·유성은 2006. "빈곤여성가구주 강점관점 사례관리 사업의 질적 연구". 『한국사회복지학회 춘계학술대회 자료집』 372-376.

박미은 2001. "정신장애인에 대한 임파워먼트 실천의 필요성과 개입방안에 관한 연구". 『재활복지』 5(1): 32-55.

박정임 2002. "정신장애인을 위한 강점관점 사례관리모델의 효과성에 관한 연구". 서울여자대학교 박사학위논문

양옥경·최명민 2007. "사회복지실천모델의 재검토". 『한국사회복지학회 학술대회 자료집』 111-142.

유영준 2006. "사회복지사의 반성적 실천에 관한 연구". 가톨릭대학교 박사학위논문.

이용숙·김영미·김영천·이혁규·조덕주 2004. "실행연구(action research)를 통한 연구와 교육실천의 연계성 강화". 열린교육연구 12(1): 3

이용숙·김영천·이혁규·김영미·조덕주·조재식 2008. 『교육현장 개선과 함께 하는 실형연구방법』 서울: 학지사65-402.

이윤화 2000. "역량강화적 접근의 효과성에 관한 연구 : 지역사회복지관의 자립지원 프로그램을 중심으로". 연세대학교 박사학위 논문.

최의창 1998. "학교교육의 개선, 교사연구자, 그리고 현장개선 연구" 『교육에서 질적연구 : 방법과 적용』(이용숙·김영천 편). 서울: 교육과학사

하경희 2007. "지역사회정신보건서비스를 이용하는 정신장애인이 인식한 임파워먼트 실천의 효과에 관한 연구". 서울대학교 박사학위논문.

한국사랑밭회 2008. 『사회복지실천현장 사례관리 적용과 이해Ⅱ』 서울: 학현사.

Clarke, A., 1995. "Professional development in practicum settings: Reflective practice under scrutiny". *Teaching and Teacher Education*, 11(3): 243-261.

Cowger, C. D. 1994. "Assessing client strengths", *Social Work*, 39(3): 262-268.

Cox, K. F. 2006. "Investigating the impact of strength-based assessment on youth with emotional or behavioral disorders", *Journal of Child and Family Studies*, 15(3): 287-301.

Graybeal, Clay. 2001. "Strengths-Based Social Work Assessment: Transforming the dominet paradigm". *Families in Society*. 82(3): 233-242.

Harrison, W. D. 1987. "Reflective practice in social care". *Social*

Service Review, 61(3) : 393-404.

McQuaide, Sharon. and Ehrenreich, John H. 1997. "Assessing Client Strengths". *Families in Society*. 78(2). 201-212.

Mancini, M., 2003. "Theories of recovery elicited from individuals diagnosed with psychiatric disabilities". State University of New York doctorial dissertation.

Manning, S. S. 1998. "Empowerment in Mental Health Programs : Listening to the Vocies." in *Empowerment in social work practice.* edited by Gutierre, L. M., Parsons, R. J. and Cox, E. O., CA : Brooks/Cole publishing company.

Maton, K. I., and Salem, D. A. 1995. "Organizational Charateristics of Empowering Community Settings : A Multiple Case Study Approach." *American Journal of Community Psychology* 23(5) : 631-656.

Parsons, R. 1991. "Empowerment : Purpose and practice in social work", *Social Work with Groups*, 14(2) : 7-21.

Ridgway, P., 2001. "Restorying psychiatric disability : Learning from first person recovery narratives". *Psychiatric Rehabilitation Journal*, 24(4) : 335-343.

Saleebay, D. 1996. "The Strengths perspective in social work practice : Extentions and cautions". *Social Work*, 41 : 296-305.

Salzer, M. S. 1997. "Consumer Empowerment in Mental Health Organizations : Concept, Benefits, and Impediments." *Administration and Policy in Mental Health* 24(5) : 425-434.

Smith, M. K., 2000. "Recovery from a severe psychiatric disability : Findings of a qualitative study". *Psychiatric Rehabilitation Journal*, 24(2) : 149-158.

제15장 질적 연구의 쟁점

질적 연구의 패러다임 | 질적 연구의 쟁점들

질적 연구의 패러다임

오늘날 실천 현장에서 질적 연구가 눈에 띄게 많아지면서 어떻게 수준 높은 질적 연구를 수행할 것인가 하는 것은 매우 중요한 이슈가 되었다. 대다수의 질적 연구는 대상자 인터뷰를 통해 이루어지고 있다. 따라서 질적 연구를 단순히 비구조화된 인터뷰 모음으로 보거나 구술 방식만을 통해 쉽게 질적 연구를 할 수 있다는 현상을 목격하게 된다. 게다가 다수의 연구 대상자는 접근하기 어렵거나 평범하지 않은 상황에 놓인 사람들이다. 대상자들이 처한 환경과 형편을 고려할 때 윤리적인 문제들과 연구의 엄격성은 질적 연구의 쟁점이 된다.

연구의 방법론은 단순히 자료 수집이나 분석의 방법을 택하는 것이 아니라 더 깊은 철학적인 가정들을 고려하는 것이다. 연구의 질을 끌어올리기 위해서는 구체적으로 연구과정 지향의 평가, 훈련과 방법론에 관한 여러 차원이 관여한다(Flick, 2009). 방법론적 가정은 어떻게 연구자가 알 수 있다고 믿는 것들을 자신의 인식론적 가정에 근거하여 찾아 가느냐와 관련이 있다(Guba & Lincoln, 1994). 따라서 방법론은 연구 대상과 현장에 맞게 선택될 수 있는 것이다. 이 주제는 언제 질적 연구를 할 것인가를 고민하는 연구자들에게 가장 명확한 길잡이가 될 수 있다. 일단 해당 현장과 연구 대상에 대해서 그다지 밝혀져 있지 않은 때에 연구자가 그 현장 안에 있는 사람들의 경험과 의미 과정을 개방적으로 연구하고자 할 때, 질적 연구는 가장 적절한 연구 방법이다. 예를 들어 대상자들의 삶의 질에 대한 평가, 학대 경험, 자살 시도자의 죽음의 의미, 삶에 대한 가치관 등을 이해하는 것이라면 질적 연구 방법은 가장 적절한 방법론이 된다. 그 이유는 이런 주제들을 전문가가 미리 작성한 측정 도구로 측정하려 할 때 아무리 정밀한 도구를 사용한다 할지라도 측정할 수 없는 것이기 때문이다. 따라서 질적 연구에는 그 목적과 주제에 맞는 연구 방법론을 선택하게 하는 본질적이고 철학적인 이슈들이 존재한다.

질적 연구 패러다임

질적 연구는 어떠한 철학적 기반들을 가지고 있는가? 연구자의 철학적 배경은 어떤 질적 연구를 할지에 대한 고민에서 마지막 글쓰기를 어떻게 할지에 대한 결정에 이르기까지 영향을 미친다. 연구라는 행위의 정의와 연구 과정의 결정에서 연구자의 철학적 배경을 배제할 수는 없다. 연구자에게 연구는 무엇인가? 또는 알고자 하는 현상에 대한 탐구를 어떤 방식으로 할 것인가? 연구자는 답을 얻기 위하여 어떤 노력을 기울여야 하는가? 이와 같은 질문에 대한 답을 주는 것이 바로 연구자가 택하는 철학적 기반이다. 연구의 철학적 기반이 되는 패러다임은 연구자가 자신의 연구 행위를 그 위에서 결정하게 하는 가장 기본적인 가정이다. 따라서 패러다임은 연구자가 어떤 이론 혹은 방법적 개념을 가지고 특정한 하나의 사건 혹은 경험을 바라볼 지를 결정하는 연구자의 세계관이다.

Lather(2006)는 지금까지 사용해 온 기본적인 질적 연구의 패러다임은 계속 덧붙여지고 있지만 기본적으로 세 가지 질적 연구의 패러다임으로 분류될 수 있다고 보았다. 첫 번째는 이해를 목적으로 하는 해석적 패러다임이고 두 번째는 해방을 목적으로 하는 비판적인 패러다임이다. 마지막은 해체를 목적으로 하는 포스트모던적 패러다임이다. 각 패러다임에는 지금까지 실행되어 온 질적 연구의 전통적 방법들이 들어가 있다. 다음의 표가 이것을 정리해 보여 준다.

(표 15.1) 패러다임의 변천 Lather(2006:37)

목적	이해	해방	해체
	해석적 패러다임	**비판적 패러다임**	**포스트모던적 패러다임**
	자연주의 연구	네오맑시즘 연구	포스트모던 연구
	구성주의 연구	페미니즘 연구	
	현상학	비판적 인종연구	퀴어 이론
		프락시스 지향연구	
	민족지학	프레리안 연구	
		참여실행 연구	
	상징적 상호작용		탈식민주의 연구
	해석학(혼합적)		포스트포디즘
		게이와 레스비안 연구	포스트휴머니즘
		비판민족지학 연구	포스트비판적 연구
			-
			-
			-

첫 번째 패러다임을 지탱해 온 가정은 의미는 사람들이 세계와의 교류에서 사회적으로 함께 만들어내는 것이다(Merriam, 2002: 3). 그렇다면 의미는 고정된 것이 아니라 계속 변화하는 것이다. 이와 더불어 현실도 역시 하나의 단순한 객관적인 현실이 아니라 다수의 주관적인 현실이 존재한다. 이런 점에서 질적 연구는 어느 시점, 어느 맥락에서, 누구의 관점에서 의미를 파악하는가에 따라 상당히 다양한 결과를 낼 수 있다. 그러나 패러다임이 발전할수록 연구의 가정과 방식은 달라져 간다. 두 번째 패러다임에서 의미는 사회를 주도해 온 일부 유력한 세력에서 주장되어 온 것으로 인종, 계급, 젠더, 성적지향, 종교, 나이, 장애여부 등에 따라 차별과 불평등이 생겼다는 주장이다. 비판적 이론은 지금까지 소외되어 온 소수자들의 문제를 제기하고 불평등을 시정하고

자 연구를 한다. 마지막 패러다임은 포스트모던이라는 시대의 특징을 반영하는 연구로 모더니즘에 기초되어 정의되어 온 주체, 의미와 재현, 진리, 총체성, 언어 등에 대한 전통적 의미를 거부한다(김영천, 2012: 70). 포스트모던 패러다임 안에서는 지금까지의 세계관을 모두 전복시켜서 이전 연구자들이 인정했던 인식과 존재, 방법론을 새로운 시각으로 해석하고 비판하는 연구를 실시한다.

이 패러다임은 고정된 것이 아니라 지금도 계속 새로운 형태로 발전되고 있다. 초보자인 연구자는 우선 패러다임을 인식하면서 그에 따른 의미나 현실에 대한 가정이 얼마나 실제로 연구에 반영되고 있는지 살펴볼 수 있다. 또한 연구를 하기 전에 연구자들이 이를 신중히 고려하고 있는가를 질문해야 한다. 연구자가 가진 가정을 살펴보면서 질적 연구에서 연구자가 성취하고자 하는 목적, 주제, 연구자의 연구 행위를 어떠한 세계관과 현실관 안에서 택하는지를 인식해야 한다. 단순히 연구자의 편의를 위해서 쉽게 방법론을 결정할 수 없다. 기본적인 질적 연구 전통을 먼저 익히면서 그 위에 새로운 연구 패러다임을 받아들여 가는 것이 적절하다고 본다.

질적 연구의 쟁점들

자료 수집 과정에서 나타나는 쟁점들

이제까지 이 책에서 서술해 온 첫 번째 패러다임에 근거하여 질적 연구에서의 쟁점을 몇 가지 고려해 본다. 처음 질적 연구를 시작한 연구자들이 질적 연구에 대해 가졌던 가정은 "실제 삶의 현장에서 연구자가 상황을 조작하지 않으려 하는" 연구라는 점이다(Patton, 2002: 39). Patton은 관심 현상이 자연스럽게 펼쳐져 보이는 연구를 질적 연구로 정의하였다. 그러나 저절로 현상 자체가 드러난다는 것은 상징적 표현에 불과하다. 실제로 모든 연구는 연구자의 의도와 통제와 선택이 들어가게 된다. 먼저 연구 대상자를 누구로 선정하고 그들에게 어떻게 다가갈지를 우선 고려할 때부터 연구자는 선택의 기로에 서게 되며 자신의 판단과 견해를 투입해야 한다. 연구 참여자에 대한 거리두기나 대상화 작업에 대해 포스트모던 이론은 반기를 들었다. 연구자를 단지 관찰이나 인터뷰의 대상으로 삼고 연구자 자신과는 거리를 두는 연구 양식을 문제로 삼게 되었다. 연구자들이 연구 목적이나 설계의 단계에서도 참여자들에게 얼마나 많은 참여의 기회와 권한을 부여하고 있는지와 같은 문제들이 최근에 와서 부각되면서 참여 실행 연구와 같은 형태의 새로운 연구 방식이 대두되었다. 기존의 연구 방식을 선호하는 연구자들도 이러한 참여자 권한의 문제나 자료 수집 과정에서 발생될 수 있는 문제들을 무시할 수 없다.

구체적으로 자료 수집 과정에서 연구자들이 연구 참여자와의 관계에서 얼마나 진지하게 참여자들의 권한을 보장하는지, 얼마나 신중히 참여자들의 관점을 존중하고 있는지 살펴보아야 한다. 처음 참여자를 만나서 인터뷰를 시작하고 마무리하는 단계에 이르기까지 연구자는 정보 유출로 인한 불이익이나 정서적 불안으로부터 참여자를 최대한 보호하도록 배려해야 한다.

질적인 자료는 주로 서술된 것으로 이에 대한 해석적 작업이 필요하다. 질적인 자료는 사람의 언어로 표현되어 변환된 것으로 측정될 수 있는 양으로 표시되지 않는 자료이다. 따라서 질적인 자료는 이야기를 한 사람의 주장과 견해에 대해 이야기를 들은 사람이 해석하는 과정을 거쳐야 한다. 이야기는 매우 불안정한 매개체이다. 특히 말하기 어려운 경험을 한 내담자를 연구 참여자로 선택할 때 어떻게 그가 말한 내용을 올바로 이해하고 그의 삶을 적절한 표현해낼 수 있을 것인가? 이야기된 텍스트는 많은 오류와 해석 과정상의 문제들을 지닐 수 있다. 말한 사람이 정확하게 의미를 전달하지 못할 수도 있고, 그 내용이 잘못 이해될 수 있으며, 때로는 일부러 빠뜨리거나 모호하게 말하는 등 예상하기 어려운 일들이 많이 나타날 수 있기 때문이다. 따라서 텍스트로 만들어진 자료를 적절히 해석하고 통찰하여 독자에게 전달하기까지의 과정은 단순하지 않다. 연구자는 적절한 질문과 피드백을 통해 대상자의 경험과 가치를 가장 가깝게 반영할 수 있는 자료를 얻으려고 노력할 것이다. 최근에 와서 포스트모던 연구는 연구자들이 단순히 텍스트 자료를 분석하는 데에 그치지 않고 텍스트를 해체하기도 하고 또한 삭제된 텍스트나 하위 텍스트를 찾아보는 등 다양한 방식들을 사용한다. 궁극적으로 연구자는 심층 의미나 다수의 의미들을 만들어진 자료 안에서 발견하려고 노력한다. 또한 연구자가 알고 있는 지식들을 동원하여 텍스트를 재구성하기도 한다. 자료들은 연구자와 참여자와의 상호 교류를 통해 생산된 것이지만 연구자는 자료와의 상호작용을 시도하기도 한다. 이런 점에서 질적 연구는 기계적으로 수행되는 것이 아니라 상호작용을 통해 의미와 가치를 만들어가는 연구라고 할 것이다. 연구의 여러 단계마다 연구자는 다른 사람들의 도움을 받고 그들을 연구에 관여시키고 또한 연구자 자신도 상황 속에 몰입하여 다른 사람들과 관계를 맺는다. 결국 질적 연구는 미리 계획한 대로만 가는 것이 아니라 과정 속에서 길을 열어가면서 완성해 가는 작업이다.

첫 번째 패러다임에 속한 질적 연구들은 연구한 현상을 밝히고 그 안에 있는 사람들이 가지고 있는 의미를 이해하여 이를 풍부하고 세밀하게 서술하는 것을 목적으로 한다. 이 풍부하고 세밀한 서술은 어떤 현상에서 중요하게 부각되는 주제나, 하나의 사례, 집단(여러 사례들) 혹은 문화를 대상으로 한다. 이때 연구자가 발견한 주제나 의미들이 얼마나 타당한지를 검증받을 기회는 그다지 많지 않다. 그 이유는 양적 연구에서처럼 수치로 보여줄 수 없기 때문이다. Maxwell(1996)은 타당성 확립이란 연구 과정에서 "연구자가 어떻게 틀릴 수 있는가?"에 초점을 맞추면서 틀릴 수 있는 가능성을 하나씩 배제해 나갈 때 연구 결과의 타당성은 높아진다고 주장하였다. 질적 연구에서 연구자가 틀릴 수 있는 가능성을 찾는 과정은 얼마나 진지하게 시도되고 있는가? 이때 연구 참여자들의 역할은 무엇인가? 과연 연구자에게 중요한 주제가 참여자들에게도 중요한 것인가? 이런 질문들을 해볼 필요가 있다.

연구에 대한 타당성의 성립은 앞에서도 논의했지만 질적 연구의 쟁점으로 다루어야 중요한 주제이다. Flick(2012)는 질적 연구를 과정 속에 묻혀 있는 연구로 규정하면서 연구 과정의 조화를 가장 중요한 평가 지표라고 지적하였다. 예를 들면 자료 수집의 방법이 적합한지를 판단하기 위해서는 연구 문제, 목표로 하는 결과, 연구 방법과의 관련성을 파악하라는 것이다. 이는 따로 놓고 판단할 수 있는 문제가 아니라 자료 수집 방법이 해당 연구 문제나 연구 과정에 맞는 방식인지를 따져야 한다는 것이다. 이와 더불어 Flick(*ibid*: 476)는 질적 연구자들이 연구 방법이 올바른지에 대한 집착을 버리고 오히려 방법론적인 통찰이나 원칙 및 반성에 입각하여 연구를 계획하는 데에 집착하라는 충고를 한다. 왜냐하면 방법론을 정해 놓고 그것에 맞추어 연구하는 게 아니라 연구 대상에 맞는 새롭고 적절한 방법을 찾아내는 것이 더 중요하기 때문이다.

질적 연구의 한계로 지적되는 연구자의 선 이해와 편견, 선호도, 또한 이해의 부족 등은 공정한 연구를 방해하는 요소로 쟁점이 될 수 있다. 그러나 이러한 약점들을 감추기보다는 오히려 질적 연구의 장점으로 역이용하라는 Peshkin(1988: 18)의 조언은 고무적이다. "…이 모든 것들은 연구를 만드는 기본 바탕으로 자신의 연구를 다른 연구와 구별되도록 해준다. 수집된 자료와 연합하여 개인적인 특성들의 매우 독특한 형태를 결과로 기여하도록 해야 한다."

질적 연구의 수행에서 자료 수집은 다양하게 진행되어 왔지만 세 가지로 축약하자면 관찰, 인터뷰, 문헌고찰로 볼 수 있다. 때로는 이들의 혼합된 양식이 사용되기도 한다. 관찰을 할 수 있도록 허락받는 것에 대한 쟁점들이 있을 수 있다. 예를 들면 기관장의 허락이 그 기관의 참여자 모두의 허락이 될 수 있는가, 참여자들의 동의 수준은 어디까지 정할지 등의 문제이다. 그러나 이러한 문제들이 해결된 후에도 관찰은 관찰자의 존재가 관찰 대상자들의 의식에 특이한 반응을 일으킬 수 있다는 점에서 자연적인 연구를 훼손할 수 있는 가능성을 지니고 있다. 이와 비슷한 참여관찰의 논쟁에 대해 Kelman(1982: 86)은 "관찰자들이 그들의 연구 관심을 자백하고 그 토대 위에서 받아들여졌을 때조차도, 구성원들은 그들의 자발적 표현을 조금은 통제할 것이다. 이것은 참여관찰자 역할에 내재한 모호성 때문에 생긴다. 구성원들은 관찰자들을 생활 장면의 일부로 받아들이고 그들 앞에서 자의식적이 아니도록 행동할 수도 있다. 그러면 구성원들은 자신들이 사생활로 덮어 두고자 했었을 정보를 드러낸다"라고 보고하였다. 아무리 관찰대상자들이 관찰자를 의식하지 않을 때까지 익숙해졌다 할지라도 연구자는 자신이 보기 원하는 것을 선택하여 보게 되는 것과 선택한 장면의 중요성을 결정하면서 이 또한 연구에 큰 영향을 미친다.

질적 연구에서 인터뷰는 가장 선호되는 방법이지만 또한 가장 논란이 될 수 있는 자료 수집의 방법이라 할 수 있다. 인터뷰의 양식과 관계없이 인터뷰 대상자들은 언제든지 인터뷰 진행자에 의해 통제되거나 발언권이 제한될 수 있다. 인터뷰 대상자들이 항상 연구의 목적을 주지하고 있는 것은 아니므로 연구자가 유도 질문을 통해 원하는 답을 이끌어낼 수도 있다. 미리 정해 놓았거나 알고자 하는 범주에 대한 질문을 하는 경우가 대체로 그러하다. 특히 연구자가 자신의 연구 설계를 통제하기 때문에 자신의 목적에 맞는 질문과 반응을 사용하여 대상자들의 반응을 조정해 갈 여지는 충분히 있을 것이다. 따라서 연구자들은 어떻게 이러한 권력의 불균형을 고치기 위해서 노력하고 있는지 자신의 연구에서 밝히는 것이 좋다. 특히 인터뷰 상황에서는 상호 영향을 주고받고 있는지, 아니면 일방적인 정보 제공을 요청하고 있는지 살펴보아야 한다.

연구자의 의식적인 노력에도 불구하고 인터뷰 상황은 언제나 미리 대처하거나 통제할 수 없는 상황들이 발생하게 된다. 연구자는 현실이 있는 그대로 저절로 드러나리라는 기대를 해서는 안 된다. 단지 연구자가 만나고 대화하는 사람들이 생각하는 현실, 그들의 신념, 태도, 심리적 특성이 더 드러날 것을 기대하는 것이다. 대체로 사회적인 관습에 따라 인터뷰 대상자들은 어떻게 행동하고 말해야 하는지를 파악하고 있다. 또한 인터뷰 진행자가 어떠한 기대나 답을 원하는지에 대해서도 대상자들이 이미 파악하고 있는 경우도 있다. 따라서 인터뷰는 대상자들이 상황에 적절하게 맞추어 대처하는 방식으로 흘러가게 될 것이다. 어떤 자료 수집을 위한 인터뷰 역시 진행자와 답변자 사이의 사회적 교류와 상호작용의 한 장이라고 볼 수 있을 것이다.

그러므로 민감한 주제를 다루거나 어려운 상황에 놓인 대상자들을 인터뷰할 때 무엇보다도 그들과의 관계 형성에 많은 시간을 투자할 필요가 있다. 또한 연구자가 던지는 질문이 얼마나 대상자 편에서 볼 때 실제적인 질문인지를 알아야 한다. 연구자는 시간적 여유를 지니고 순차적으로 단계를 밟아서 관계 형성과 연구를 진행해야만 깊이 있는 답을 얻을 수 있다. 대상자의 언어 습관, 문화적 도식, 실천 등에 익숙해지고 연구자 자신의 것들도 자연스럽게 알려줄 수 있도록-즉 서로를 실제적으로 받아들일 때까지 충분히 상대를 익히고 또 자신을 알릴 필요가 있다.

지금까지 살펴본 것처럼 자료 수집에서 나타날 수 있는 많은 쟁점들이 있다. 그 중에 여기에서 특히 주목하고자 하는 것은 연구 과정에서 연구의 진실성과 관련하여 연구자는 어떤 노력을 기울이고 대책을 마련해야 할지에 있다. 연구자 자신이 연구에 어떻게 영향을 미치고 있는지 또한 어떻게 권력의 불평등을 조절해 갈지를 고민해야 한다. 연구자와 대상자는 전문적 위치, 교육, 성, 인종, 사회적 계급, 장애 등에서 많은 차이를 지닌다. 또한 연구자의 이론적 입장은 대상자를 보는 시각을 좌우할 수 있다. 이러한 사회 인구학적 혹은 철학적 거리를 좁힐 수 있는 방안은 어떠한 것이 있을 것인가? Kirk & Miller(1986)는 질적 연구의 신뢰도를 관찰과 자료수집에 관한 신뢰도로 논하였는데, 이는 연구 참여자들이 미리 준비된 정보만 얻을 가능성을 최대한 배제하는 것이라고 하였다. 예를 들면 비록 많은 대상자가 같은 진술을 하더라도, 이는 마치 고장난 온도계가 항상 같은 온도를 보여줌으로써 완전한 신뢰도를 나타내는 것과 같이 자료수집에서도 이러한 일이 일어나지 않도록 해야 한다는 것이다.

분석과정에서의 쟁점들

질적 연구자는 질적 연구의 분석 결과로 연구의 성공 여부를 말할 수 있다. 결국 연구자가 최종적으로 얻고자 하는 답인 분석이 올바른 자료로부터 나온 것임을 확신할 수 있어야 한다. 연구자가 분석에서 어떠한 과정을 밟았고 어떻게 개념들을 도출했으며 개념들 사이의 관계를 어떻게 찾아내었는지는 명확히 밝혀야 한다. 이를 위해 연구자는 참여자의 주관적 의미와 평범한 지식들이 얼마나 우대되었고 대안적 해석들이 고려되었는지를 살펴볼 수 있다. 또한 대상자들의 언어와 관점에 민감하게 분석이 진행되었는지를 고려해 볼 수 있다.

질적 연구 분석은 크게 두 전통으로 나뉠 수 있다. 하나는 언어학적 전통으로 이것은 텍스트 자체를 분석의 대상으로 삼는 전통이고, 다른 하나는 사회학적 전통으로 텍스트를 인간의 경험을 알려주는 창으로서 다루는 것이다(Tesch, 1990). 언어학적 전통을 따르는 분석방법은 대표적으로 내러티브 분석, 대화(담론)분석이나 언어학적 분석이 있다. 이외에도 한국 연구자들에게 익숙하지 않은 연출 분석(performance analysis)이 있다. 사회학적 전통에 따른 분석방법 중 우리가 흔히 사용하는 방식은 근거 이론과 같은 코딩 방식과 도식 분석, 귀납적 분석법(analytic induction), 내용분석(content analysis), 민족지학 의사결정 방식 등 다양한 방식이 있다. 또한 키워드 분석(key-words-in-context)이나 단어

집계, 의미 네트워크 분석과 같이 단어를 기준으로 분석하는 방식도 있다.

다양한 분석 방식들 중에서 어떠한 방식을 고르는가는 이러한 분석방식의 목적과 관련시켜 결정한다. 어떤 방식은 자료를 자세히 탐구하기 위해서, 또 다른 방식은 비교나 이론 설정을 위해서, 또는 모델의 실험을 위해서 사용된다. 이와 더불어 연구의 관점을 분석 방식과 관련시켜 보기도 한다. 예를 들면 주관적인 견해를 탐색하기 위한 연구에서는 이론의 코딩 방식, 내용 분석, 내러티브 분석을 사용하는 반면 사회적 현실을 형성하는 데에는 대화분석, 담화 분석을 이용한다. 그 외에도 사회적 현실의 문화적 범주를 설정하는 데에는 객관적인 해석학적 분석이 사용되기도 한다.

질적 자료의 분석은 자료로부터 의미를 찾아내기 위한 노력이며 어떠한 합리적인 절차를 따르는가에 따라 결과에 대한 신뢰성이 결정된다. 어느 한 방식이 다른 방식보다 더 나은 분석이라고는 생각할 수 없다. 또는 어느 특정한 방법론에 반드시 어떤 분석 방식이 쓰인다는 공식을 정할 수는 없다. 단지 어느 분석 방식을 어떠한 목적으로 어떻게 썼느냐를 살펴볼 수 있도록 분석 진행의 과정을 명확히 드러내는 것이 중요하다. 방법론적인 기술들은 공통된 핵심의 영역 안에서 다수의 변형과 연구 상황에 적절한 차이점을 가질 수 있다.

결론

위에서 서술한 바와 같이 질적 연구자의 능력은 연구의 신뢰성을 좌우하고 연구자가 사용하는 방법과 프로젝트의 과정과 의도에서 발생하는 부가적인 문제들은 연구의 타당성을 좌우한다(Winter, 2000: 1). 질적 연구자는 질적 연구의 신뢰성과 타당성을 높이기 위한 노력을 기울여야 한다. 질적 연구의 엄격성은 한마디로 연구의 질에 대한 점검이다(Golafshani, 2003). 질적 연구의 질은 질적 연구의 소비자인 연구 동료와 독자들의 이해와 설득을 끌어내는 수준과도 관련이 있다. 이는 마치 여행기를 읽은 독자들과 비유할 수 있다. 여행기를 읽는 독자가 저자와 함께 여행을 다녀온 기분이 들도록 여행기는 흥미롭고 알찬 내용으로 꾸려졌는지에 관한 것을 질문해 볼 수 있다. 질적 연구 역시 독자들에게 최종적으로 목적한 곳에 어떤 경로를 밟아 도착했는지를 충분히 납득이 가도록 전달해야 한다. 이 말은 연구자가 어떻게 연구의 소비자들에게 연구 결과를 주목할 만한 것이라고 설득할 수 있는가 하는 문제와 일맥상통한다(Lincoln & Guba, 1985: 290).

지금까지 질적 연구의 쟁점을 논의하면서 연구의 엄격성과 관련하여 자료 수집과 분석에 대해 주로 다루었다. 그러나 질적 연구에서는 결국 연구자가 무엇을 연구의 엄격성으로 간주하느냐를 정한다. 연구의 엄격성, 혹은 질 등의 용어들은 이 시대의 화두로 떠오르고 있다. Creswell & Miller(2000)는 타당성은 연구자의 타당성에 대한 인식과 그가 선택한 패러다임 가정에 의해 영향을 받는다고 주장했다. 따라서 연구의 엄격성에 대한 편견으로부터 자유롭게 질적 연구에 맞는 고유의 기준을 개발할 필요가 있다.

연구자들이 질적 연구의 엄격성을 높이는 또 다른 길은 좀 더 다양한 범위의 연구 방법론적 기술들을 익히는 것이다. 질적 연구자들은 자신이 익숙한 방식을 계속 사용하기를 선호한다. 가끔 여러 방법론들의 교차를 두려워하거나 잘못된 것으로 인식하기도 한다. 이런 문제점은 논문 심사자들에게도 동일하게 나타난다. 심사자가 자신에게 익숙하지 않거나 잘 모르는 방법론을 쓴 논문에 대해 혼란스러운 제안을 하거나 잘못된 평가를 내릴 수 있다. 때로 심사자는 연구의 목적을 방법론에 맞도록 바꾸기를 기대하거나 아니면 그 반대로 연구의 목적과 맞지 않은 방법론적 과정을 거치지 않았다고 비평하는 경우가 종종 발생한다. 따라서 더 넓게 방법론을 이해하고 경험하는 것은 모든 질적 연구자들에게 필요한 일이라고 본다.

질적 연구를 비평하는 과정은 어느 특정하게 처방된 기준을 엄격하게 따랐는가를 보는 것이 아니라 연구의 여러 다양한 요소들이 주어진 목적과 맥락에서 적절하게 적용되었는지를 따져보는 것이다(Hasselkus, 1991). 이것은 질적 연구는 연구의 모든 단계들이 전체적인 연구 과정 속에 조화롭게 배치되어야 하기 때문이다. 질적 연구가 궁극적으로 내담자의 이익을 추구하고 이론적 지식이나 실천 방식을 발전시키는데 기여하기 위해서는 얼마나 연구가 믿을만한 과정을 거쳐서 나왔는지를 평가할 필요가 다분히 있다. 수준 높은 연구를 함으로써 질적 연구는 당연시되고 있는 지배적 문화에 도전하고 사람들의 삶을 향상시키는 통로가 될 수 있으리라고 본다.

참고문헌

김영천 2012. 『질적연구방법론』 1: Bricoleur 경기도 파주: 아카데미프레스.

김영천 2012. 질적연구에서의 글쓰기 작업: 발견과 표현사이. 사회복지 질적 연구에서의 경계, 전환. 『한국사회복지학회 공동학술대회 자료집』.

Kvale, S. 1996. 『인터뷰』. 신경림(역). 1998. *Interviews: An introduction to qualitative research interviewing.* 서울: 하나의학사.

van Manen, M. 1990. 『체험연구: 해석학적 현상학의 인간과학 연구방법론』.신경림(역) 2000. *Researching lived experience: Human science for an action sensitive pedagogy*, 서울: 현문사.

Agar, M. H. 1985. 『민족지학 이야기』. 이용남 · 노명희 · 박한기(공역). 1993. *Speaking of ethnography*, 서울: 교육과학사.

이종규 2006. 『질적연구 방법론』 서울: 교육과학사

Uwe Flick. 2002. 『질적 연구방법』 임은미 · 최금진 · 최인호 · 허문경 · 홍경화(공역). 2009. *An introduction to qualitative research* (2nd ed.) 파주: 한울.

조용기 2001. 질적연구의 성격. 『대구교육대학교 초등교육 연구논총』 17(2): 253-262.

Garbarino. M. S. 1977. 『문화인류학의 역사』. 한경구, 임봉길(공역). 1997. *Sociocultural theory in anthropology: A short history.* 서울: 일조각

Ashworth, P. 1999. "Bracketing" in phenomenology: Renouncing assumptions in hearing about student cheating." *Qualitative Studies in Education*, 12(6). 707-721.

Atkinson, P. & Hammersley, M. 1994. Ethnography and participant observation. in N. K. Denzin & Y. S. Lincoln,

(Eds.) *Handbook of qualitative research.* (pp. 248-261). Thousand Oaks, CA: Sage.

Behar, R. 1996. *The vulnerable observer: Anthropology that breaks your heart. Boston: Beacon. Behar, R. (2003). Translated woman: Crossing the border with Esperanza's story.* Boston: Beacon.

Bent Flyvbjerg, 2006. Five Misunderstandings About Case Study Research. *Qualitative Inquiry*, vol. 12, no. 2, April, pp. 219-245.; Bent Flyvbjerg, 2011, "Case Study,"in Norman K. Denzin and Yvonna S. Lincoln, Eds., The Sage Handbook of Qualitative Research, 4th Edition (Thousand Oaks, CA: Sage), pp. 301-316.

Blumer, H. 1969. *Symbolic interactionism: perspective and method.* Berkeley and Los Angeles: University of California.

Bogdan, R. C., & Biklen, S. K. 1992. *Qualitaative research for education: an introduction to theory and mothods.* (2nd ed.) Boston: Allyn and Bacon.

Bruner, J. 1986. *Actual minds, possible worlds*, Cambridge, MA: Harvard University Press.

Calhoun, C., & Karaganis, J. 2001. Critical theory. In G. Ritzer & B. Smart (Eds.), *Handbook of social theory.* (pp. 179-200). London: Sage.

Charmaz, K. 2000. Grounded theory: objectivist and constructivist methods. In N. K. Denzin & Y. S. Lincoln (Eds.), *Handbook of qualitative research* (2nd ed.) (pp. 509-535). Thousand Oaks, CA: Sage.

Charmaz, K. 2003. Grounded theory. In M. Lewis-Beck, A. E. Bryman, & T. f. Liao (Eds.), *The Sage encyclopedia of social science research methods* (pp. 440-444). Thousand Oaks: Sage.

Charmaz, K. 2005. Grounded theory in the 21st Century: Applications for advancing social justice studies. In In N. K. Denzin & Y. S. Lincoln (Eds.), *Handbook of qualitative research* (3rd ed.) (pp. 507-535). Thousand Oaks, CA: Sage.

Chase, S. E. 1995. Taking narrative seriously: Consequences for method and theory in interview studies. In R. Josselson & A. Lieblich (Eds.), *Interpreting experience: The nature study of lives* (pp. 1-26). Thousand Oaks, CA: Sage.

Chase, S. E. 2005. Narrative inquiry: Multiple lenses, approaches, voices. In N. K. Denzin & Y. S. Lincoln (Eds.), *Handbook of qualitative research* (3rd ed.) (pp. 651-679). Thousand Oaks, CA: Sage.

Clandinin, D. J., & Connelly, F. M. 1994. Personal experience methods. In N. K. Denzin & Y. S. Lincoln (Eds.), *Handbook of qualitative research* (pp. 413-427). Thousand Oaks, CA: Sage.

Clarke, A. 2005. *Situational analysis: Grounded theory after the postmodern turn.* Thousand Oaks, CA: Sage.

Cook,T. D., & D. T. Campbell. 1979. Quasi-*experimentation: Design and analysis for field settings.* Chicago: Rand McNally.

Creswell J. W. & Miller, D. L. (2000). Determining validity in qualitative inquiry. *Theory into Practice,* 39(3): 124-131.

Creswell, J. W. (1998). *Qualitative inquiry and research design.* Thousand Oaks, CA: Sage.

Crotty, M. (1998). *The foundations of social research: meaning and perspective in the research process.* Thousand Oaks, CA: Sage.

Denzin, N. K. (1970). The research act in sociology. London: Butterworth

Denzin, N. K. (1970). *The research act: a theoretical introduction to sociological methods.* Chicago: Aldine.

Denzin, N. K. (1989). *Interpretive biography.* Newbury Park, CA: Sage.

Denzin, Norman K. & Lincoln, Yvonna S. (2005). "Introduction:

The discipline and practice of qualitative research". In N. K. Denzin & Y. S. Lincoln (Eds.), *The Sage Handbook of Qualitative Research* (3rd ed.), pp. 1-33. Thousand Oaks, CA: Sage.

Denzin, Norman K. & Lincoln, Yvonna S. (Eds.). (2005). *The Sage Handbook of Qualitative Research* (3rd ed.). Thousand Oaks, CA: Sage.

Erickson, F. (1986). Qualitative methods in research on teaching. In M.C. Whittrock (Ed.), *Handbook of research on teaching.* (3rd ed.) Old Tappan, NJ: Macmillan.

Fals Borda, O. (1979). Investigating reality in order to transform it: The Colombian experience. *Dialectical Anthropology*, 4, 33-55.

Fals Borda, O. (1991). Some basic ingredients. In O. Fals-Borda & A, Rahman (Eds.), *Actional knowledge: Breaking the monopoly with participatory action research* (pp. 3-12). New York: Apex Press.

Fals-Borda, O. (2001). Participatory (action) research in social theory: Origins and challenges. In P. Reason & H. Bradbury (Eds.), *Handbook of action research* (pp. 27-37). Thousand Oaks, CA: Sage.

Fetterman, D. M. (1991). *Using qualitative methods in institutional research.* San Francisco: Jossey Bass Inc.

Fontana, A., & Frey, J. H. (1994). Interviewing: The art of science. In N. K. Denzin, & Y. S. Lincoln, (Eds.), *Handbook of qualitative research* (pp. 361-376). Thousand Oaks, CA: Sage.

Garfinkel, H. (1967). *Studies in ethnomethodology.* Englewood Cliffs, NJ: Prentice-Hall.

Gee, J. P. (1991). A linguistic approach to narrative. *Journal of Narrative and Life History*, 1(1), 15-39.

Geertz, C. (1973). *The interpretation of cultures: Selected essays.* New York: Basic Books.

Glaser, B. G. (1978). *Theoretical sensitivity.* Mill Valley, CA: Sociology Press.

Glaser, B. G., & Strauss, A. L. (1967). *The discovery of grounded theory.* Chicago: Aldine.

Goffman, E. (1974). *Frame analysis.* New York: Harper & Row.

Golafshani, N. (2003). Understanding reliability and validity in qualitative research. *The Qualitative Report* 8(4). 597-607.

Guba, E. G. & Lincoln, Y. S. (1981). *Effective evaluation.* San Francisco: Jossey-Bass.

Guba, E. G. & Lincoln, Y. S. (1994). Competing paradigms in qualitative research. In N. Denzin, Y. S. Lincoln (Eds.) *Handbook of qualitative research.* Thousand Oaks, CA. Sage. 105-17

Habermas, J. (1996). *Between facts and norms* (trans. William Rehg). Cambridge, Massachusetts: MIT Press.

Hasselkus B. R. (1991). Qualitative research: not another orthodoxy. *Occupational Therapy Journal of Research.* 11(1), 3-7.

Heyink, J. W., & Tymstra, T. J. (1993). The function of qualitative research. *Social Indicators Research,* 29(3): 291-305.

Hilbert, r. A. (1990). The efficacy of performance science: Comment on McCall and Becker. *Social Problems,* 37, 133-135.

Holstein, J. A., & Gubrium, J. F. (2000). *The self we live by: Narrative identity in a postmodern world.* New York: Oxford University Press.

Holstein, J. A., & Gubrium, J. F. (2005). Interpretive practice and social action. In In N. K. Denzin & Y. S. Lincoln (Eds.), *Handbook of qualitative research* (3rd ed.) (pp. 483-505). Thousand Oaks, CA: Sage.

Husserl, E. (1970). *The idea of phenomenology.* The Hague: Martinus Nijhoff.

Husserl, E. (1970). *The crisis of european sciences and transcendental pheonmenology.* Evanston, Ind.: North University Press.

Jones, G. R. (1983). Life history methodology. in G. Morgan (ed.) *Beyond method. Strategies for social research.* Berverly Hills: Sage.

Jones, S. (1985). Depth interviewing, in R. Walker (ed.) *Applied qualitative research.* Aldershot: Gower.

Kelman, H. C. (1982). Ethical issues in different social science methods. In T. L. Beauchamp, R. R. Faden, R. J. Wallace, Jr., and L. Walters (Eds.), *Ethical Issues in Social Science Research.* Baltimore: Johns Hopkins University Press.

Kemmis, S., & McTaggart, R. (2005). Participatory action research. In N. K. Denzin & Y. S. Lincoln (Eds.), *Handbook of qualitative research* (3rd ed.) (pp. 559-603). Thousand Oaks, CA: Sage.

Kidd, S. A. & Kral, M. J. (2005). Practicing Participatory Action Research. *Journal of Counseling Psychology.* 52(2): 187-195.

Kidder, L. H. (1981). Qualitative research and quasi-experimental frameworks. in M. B. Brewer and B. E. Collins (Eds.) *Scientific inquiry and the social sciences.* London: Jossey-Bass.

Kirk, J., & Miller, M. L. (1986). *Reliability and validity in qualitative research.* Beverly Hills: Sage Publications.

Labov, W. (1982). Speech actions and reactions in personal narrative. In D. Tannen (Ed.), *Analyzing discourse: Text and talk* (pp. 354-396). Washington, DC: Georgetown University Press.

Lather, P. (2006). Paradigm proliferation as a good thing to think with: teaching research in education as a wild profusion. *International Journal of Qualitative Studies in Education.* 19(1): 35-67

LeCompte, M. D., & Preissle, J., with Tesch, r. (1993). *Ethnograph and qualitative design in educational research* (2nd ed.) Orlando, FA: Academic Press.

Lincoln, Y. S., & Guba, E. G (1985). *Naturalistic inquiry.* Thousand Oaks, CA: Sage.

Loseke, Donileen R. & Cahil, Spencer E. (2007). "Publishing qualitative manuscripts: Lessons learned". In C. Seale, G. Gobo, J. F. Gubrium, & D. Silverman (Eds.), *Qualitative Research Practice: Concise Paperback Edition,* pp. 491-506. London: Sage.

Marshall, Catherine & Rossman, Gretchen B. (1998). *Designing Qualitative Research.* Thousand Oaks, CA: Sage.

Maxwell, J. A. 1996. Understanding and validity in qualitative research. Harvard Educational Review.

McAdams, D. P. (1997). *The stories we live by: Personal myths nd the making of the self.* New York: Guilford.

Mcquire, P. (1993). Challenges, contradictions and celebrations: Attempting participatory research as a doctoral student. In P. Part, M, Brydon-Miller, B. Hall & T. Jackson (Eds.), *Voices of change: Participatory research in the United States and Canada* (pp. 157-176). Westport, CT: Bergin & Garvey.

McTaggart, R. (Ed.). (1997). *Participatory action research: International contexts and consequences.* Albany: State University of New York Press.

Merriam, S. B. (1998). *Qualitative research and case study applications in education.* (2nd ed.) San Francisco: Jossey-Bass.

Merriam, S. B. (2002). *Qualitative research in practice,* San Francisco, CA: Jossey-Bass.

Mishler, E. G. (1995). Models of narrative analysis: A typology. *Journal of Narrative and Life History,* 5(2), 87-123.

Moustakas, C. (1994). *Phenomenological research.* Thousand Oaks, CA: Sage.

Nastasi, B. K., Varjas, K., Schensul, S. L. Silva, K. T. Schensul, J. J. & Ratnayake, P. (2000). The participatory Intervention Model: A Framework for Conceptualizing and Promoting Intervention Acceptability. *School Psychology Quarterly* 15 (2): 207-232.

Nooy, A. (1977). Meten en wegen, in L. Brunt (ed.) *Anders Bekeken*. Meppel:Boom.

Oevermann, U., Allert, T., Konau, E. and Krambeck, J. (1979). Die MEthodologie einer "objektiven Hermeneutik" und ihre allgemeine forschungslogische Bedeutung in den Sozialwissenschaften. in H. -G. Soeffner(ed.). *Interpretative verfahren in den Sozial-und textwissenschaften*. Stuttgart: Metzler.

Ornelas, A. (1997). Pasantias and social participation: Participatory action research as a way of life. In S. E. Smith, D. G. Willms, & N. A. Johnson (Eds.), *Nurtured by knowledge: Learning to do participatory action research* (pp. 138-172). New York: Apex Press.

Patton, M. Q. (1990). *Qualitative evaluation methods.* (2nd ed.) Thousand Oaks, CA: Sage.

Patton, M. Q. (2002). *Qualitative evaluation and research methods* (3rd ed.). Thousand Oaks, CA: Sage Publications.

Peshkin, A. (1988). In search of subjectivity-one's own. *Educational Researcher,* 17(7), 17-22.

Prilleltensky, I. (1997). Values, assumptions, and practices: Assessing the moral implications of psychological discourse and action. *American Psychologist*, 52: 517-535.

Pring, R. (2000). The false dualism of educational research. *Journal of Philosophy of Education*, 34(2): 247-60.

Rapaport, R. N. (1970). Three dilemmas in action research. *Human Relations*, 23, 499-513.

Reason, P., & Bradbury, H. (2001). Introduction: Inquiry and participation in search of a world worthy of human aspiration. In P. Reason & H. Bradbury (Eds.), *Handbook of action research: Participative inquiry and practice* (pp. 1-14). Thousand Oaks, CA: Sage.

Rosenwald, G. C., & Ochberg, R. L. (Eds.). (1992). *Storied lives; The cultural politics of self-understanding.* New Haven, CT: Yale University Press.

Rossiter, M. (1999). Understanding adult development as narrative. In M.C. Clark & R. S. Caffarella (Eds.), *An update on adult development theory: New ways of thinking about the life course.* New Directions for Adult and Continuing Education, no. 84, San Francisco: Jossey-Bass.

Sacks, K. B. (1989). What's life story got to do with it? In Personal Narrative Group (Eds.), *Interpreting women's lives: Feminist theories and personal narratives* (pp.85-95). Bloomington: University of Indiana Press.

Schwandt, T. A. (2000). Three epistemological stance for qualitative inquiry: Interpretivism, hermeneutics, and social constructionism. In N. K. Denzin & Y. S. Lincoln (Eds.), *Handbook of qualitative research* (2nd ed., pp. 189-213). Thousand Oaks, CA: Sage.

Seale, C. (1999). Quality in qualitative research. *Qualitative Inquiry.* 5(4). 465-478.

Silverman, D. (2000). *Doing qualitative research: A practical handbook.* London: Sage.

Silverman, D. (1985). Qualitative methodology and sociology Aldershot: Gower.

Shostak, M. (2000). Return to Nisa. Cambridge, MA: Harvard University Press.

Small, S. A. (1995). Acrion-oriented research: Models and methods. *Journal of Marriage and Family*, 54(4): 941-955

Smith, L. M. (1978). An evolving logic of participant observation, educational ethnography and other case studies. In L. Shulman (ed.), *Review of research in education*. Itasca, IL: Peacock.

Spradley, P. (1980). *Participant observation*. New York: Holt, Rinehart & Winston.

Stake, R. E. Qualitative case studies. In N. K. Denzin & Y. S. Lincoln (Eds.), *Handbook of qualitative research* (3rd ed.) (pp. 443-466). Thousand Oaks, CA: Sage.

Stenbacka, C. (2001). Qualitative research requires quality concepts of its own. *Management Decision*, 39(7). 551-555.

Strauss, A. L. (1987). *Quallitative analysis for social scientists*. Cambridge, England: Cambridge University Press.

Strauss, A., & Corbin, J. (1990). *Basics of qualitative research: Grounded theory procedures and techniques*. (2nd ed.) Newbury Park, CA: Sage.

Susman, G. I., & Evered, R. D. (1978). An assessment of the scientific merits of action research. *Administrative Science Quarterly*, 23: 582-603.

Tesch, R. (1984). Phenomenological studies: A critical analysis of their nature and procedures. Paper presented at the 68th annual meeting of the American Educational Research Association, New Orleans, LA. (ERIC Report No. ED 268 122).

Tesch, R. (1990). *Qualitative research: analysis types and software tools*. New York: The Falmer Press.

Van der Mescht, H. (1999). Poetry, phenomenology, and "reality" Paper presented at the Conference on Qualitative Research, Rand Africaans University, Johannesburg, South Africa.

Walker, R. (1985). An introduction to applied qualitative research, in R. Walker (ed.) *Applied qualitative research*. Aldershot: Gower.

Whyte, W. F. (e d.). (1991). *Participatory action research*. Newbury Park, CA: Sage.

Winter, G. (2000). A comparative discussion of the notion of validity in qualitative and quantitative research. *The Qualitative Report.* 4(3&4).

Wolcott, H. (1999). *Ethnography: A way of seeing.* Walnut Creek, CA: Altamira Press.

Yin, R. K. (1989). *Case study research: Design and methods* (2nd ed.). Newbury Park, CA: Sage.

Yin, R. K. (1994). *Case study research: design and methods.* (2nd ed.) Thousand Oaks, CA: Sage.

찾아보기

(ㄱ)

가변성 261
감사 추적(audit trail) 77
개념적 범주 194
개방코딩 195
개인적 이론 135
객관적 해석학적 연구 136
거대 담론 18
거리두기 300
경계 221
경험의 본질 165
경험의 차원 161
경험적인 세계 157
계통적인 사례 연구 215
고 풍부한 서술 121
공정성 100
관심 현상 300
관찰 190, 304
괄호 치기(braketing) 161, 162
구조주의 모델 136
구조화된 인터뷰 83
권위부여 269
귀납법 22
귀납적 18
귀납적 연구 22
귀납적 조사 215
귀납적인 과정 67
귀납적인 방법 91
근거 이론 24
기능적 질문 81
기능주의적 연구방법 109
기본적 해석적 연구 133
기호학 24

(ㄴ)

나선형 280
나선형의 자기 성찰 주기 274
내러티브 25, 27, 243
내러티브 분석 243
내러티브의 구조 260
내적 타당도 68, 72

(ㄷ)

다중 사례 연구 215
담론분석 260
대리 경험 238
대상화 300
대표성 69
대화분석 114, 121
대화적 교류 261
도구적 사례 연구 216, 214, 238
동료 검토(peer review) 71

(ㅁ)

맥락 19, 20, 49, 69, 239
면밀히 살펴보기 35
모집단 38
목소리 265

목적 합치형 샘플링 39
문화 110
문화 인류학 109
민속방법론(ethnomethodology) 111
민속지학 108
민족지학 연구 108

(ㅂ)

반구조화된 인터뷰 84
반증 61
발견 지향적 179
방법론적 가정 296
배경 16, 214
본질적 사례 연구 216
본질적인 사례 214
부정적인 사례 61, 73
부호화 115
비구조화된 인터뷰 82, 83
비참여적 관찰 87
비판적인 민족지학 연구 113
비판적인 패러다임 297
비평 이론 24

(ㅅ)

사례(case) 212, 213
사례 연구 212
사회학적 전통 307
산업 실행 연구 268
삼각화(triangulation) 70, 236
상상적인 변환(imaginative variation) 176
상징적 상호작용 이론 24, 135
상황분석 205
샘플 38
생활세계(life-world) 158
선택적 코딩 195
소프트체계 접근 267
수렴성 타당도 61
수용성 269
수평화(horizonatalization) 165, 166
순환적 과정 270
순환적 관계 275
순환적인 과정 284
스노볼 샘플링 44
스토리텔링 247
시카고 학파 67
신뢰도 58, 60, 75
신뢰성(credibility) 69
실질적인 이론 183
실천 291
실천 현장 26, 267
실행 과학 267
실행 학습 267
실험적 글쓰기 27
심리학적 접근법 246
심미적인 관점 153
심층 기술(thick description) 121, 223
심층 인터뷰 84

(ㅇ)

양적 연구 13
언어학적 전통 307
연구 계획안 93
연구 보고 125
연구 참여 동의서 100
연구의 엄격성 309
연역적 18
열린 질문 33
완전한 참여자 관찰 88
외적 타당도 73
유연성(flexibility) 31, 32

윤리 규정 96
윤리 위원회 52, 56
윤리 지침 97
의미 29
의미 찾기 134
의식 159
의식의 구조 157
의존성 76
이론적 민감성(theoretical sensitivity) 193, 194
이론적 샘플링(theoretical sampling) 191, 194
이야기된 텍스트 301
이해당사자 269
이해력 205
인터뷰 79, 163, 190, 249
일관성 60, 61, 76
일대기적 민족지학 접근법 264
일반성 205
일반적 질적 연구 133
일반화 215, 220, 238
일상생활방법론 111

(ㅈ)

자기반영적 280
자료의 포화 72
자발적 결정권 99
작업 가설 22
재귀성(reflexivity) 72, 271
쟁점 223
적용성 73
적합성 205
전략적인 결정 223
전이가능성 74
전이의 가능성 73
정체성 254
젠더 19
주관성 18
주관적 의미 135
주제(theme) 141
주제적 질문 81
지속적 비교 분석법 194
지속적 비교분석 방법 141
지엽적 이론 289
직관 159
진가(truth value) 69
집합적 사례 연구 215

(ㅊ)

참여 272
참여관찰 86, 109, 304
참여 관찰자 117
참여 실행 연구 267
참여 연구 267
참여자 모집 46
참여자 확인(member check) 70
창의적인 변환 125
철학적 기반 297
축코딩 195

(ㅋ), (ㅌ)

쿼터 샘플링 41
타당도 58, 60
타당성 확립 302
텍스트 27, 153
통제성 205

(ㅍ)

판단중지(epoche) 161
패러다임 105, 297

패턴 141
패턴화 225
페미니즘 24
포스트모더니즘 24, 25
포스트모던적 패러다임 297
표현의 위기 시대 27
프레임 분석 111

(ㅎ)

학급 실행연구 267
해석 142
해석적 연구자 134
해석적 작업 301
해석적 패러다임 105, 297
해석학적 문화기술지 110
핵심 범주 195
행위 견본 223
현상학 24, 156
현상학적 글쓰기 171
현상학적 환원(phenomenological reduction) 165
현실기반이론 183
현장으로부터 나오기 121
화자 249, 250
화자의 목소리 245
확인가능성 71

〈기타〉

Adele Clarke 205
Benner 156
Blumer 135, 214, 239
Charmaz 210
Colaizzi 156
Corbin 184
Creswell & Miller 309
Denzin 135, 223, 264
Erickson 239
Garfinkel 111
Geertz 121, 223
Giorgi 156
Glaser 182, 185
Goffman 111
Husserl 156, 158
Kelman 304
Kirk & Miller 306
Labov 260
Lather 297
Maxwell 302
McAdams 246
Mishler 250
Moustakas 156
Oevermann 136
Patton 300
Peshkin 303
Schutz 157
Stake 213
Strauss 182, 184, 185
T-시트 55
van Manen 156

[저자 약력]

• 고미영

서울신학대학교 사회복지학과 교수
연세대학교 영어영문학과
The University of Georgia 사회복지학 석사, 박사
탈근대주의 시대의 가족치료의 동향과 이야기 치료의 한국적 적용
학대받은 아동의 경험에 대한 현상학적 연구,
가족 서비스를 위한 새로운 실천 패러다임 연구 등
가족, 아동 상담에 대한 논문 다수

〈역서〉
『이야기치료란 무엇인가』(2003)

〈저서〉
『이야기치료와 이야기의 세계』(2005)
『구성주의 사회복지 실천기술론』(2009)
『질적 사례연구』(2009)

초보자를 위한 질적 연구 방법

2016년 2월 20일 중판인쇄
2016년 2월 25일 중판발행

저 자 고 미 영
발행인 유 성 열
발행처 **청목출판사**
서울특별시 영등포구 신길로 40길 20
전화 (02) 849-6157(代)・2820 / 833-6090~1
FAX (02) 849-0817
등록 제318-1994-000090호

파본은 바꾸어 드립니다. 값 15,000원

http : //www.chongmok.co.kr

ISBN 978-89-5565-498-1